LINES: A Brief History by Tim Ingold

ラインズ

線の文化史

ティム・インゴルド
工藤晋 訳
管啓次郎 解説

左右社

ラインズ　線の文化史

ラインズ　線の文化史―目次

『ラインズ』は世界に旅立っていきました。本書は驚くばかりの反響をもって迎えられ、私は歓喜の念に堪えません。とりわけうれしかったのは、本書がたくさんの対話を生み出すきっかけとなったことです。対話する機会を得た研究者や大学の先生方の専門分野は多岐にわたり、そのなかには私がほとんど何も知らない分野も含まれていました。新しく開かれたこうした対話を通じて、中世神学から文化地理学、エンジニアリング、プロダクト・デザインにわたって多くのことを学びました。また学問世界のそとで活躍する専門家、とくに造形芸術、建築、音楽、舞踏の世界の方々との対話も実り多いものでした。『ラインズ』がその触手を伸ばさなかった――少なくともはっきりとは伸ばさなかった――領域があるとすれば、それは私の専門である人類学です。この研究を通じて自分は人類学と袂を分ってしまったのかなと自問するときもありました。たしかに『ラインズ』は人類学の著作とはいえないでしょう。それがどんな領域に属するかと問われてもお答えのしようがありません。芸術と建築に造詣が深くなければこうした本は書けないはずだとおっしゃる方もいらっしゃいます。しかし私はその方面の知識が豊富なわけではありません。

とはいえ、人類学者としての訓練は何よりも貴重な四つの強みを私に与えてくれました。それなしに本書を書くことはできなかったでしょう。第一に、手がかりをどこまでも追跡する姿勢です。人類学者とは、こういってよければ、学者のなかで探偵のような者なのです。第二に、自分のおこなう観察に深く関与する姿勢です。観察とは単なるデータ収集の方法ではなく、知への道です。その道は、私たちが否応なしに組み込まれている身の回りの世界でおこっていることに注意を払うことによって知識と知恵が身につくのだということを認識するときに開けるものです。第三に、何事に対してもそれがあたりまえだと決めつけずにあらゆる明証性を問う姿勢です。人類学では研究を始めたときより終了したときの方が、知っていることが少なくなるものです。第四に、特定のひな型、スタイル、理論への適合を強制されることなく自由に考えて書く姿勢です。人類学の門をたたいた人がおしなべて気づくその学問のすばらしさとは、新鮮な知的空気を吸い込む感覚です。それは、独房のなかで鉄格子のはまったドアとよろい戸の下りた窓を通して自分がみることもない世界から差し出されるデータを永遠にかみ砕く刑を宣告された研究者が、監獄から脱出する感覚とでもいえましょう。学問研究とはおおかた監獄のようなものです。しかし人類学はそうではないのです!

このような人類学の四つの強みがあればこそ、私はさまざまなラインへと導かれていったのでした。探偵は手がかりを追跡するのですから、彼は線を追う者《ラインズマン》です。参加する観察者もそうです。その知識は生の一本の道（あるいは何本かの道）に沿って成長し広がっていくからです。問う者もそうです。彼がどこに到達しようともいつもさらなる問いが生まれるのです。最後に、野外研究者もそうです。その彷徨は彼が気に入るどんな場所へも彼を導くからです。さらに、私は門外漢ではありますが、人類学をラインズマンとしての仕事に向わせるさまざまな特徴は、日本の文化と文明のなかに目を見張るばかりにあふれているように思えます。日本と欧米との違いについて何でもあからさまな二分法を用いる考え方はもう聞き飽きたかもしれません。現実はもっと複雑で、日本においても西洋においても人々は同質ではありませんし、また何世紀にもわたる接触の影響は双方の文化にしるされてきたわけですから。にもかかわらず、私たちが住む世界は——私たちが人工物で築き上げた世界やつくられた環境のみならず、自然、精神、宇宙などあらゆるものは——ブロックから成り立っているという西洋の主張に対して、日本には線の文化があって、寺院の庭園に熊手で引かれた静謐なラインから通勤者を日々運ぶ都市交通機関の活気あふれる無数のラインにいたるまで、あらゆる方向にその線の文化は広がっていると私はどうしても考えたくなってしまうのです。

こうしたラインの豊穣さは頭の固い西洋の人間をしばしばまごつかせるものです。その豊穣さが身近なものである日本の読者のみなさんに、私は感謝と尊敬の念をこめて本書を捧げます。西洋の読者には新鮮にみえることも、みなさんはすでに知っていらっしゃるのですから。

ティム・インゴルド

二〇一二年五月、アバディーンにて

二〇〇〇年七月、当時スコットランド古物収集協会のディレクターであったフィオナ・アシュモアから、二〇〇三年のリンド講演会での発表依頼をいただいたときに本書は構想された。一八七六年以来、歴史、考古学、人類学に関するテーマにもとづいて毎年開催されてきたリンド講演会は、スコットランドの著名な古物収集家、ウィックの町に生まれたアレクサンダー・ヘンリー・リンド（一八三三－六三）を記念するものである。彼は古代エジプトのテーベ墳墓に関する先駆的な仕事によってよく知られている。講演者として招かれたことを非常に光栄に感じた私は、三年あれば十分な準備ができるだろうと考えて喜んで引き受けた。長いあいだ関心をもっていたものの、ほとんど何の知識もないひとつの主題に取り組む時間を確保するきっかけをずっと探していたからだ。それは発話、歌唱、記述、記譜の関係についての比較史である。講演のタイトルは「過去からのライン、刻印行為の人類学的考古学へ向けて」とすることにした。

ところが講演会の準備にあてる時間は出現しなかった。そんな時間があるはずもない。二〇〇〇年から二〇〇三年にかけては眼が回るほど忙しかった。その前年にアバディーン大学に赴任し、人類学の授業と研究の新しいプログラムづくりに追われ、それにエネルギーの大半が奪われた。プログラムは順調にスタートし、二〇〇三年には私たちは人類学科を立ち上げ、熱心な中心的スタッフと次第に数を増す研究生を擁していた。その年の夏には、人類学の優等学位を得た最初の生徒たちが大学を卒業することになった。こうして時は流れ去り、二〇〇三年三月、講演会がほぼ一カ月先に迫っていることにはっと気づいた。他の仕事をすべて棚上げにして、私はあわてて言語と音楽と表記法というテーマに、それを発展させる大したアイディアもないまま取りかかった。

最初のうちは遅い歩みだったが、どういうわけか——自分でも驚いたのだが——その主題は予想もつかぬ「離陸」をみせ、最初に到着点だと考えていたものが、人間のあらゆるライン制作についてのより広く野心的な探求の滑走路に過ぎないことがわかってきた。知的な金脈をほとんど偶然に掘り当てたかのようだった。そのときから私は、私がその講演原稿を書いているのか、講演原稿が私を書いているのかわからなくなった。話すべきことは口をついて湧き出てきた。そして、その日の夜からはじまる講演会に向かうエジンバラ行きの列車のなかでもペンを走らせながら、なんとか最後の講義分以外をすべて書き上げた——最終日、原稿が尽きてしまうと、あとは即興でしゃべるしかなかった。幸い誰もそのことに気づかなかったと思う。こうして二〇〇三年五月二日から四日の三日間、スコットランド王立博物館における講演は予定通りに終了した。自分のアイディアを「ありのままに」、理解力のある聴衆を前に一度の週末に組まれた五〇分×六回の講義のなかで発表できる機会などめったにあるものではない。それは忘れがたい経験となった。思ってもみて欲しい。自分がただ一人の発表者で、聴衆は他の誰でもなくあなたの話を聞くために集まり、自分のアイディアを発表するのに欲しいだけの時間をつかうことができるなんて。それは夢のような講演会だった。そのような機会をいただいたこと、そして私と私の家族を歓迎してくださったことに対して、フィオナ・アシュモア、スコットランド古物収集協会会長だったリズベス・トマス、そして協会に、心から感謝したい。

講演会が終わるとすぐに私は出版を考え始めた。その主題を充分に扱うためには何十年もかかるだろうし、どのみちそれは私の手に余るであろうことは承知していたので、講義をほぼそのままのかたちで、それ以上手を加えずに書き上げてしまおうと考えた。いくつかの欠落を補充し、いくつかの題材を整理しなおす必要はあるが、それ以外はそのままで問題ないだろうという見通しはついていた。だが再び雑務の嵐が襲ってきた。最初は二〇〇三年の夏には完成させるつもりだった。それが翌年の夏、さらにその翌年の夏へと持ち越しとなり、いつも緊急の仕事が割り込んできた。そのあいだに私のアイディアは発展し続けていった。

最終的に本書の第一章となる内容は、二〇〇三年五月にケンブリッジ大学の古典学部が主催した「感覚認識」についてのローレンス・セミナーで、そしてその少し後、ロンドン・スクール・オブ・エコノミクスの人類学セミナーで発表したものである。第二章の草案はオックスフォード大学の社会・文化人類学研究所で、さらに二〇〇五年五月にポルトガルのポルト大学考古学科による招聘講演において発表された。主催者のヴィトー・ジョルジにはとくに感謝の意を表したい。第三章はベルファストのクィーンズ大学人類学研究学院によるセミナーの一環として発表されたあと、現在のかたちとタイトルをもつに至った。それはエストニアのタリンとタルトゥにおけるコンフェランス「文化、自然、記号論　ロケーション四」(二〇〇四年九月)、デルフト工科大学の第五回国際スペース・シンタックス・シンポジウム(二〇〇五年六月)でも発表された。残りの三つの章(四―六章)の題材については他に発表する機会がなかったが、第五章は一九九五年エジンバラ大学のマンロウ講演会での一講義としてすでに日の目を見ていたことを書き添えておこう。そのときの内容はほぼ書きなおされたが、講演会が掲げた「書く技術」というテーマのなかで、私の興味は最初の実を結んだのだと思う。

また、二〇〇二年から二〇〇五年にかけての三年間、当時のイギリス芸術人文科学研究委員会(AHRB)の基金を得た大きな研究プロジェクトに加わったことが、ここ数年間の私のアイディアに大きな影響を与えた。そのプロジェクトは「学習とは実践のなかで理解することである――知覚、創造性、技術の相互関係の探求」という、いささか重いタイトルをもつものだった。実のところ本書は、多くの点でこのプロジェクトの成果である。支援をいただいたAHRBに感謝を申し上げたい。それはアバディーン大学人類学科とダンディー大学芸術校の共同で実施されたもので、美術領域の知の実践についての民族学的研究を含んでいた。ダンディー大学の学生が主導し、美術のアトリエでの実践方法が人類学の教えと学びにいかに応用可能かというアバディーン大学を母体とする研究がそれを補完した。後者の研究に関連して、私は「四つのA――人類学 Anthropology、考古学 Archaeology、芸術 Art、建築 Architecture」という講義を行った。それは最初、二〇〇四年の春のセミナーで優秀な学部学生に対して行なわれ、その後二年間にわたり反復された。そのコースを取る生徒たちはさまざまなラインについての話を聞くだけではなく、彼ら自身の数えきれないアイディアを提出してくれ、私はそこから直接大きな恩恵を受けることとなった。彼ら全員に感謝の意を表したい。

さらに私は、私とともにプロジェクトを共同主催したマードウ・マクドナルド、ほぼすべての業務を遂行し、そのアイディアで――何年もの間――私のアイディアが深まるきっかけをくれたウェンディ・ガン、AHRB基金による博士課程の研究を行い、それがプロジェクト全体の要となったレイ・ルーカスに恩義を受けている。思考の道具としての刻印実践と表記法、という広範囲で領域横断的なレイの研究は、ライン制作についての私自身の関心と緊密にかみ合うものであり、彼とともに仕事ができたのは得がたい経験であった。本書に影響を与えたプロジェクトの成果をあと二つ述べておくべきだろう。ひとつはウェンディ・ガンによって企画され、二〇〇五年四月から六月にかけてアバディーン大学のアート・ギャラリーで展示された「フィールド・ノートとスケッチ・ブック」である。その展覧会は、芸術、建築、人類学を横断して、表記法として用いられるラインと描写のために用いられるラインについて探るものであった。もうひとつは「創造性と文化の即興」という、イギリス社会人類学協会のコンフェランスである。それは二〇〇五年四月にアバディーン大学で私と同僚のエリザベス・ハラムが開催したものだった。リズとの仕事は楽しかった。彼女のたくさんのアイディアは、コンフェランスのなかから現れたアイディアとともに、この本へとつながった。

人々はラインを描く。もちろん手の身ぶりだけではなく、歩きまわることによっても。これは本書第三章のテーマであるが、イギリス経済社会研究委員会（ＥＳＲＣ）の研究費プロジェクト「地表からの文化――歩行、運動、場所の制作」（二〇〇四年二月から二〇〇六年四月）の成果でもある。そこで私たちは、人々の経験や関係や生活史のなかで、いかに歩行が時間と空間を結びつけるかという問題を探求した。私は支援をいただいたＥＳＲＣと、そのプロジェクトのための民族学調査を行い、アイディアと支援をつぎつぎに提供してくれたジョー・リーに恩義を受けている。しかしＥＳＲＣに対する感謝の気持ちにはさらに別の理由がある。二〇〇五年に同委員会が研究プログラム「ラインについての比較人類学的探求」のために三年間の特別研究費を私に与えてくれたからだ。

長期的にみれば、その研究費がもたらしてくれた長い研究休暇のあいだに本書ではまだ輪郭が与えられただけのいくつかのアイディアをさらに発展させることができるはずだった。しかし現実には、その研究休暇がなかったら本書を書きあげることすらまったく不可能だったことを告白しなければならない。すでに二年も遅れていたので、研究費が給付される前の二〇〇五年夏に本書を書き上げる予定だった。皮肉なことにその計画がさらに遅延に追い込まれた原因はＥＳＲＣそのものにあった。ＥＳＲＣは、研究のためにあてられるはずの時間をすべて――イギリス中の多くの同僚と同様に――同委員会による大学院教育評価活動のためのデータ収集と書類作成の仕事に捧げることを求めてきたのだ。研究費を調達し研究の評価を受けるという極めて官僚的で膨大な時間がかかる作業のあいまで、研究自体のために残されるのはわずかな隙間のような時間である。だがその隙間の時間があるだけでも感謝しなければならない。本書の完成に向けてすべての仕事を棚上げして執筆している最中にも、私は所属の学科が次のＲＡＥ［研究評価事業］にエントリーするためのすでに締切をすぎた書類づくりに追われているのだから！

しかし不平を並べ立てて終わろうというのではない。数え切れない人たちから幸運にもいただいた援助に感謝し、心からお礼を申し上げたい。さまざまなアイディア、情報、読むべき本の推薦などがあらゆる方面からまさに恵みの雨のごとく降り注いだのだから。手を差し伸べてくれたたくさんの人々の名前をすべて挙げることはとても出来ない。だからそうするよりも、すべての人に声を大にして感謝申し上げよう。そうすればみなさんは自分のことだと思ってくれるだろう。とりわけ大きな感謝を捧げたいのは、望みうる最高のスタッフであるアバディーン大学人類学科の同僚たち、多くのことを教えてもらった学生たち、そして私の人生をここまで導いてくれた家族全員である。そのひとりは特に、私がこの世にあらわれるための最初の重要な役目を果たしてくれた。現在一〇一歳になる彼は本書の最初の読者となるだろう。私が引き継いでいるのはその人物のラインである。彼もまたそれが自分のことだとわかるだろう。私は本書を彼に捧げる。

ティム・インゴルド
アバディーンにて
二〇〇六年九月

凡例

◉原文のイタリック体は〈 〉や傍点で示した。ただし煩雑を避けて省略した箇所もある。

◉原文中の大文字で始まる語句、およびシングル・クォーテーションは「 」で示した。

◉原文中のシングル・クォーテーション内にあらわれるダブル・クォーテーションは“ ”で示した。

◉［ ］は訳者による補足を示す。

◉訳文中の太字は、キーワードを強調するために訳者が付したものである。

◉傍点は語義を把握しやすくするために用いる場合もある。

◉邦訳文献については、訳者が参照したもののみを掲載する。

歩くこと、織ること、観察すること、歌うこと、物語ること、描くこと、書くこと。これらに共通しているのは何か？　それは、こうしたすべてが何らかのラインに沿って進行するということである。私は本書において、**線** ***line*** についての比較人類学とでも呼べそうなものの土台をつくろうと思う。おそらくそれは未だかつてない試みだろう。私がこのアイディアを友人や同僚に漏らしたとき、最初はきまって狐につままれたような顔をされたものだった。ごめん、よく聞き取れなかったのかな、ライオンの話？「違うよ、ライオンじゃなくてラインだ」と私はよく言い直した。彼らの当惑はもっともだった。ラインだって？　そんなものは、どうみても人の注意をひくような対象ではない。視覚芸術、音楽、ダンス、発話、記述、技、物質文化についての人類学的研究なら話はわかるが、ラインの生産と意味についての研究なんて聞いたこともない。しかしあらゆる場所にラインは存在するということに気づくのはわけもないことだろう。歩き、話し、身ぶりでものを伝える生物である人間は、あらゆる場所でラインを生み出す。**ラインの制作** ***line-making*** は、声や手足の使用——発話や身ぶり、移動の際の——と同じように至るところで見られるばかりでなく、人間の日常的活動のあらゆる場面を包括している。したがって、さまざまなラインはひとつの研究領域をなしているのだ。本書が示そうとするのはそうした領域である。

私は最初からかくも壮大な意図を抱いていたわけではない。実は、はじめはラインとはまったく関係のないひとつの問題を前にして思案に暮れていたのである。それは、どうして**発話** ***speech*** と**歌** ***song*** とが区別されるようになったのかという問題である。両者が今日のように区別されるようになるのは、西洋の歴史では比較的最近のことだ。というのも西洋では長らく、音楽は言語芸術として理解されていたからである。歌の音楽的本質はことばの響きにあった。だが今日、私たちはどういうわけか、音楽とは言語的要素を取り除いた「無言歌」であるという考えにたどり着いた。さらにそれを補足するように、言語とは言語音の実際の発声とはまったく独立して与えられる、言葉と意味のシステムであると考えるようにもなった。音楽は言語を失い、言語は沈黙したのである。こうした状況はいかなる経緯で生じたのだろうか？　答えを模索するうちに、私の注意は口から手へ、声による朗詠から手の身ぶりへ、そして手の身ぶりとそれがさまざまな表面にしるす痕跡との関係へと向かっていった。言語が沈黙した経緯は、**記述** ***writing*** そのものの理解の仕方の変化、すなわち手を使う刻印行為から言葉を組み立てる技への変化となにか関係があったのではないだろうか？　ライン制作についての私の探求はこうして始まった。

だがまもなく私は、ラインそのもの、あるいはラインを生み出す手に注目するだけでは不十分だと気づいた。ラインとラインが描かれる表面との関係を考察することも必要だったのだ。おびただしいラインを前にしていささか挫けそうになりながら、私はとりあえずの分類を試みることにした。そして、多くの曖昧さを残したままではあったが、二種類のラインが他のものからはっきり区別できるように思われたので、それらを**糸** ***thread*** と**軌跡** ***trace*** と呼ぶことにした。しかし詳しく検討してみると、糸と軌跡はどうやら異なったカテゴリーのものというよりも、相互に変形しあうものだった。糸が軌跡に変化することも、またその逆もある。さらに、糸が軌跡に変化するときにはいつも表面が形成され、軌跡が糸に変化するときにはいつも表面が消失する。その変形を追求するうちに私は、探求の出発点であった書かれた言葉から、迷路の曲折、刺繡や織物の技へと導かれていった。そしてこの迂回の果てに、織物制作を通じてふたたび書かれたテクストへと連れ戻された。編み込まれた糸であれ、書かれた軌跡であれ、それらのラインはみな運動し成長するものとして知覚される。それなのに今日私たちが問題にするラインの多くがかくも静態的に見えるのはいったいどういうわけなのか？　なぜ、「ライン」や「線状性《リニアリティ》」に言及したとたんに、多くの現代思想家は、分析的思考が示すようなあの狭量さと不毛さ、あるいは単線的論理といったイメージしか抱かないのだろうか？

西洋近代社会では歴史や世代や時間の経過を理解する方法は本質的に線状的《リニア》である、と人類学者はよく主張する。彼らはあまりに頑なにそう思い込んでいるために、非西洋人の生活のなかに線状性を見出そうとする試みはどんなものでも、せいぜい穏やかな自民族中心主義だと片づけられ、果ては、西洋世界が外の世界に自らの方針《ライン》を押しつけた元凶である植民地主義的占領計画と共謀しているとのそしりを受ける。非西洋世界は線的ではない［non-linear］と教え込まれているからだ。そうした思考は、**生** ***life*** とは**道筋** ***path*** に沿ってではなく、本来さまざまな場所のある地点に固定されて営まれるものだという考え方と表裏一体である。だが、人々の往来がなければ、そこは**場所** ***place*** ではあり得ないだろう。ひとつの地点に固定された生が、場所、すなわちあるどこかにいるという経験を生み出すことはあり得ない。そこが場所であるためには、あらゆる場所は他のどこかと行き来するひとつないし幾つかの運動の道筋に位置しているはずだ。おそらく生とは場所というよりも道に沿って営まれるものであり、道とは一種のラインである。そしてまた、人々が周囲の世界についての知識をより豊富にし、自分たちが語る物語のなかでその世界を描くのも道に沿ってである。植民地主義とは、非線状的な世界に線状性を押しつける行為ではなく、ひとつのラインに別のラインを押しつける行為である。植民地主義はまず、生が営まれる道を、生がそのなかに収容される境界線へと変換し、次に、そうやってひとつの場所に固定された閉じられた共同体をいくつも束ねることによって、垂直的に統合された集合体に組み上げる。何かに**沿って** ***along*** 生きることと、**上に向かって** ***up*** 結びあわされることは、まったく別のものなのである。

かくして私は、運動と成長のラインから、その正反対のものである**点線** ***dotted line*** ――線ならぬ線――へと導かれた。それは何も動かず何も成長しない瞬間の連続体である。そしてただちにチャールズ・ダーウィンの『種の起源』における有名な図式を思い浮かべた。何千万もの世代にわたる生命進化を描くその書物のなかで、あらゆる系図のラインは点の連鎖として示されているのだ！　ダーウィンは、ラインに沿うものとしてではなく、各々の点のなかにあるものとして生命を描いた。人類学者が親族や家系の系譜図を書くときもまったく同じだ。親族関係図のラインは、結びあわせ、接続するが、そのラインは決して生をつなぐ線《ライフライン》ではなく、また物語《ストーリーライン》の線でもない。現代的思考が場所に対して行ったこと――つまり場所を空間内の位置に固定すること――は、同時に人間に対して行ったことでもある。つまり、人間の生を時間上の瞬間のなかに包んでしまったのだ。しかし、こうした手続きを反転させてみたらどうだろう。生命を、扇状に広がる点線――ダーウィンの線図のように――ではなく、人間であろうとなかろうと、あらゆる生物が紡ぎだす無数の糸によって織りなされる多様体として想像してみたらどうだろう。というのも、あらゆる生物は、自分たちが巻き込まれているさまざまな関係の絡み合いを通じて自分たちの生き方を見出しているからである。そのとき、進化についての私たちの理解は決定的に変化するだろう。進化過程とその過程内に位置する私たち人間の歴史について、無限の視野が開け、その過程内に生息するものはすべて、それぞれの営みを通じて、自分が生きる条件とお互いが生きる条件とを築いているのだということが見えてくる。まったくのところ、ラインは世界を変える力をもっているのだ！

この考えに励まされて、私は記述という主題に戻った。記述は人間の意識を線的にするものであり、文字使用以前の人間にとってそうした線状化はあずかり知れぬものだった、と多くの学者が主張してきた。しかし実際には、話したり身ぶりでものを伝えたりするようになって以来、すでに人間はラインを制作し、ラインに従っていたのだ。記述がその元の意味である**刻印** ***inscription*** 行為として理解される限り、**線描** ***drawing*** と記述、あるいは製図工の技と写本筆写者の技とのあいだに絶対的な区別をつけることはできない。このことから私は、過去の人々の意識と袂を分かった線状化とは、点と点を結ぶ、すなわち点をつなぐ線状化なのだということに思い至った。つまり今日の著述家はもはや写本筆写者ではなく、言葉の細工師であり、組み立てられた言葉を、手作業を省略した機械的過程によって紙上に送り出す者である。タイプを打ち印刷する行為においては、手の動きと刻み込まれる軌跡との密接な関係が断ち切られている。著者は、ラインの表現力ではなく語の選択によって感情を伝える。ここでようやく、自分が最初に立てた問題、すなわち、どういった経緯で言語が音楽から分離し、発話が歌から分離するに至ったのか、という問いに対する答えが見えてきた。発話と歌が分離した経緯は、現代において記述と線描とが分離し、技術と芸術という自明にみえるが実は現代特有の二項対立の両端に位置づけられた経緯とまったく同じなのだ。

最後に私は、目的地に一直線に向かうということはいったい何を意味するのかと考えてみた。ふつう私たちは日常生活や日々の言葉のやりとりをそんな風にはしない。ある問題《トピック》に引き寄せられるとき私たちはその周りをさまようが、問題そのものに到達するとそれは消えてしまうようにみえる――たとえば丘に登るとき、いったん頂上に到達するとそこはもはや丘には見えなくなるように。線状的と言うべきラインが、いったいなぜ**直線** ***straight*** とみなされるようになったのだろうか？　現代社会において、直線性は、理性的思考や学術的議論ばかりでなく、礼儀正しさや道徳的公正さといった価値を端的に示すものとなっている。長さはあるが幅はない点と点の連結としての直線という考え方は、今を去ること二千年前、ユークリッド幾何学にまで遡る。しかしそうした直線の考え方が、今日のように原因、結果、因果関係についての思考を支配するようになったのはルネサンス以降であろう。直線の歴史的源泉を探りながら、私は自分の日常のなかに直線性の具体例を探してみた。たとえば、練習問題集、床板、れんが、壁、敷石など、だれも気にとめないような身の回りのものに注意し始めた。そしてそれらのラインを前にして途方に暮れた。それらのラインは表面を支配しているにもかかわらず、何かと何かをつなぐようにはまるで見えなかったからである。それらの源泉は、ユークリッドの幾何学《ジオメトリー》――文字通り「地球の測定」――ではなく、機織りの織機にぴんと張られた縦糸だったのだ。ここでもまた、糸は表面を構成する軌跡に変化した。その表面とは規則に覆われた表面、そこですべてのものが連結される表面である。しかし近代において確実だと思われたさまざまなものが疑われ、混乱の様相を呈するにつれて、かつて目的地に一直線に向かっていた道筋《ライン》は断ち切られ、生きるためにはさまざまな亀裂を縫って進むべき道を見つけなければならなくなった。

この本を書きながら辿った道筋はこうしたものである。冒頭で述べたように、ラインに関するこの本のアイディアは、一見すると奇妙でばかげているようにさえ思われるかも知れない。しかし、理解の光が差し込むにつれて、あたかもダムが決壊し、今まで囲いで仕切られた思考方法のなかに閉じ込められていたアイディアが洪水となって噴出するような状況があらわれるはずだ。私がこの主題について人と話すときに――大学の同僚に限らず友人や親戚であっても――気づいたことがある。それは、誰もが、考えるべきラインの具体例からラインを考えるために欠かせない必読書に至るまで、何らかのヒントを与えてくれたということである。それらのヒントはすべて有益であった。だが、ひとつの手掛かりを追いかけるたびに、きまって追いきれない無数のものがあとに残された。それらすべてを追いかけるためには人生がいくつあっても足りない。人類学者としてひた走る他に、考古学者として、さらには古典学者、中世史家、芸術史家、建築史家、古文書学者、哲学者、音楽学者、心理学者、地図製作者、ちょっと挙げるだけでもこうした専門家として生きることが必要だっただろう。私とは違って自分が論ずるものの意味を熟知しているさまざまな知の領域の専門家に対して、私は自らの道を切り開くために挑まなければならなかったそれらの領域に対する無知と不器用さを、ただただ陳謝するばかりである。

今まで探求されたことのない広大な知の領域を、完全に射程に収めようなどと目論んだわけではない。ラインについてのこの小史を世に問うにあたって、私の意図はきわめて慎ましいものである。つまり、その広大な領域の表面をわずかに引っかくこと——ささやかに書いてみることに過ぎない。この本はひとつの序説として読まれるべきものであって、その目的は探求の糸口を示して、他の人々がそれを辿る気にさせることにある。知識と経験次第でその探求はどこへでも向かっていくだろう。私の知る限りまだ名前を持たない企てに参加を求める開かれた呼びかけとして、私はこの本を書いた。事物を研究する人々は物質文化研究者と呼ばれる。ラインを研究する人々は……何と呼ばれるのか分からないが、とにかく私はその一人になった。そして、その研究に従事するうちに、製図工、書家、筆記者、ストーリーテラー、散歩者、思索家、観察者——およそ生きる人間が属するありとあらゆる集団に加わることになった。そもそも人々は事物ではなくラインで構成される世界に住んでいるからである。結局のところ、そこに集められるすべての構成要素のライン——成長と運動の道筋——が結び合わされたものでないとしたら、モノ、そして人間とはいったい何だろうか？　もともと「モノ」thing とは人々の集い、人々が問題を解決するために集う場を意味していた。語源が示すように、あらゆるモノはラインが集ったものである。私がこの本で立証したいのは、人間とモノの両方を研究することはそれらを成り立たせているラインを研究することに他ならない、ということなのだ。

第一章　言語・音楽・表記法

歌とは、人が偉大なる力によって心動かされたときに呼吸とともにつむぎだされる思考なのだ……私たちに必要な言葉がことば自体としてほとばしるとき、新しい歌が生まれる。

――オーピンガリク、ネツリク・イヌイットの長老（Adams 1997: 15）

発話と歌の区別

この章では、**発話** ***speech*** と歌 ***song*** の区別と関係がとても入り組んでいることに端を発する問題の解明に取り組んでみよう。私のように西洋の「古典的」伝統のなかで育った者は、声の使い方を基準にして言語と音楽を区別しようとする。私たちが音楽を聴くとき、声楽であれ器楽であれ、注意を向けるのは音自体である。その音の意味はどこにあるのかとたずねられたら、それはその音が私たちに引き起こす感情にある、としか答えようがない。楽音がリスナーの意識にしみ渡るとき、リスナー自身の世界の知覚にかたちや形式が与えられる。一方、発話を耳にするとき、それは楽音とはまったく別の経験だと私たちの多くは考えるだろう。よく言われるように、発話される語の意味はその音のなかにも、それが私たちに与える効果にも見出されない。語の意味は音の背後にあると考えられている。だからリスナーの注意は発話の音声自体ではなく、音声によって荷われ伝達される意味へと向けられる。発話を聞きとるとき、私たちの意識は音声を通過して、その背後にある言語の意味の世界へと到達する。したがって、その世界は絶対的に沈黙している――まさに本のページのように。つまり、音が音楽の本質であるのに対して、言語は無音なのだ。

どのような経緯で私たちはこうした言語の沈黙、あるいは楽音の非言語的性質、という奇妙な考え方をもつにようになったのだろうか？　それは中世や古典古代の先人にとっては、道理にかなった考え方ではなかった。よく引用される『国家』の一節で、プラトンは、音楽とは「言葉、調べ、リズムという三つの要素から成り立つ[1]」とソクラテスに語らせている。その際ことばは音楽に不可欠であるばかりか、その主役となるものである。「調べとリズムは言葉に従わなければならない」とソクラテスは続ける。明らかにプラトンとその同時代人にとって、純正な音楽とは本質的に言語芸術だった。音楽から言葉を引き抜いてしまえば、音楽はただの装飾か伴奏になってしまうと彼らは考えていた。翻って考えれば、このことはプラトンの時代に器楽がいかに低い位置にあったかを物語っている。そして、朗唱されるものであれ歌われるものであれ、言葉の音は、意味の中心にあったのである。

中世の聖職者たちの時代まで下ってみても、同じような考え方が見られる。リディア・ゲーアが考察したように、初期の教会音楽の大部分は「歌詞優先の朗詠調様式」（Goehr 1992: 131）で歌われた。人間の声は、「神の言葉」を発声することができる特別な能力をもつが故に、唯一の適切な楽器であると考えられていた。ただし声は言葉を創造するものではなく、いわば言葉を送り出すもの《マウスピース》であった。四世紀の聖ヒエロニムスは、神を賛美する者たちに「声よりも心で」歌うようにと勧めた。「声ではなく、発する言葉を通して」人は歌うべきだ、と彼はいう（Strunk 1950: 72）。ヒエロニムスの主張にはまさに、本章の冒頭に掲げたネツリク・イヌイットの長老の警句がこだましている。すなわち、言葉とは響き渡らねばならないものであり、声の役割は言葉の音声を生みだすというよりも、歌においてそれを押し出す——オーピンガリクならば「ことば自体としてほとばしり出る」と言うだろう——ものなのである。

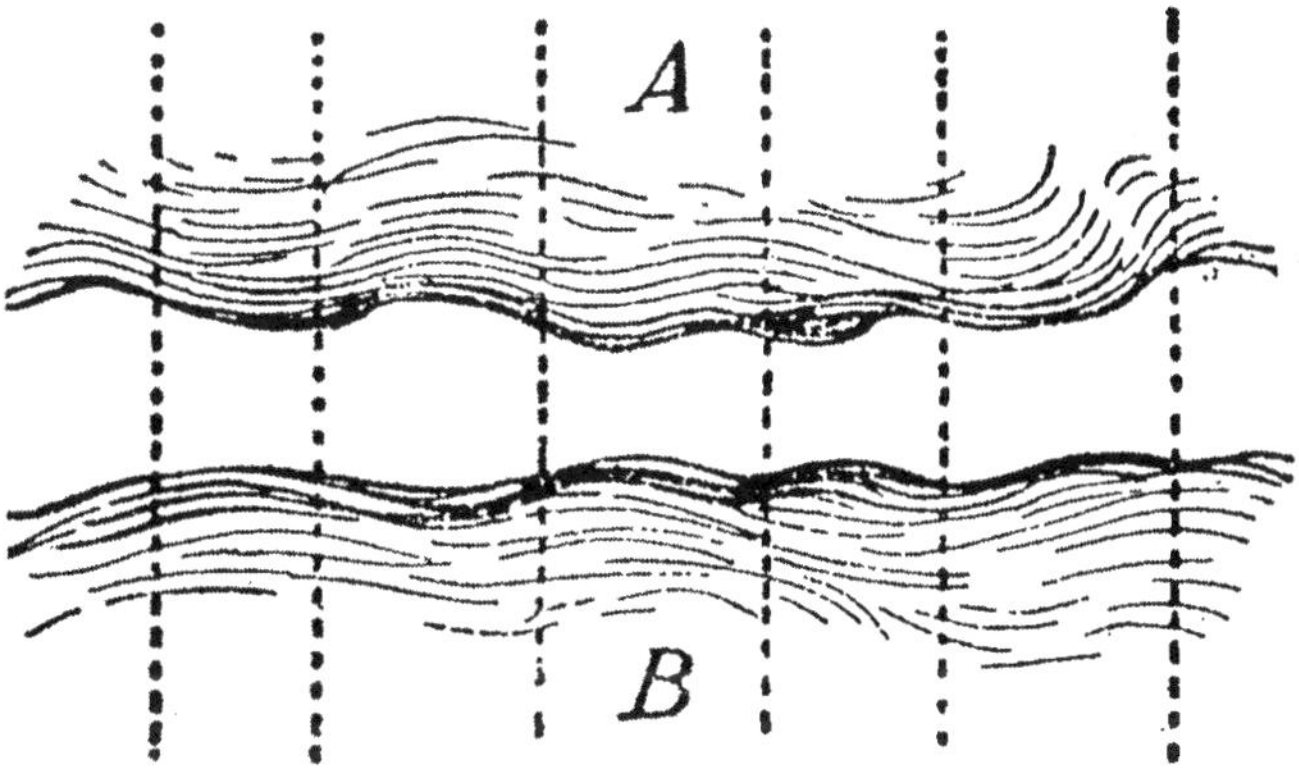

図1-1　観念の平面（A）と音声イメージの平面（B）の界面に位置する言語を示すソシュールの図。言語の役割は、点線で示されるように、その境界面をいくつかの区分に切り取り、ある特定の観念とある特定の音声イメージとのあいだに関係の連鎖を設定することである。
［Saussure (1959: 112)］

こうした見方は中世の間ずっと支持されていたし、また中世のみならずさらに後の時代まで支持された。たとえばプラトンの定義は、ルネサンス期におけるもっとも重要な音楽理論家、ヴェネチアの聖歌隊指揮者ジョゼッフォ・ザルリーノによる一五五八年の『ハルモニア教程』に引用され支持されている。また現存する最古のオペラの作曲者、フィレンツェ人ジュリオ・カッチーニの一六〇二年のテクストのなかにも引用されている（Strunk 1950: 255-6, 378）。だがこの定義は近代の感覚にとっては奇妙なものだ。言語と発話に関する近代的理解の一例として、現代言語学の父の一人、フェルディナン・ド・ソシュールの著作に目を向けてみよう。一九〇六年から一九一一年にかけてジュネーヴ大学で行われたあの名高い講義録である（Saussure 1959）。

一見したところソシュールは、近代以前の先駆者が唱えた言語音の原理に与しているようにみえる。「真なる唯一の連結」とは「音声のそれである」と彼は主張する[*1]（1959: 25）。図表（図1―1）を用いてソシュールは、言語において、観念ないし意識は、音声の上を水面に接する空気のように漂うものだと説明する。しかしより仔細に検討をすすめるうちに、ソシュールにとって、言葉は音の領域にはないことが明らかになる。結局のところ私たちは音声に頼らずとも、舌や唇を動かさなくとも、頭の中で独り言を呟いたり詩を吟じたりすることができる、と彼は述べる。したがって、純粋に物質的あるいは質料的な意味で理解されるかぎり、音は言語に属さない。音は「二次的なもの、言語が用いる資料にすぎない」[*2] (1959: 118) とソシュールは言う。つまり、言語において存在するのは音それ自体ではなく、ソシュールが言うところの聴覚映像だけである。音は物質的であるのに対し、聴覚映像は心理的事象である——それは心理の表層に音の「刻印」として存在する (ibid.: 66)。ソシュールによれば、言語とは、聴覚映像の平面にもうひとつ別の、観念の平面を重ねることによって、つまりあらゆる切り取られた観念——あるいは概念——に特定の聴覚映像が対応するようにして、差異の配置の地図をつくるものである。概念と聴覚映像の結合それぞれが言葉である。その結果、言葉どうしの関係のシステムとしての言語は心理に内在するものとなり、個々の発話という物理的な具体例からは独立したものとして与えられる。

　言葉が歌のように音楽に組み込まれるとき言葉は言葉であることをやめる、という考え方にはソシュールの影響がみられる。その言葉はもはや言語には属さない。「歌において言葉と音楽が結合するとき、音楽は言葉を呑み込んでしまう」、とスザンヌ・ランガーは述べる[*3] (Langer 1953: 152)。同じ理由で、音が言語表現に従属するとき、その音は音楽とは異質なものとなる。日本の現代音楽の作曲家、武満徹は「音がそれ自体の固有性ではなく観念を帯びるとき、音楽にとっては不利益が生じる」と指摘する (Takemitsu 1997: 2)。古典古代および中世の考え方とは正反対に、現代において純粋音楽は言葉を持たぬ歌であり、声楽的であるよりも器楽的であることが理想であると見なされるようになったのだ。かくして、私の問いは次のように立て直される。どのような経緯で、歌の本質的な音楽性は、言葉からメロディ、ハーモニー、リズムといった非言語的要素へと移行したのか？　逆にいえば、どのような経緯で言語から音が取り去られたのか？

ウォルター・オングはもっとも説得力に満ちた答えのひとつを提出している（1982: 91）。オングによれば、答えは私たちが書かれた言葉に親しんでいる点にあるという。紙の上にあるものとして見つめられ、じっと動かず長時間の吟味に耐えるものとして捉えられるとき、言葉は、すでに発話という行為が生み出す音声からまったく遊離した存在と意味を示すものとして理解される。あたかも発話の聴取とは、一種の視覚行為――耳あるいは「聴覚という視力」を用いて見ること――であり、発話された言葉を聞きとることは、言葉を見ることであるかのようである。ソシュールを例に取ってみよう。学者として書物の世界に首まで浸かっている以上、発話された言葉を捉えるために、ソシュールがその言葉の書き取られた写しの考察に頼ったのは無理もないことだ。だが、もし印刷された書物のページに出会わなかったら、彼は果たして「心理的刻印」としての聴覚映像というアイディアを思いついただろうか？

それは無理だっただろう、とオングは考える。そしてまさにその点において彼はソシュールに強く反発する。ソシュールはそれまでの多くの言語学者と同様、記述を、聴覚映像の外観を示すための、発話の代替的媒体に過ぎないとみなしていた。オングが考えるには、ソシュールがとらえそこねたのは、聴覚映像の形成には、まず書かれた言葉の視覚的特質が必要不可欠だということだった（Ong 1982: 17; Saussure 1959: 119-120）。記述に親しんだ経験がもたらす影響は甚大であり、記述をまったく知らぬ人々にとって発話がどのように経験されるかを想像することは、私たちにはきわめて難しい。オングが「一次的な声」primary orality と呼ぶ世界に住む人々は、彼らの現実の発声から離れて存在するいかなる言葉の概念も持っていなかっただろう。その人々にとって、言葉とは彼らの発声として在り、音によって運搬されるものではない。

彼らは、文字社会の人間のように耳を見るためにではなく、聞くために使う。彼らは、私たちが音楽や歌を聞くように言葉に耳を傾けながら、音の背後にあると想定される意味よりも、まず音それ自体に神経を集中させる。まさにこの理由によって、私たち——文字を使う人間——が発話と歌とのあいだに設ける区別、私たちにとって十分に自明であると思われるその区別は、彼らにとって何の意味ももたないだろう。「一次的な声」の段階にある人々にとって、発話と歌の両方において、音こそが重要なのだから。

記述物と楽譜

さて、言語は記述の影響によって発話の音声から切り離されて、言葉と意味からなる独立した領域を確立したというオングの主張が正しいとすると、言語と音楽の分裂は記述の発生とともに始まったことになる。そのときから記述の歴史は自らの道を歩み出したので、それは当然——一般的に言われてきたように——言語の歴史の新しい一章として扱われるようになったというわけだ。ところがオングの主張に対してはさまざまな異議が出された。実のところ、少なくとも現代の私たちに伝わっている言語と音楽の区別の原因が、記述の誕生にではなく終焉にあることを示唆する証拠は枚挙にいとまがないのである。記述の消滅とはいったい何を意味するのか。それについては後で説明することにして、いま私が主張したいのは次の点である。すなわち、もし記述の歴史のほとんどの時代を通じて音楽が言葉の芸術でありつづけた——つまり、歌の音楽的本質がその構成要素である言葉の響きにあったとすれば、書かれた言葉もまた書かれた音楽の一形式であったはずだ。今日、西洋の伝統のなかで教育を受けた者にとって、言葉の記述は音楽の記譜法とはかなり違ったものにみえる。しかしすぐあとで明らかになるように、どこに両者の違いがあるのかを正確に指摘するのは容易いことではない。おそらくその違いは、はじめからあったものではなく、記述の歴史の歩みにつれて少しずつはっきりしていったのである。別の見方をすれば、記譜法の歴史でないような記述の歴史はあり得ないのであり、両者が区別されるに至った経緯は、記述の歴史の重要事項であるはずなのだ。言語と音楽とを区別する現代のやり方を過去へあてはめてはならないし、一方が書かれるようになった経緯を考える際にもう一方の書法の問題を考慮しないでは済まないのだ。以上の私の主張はまだ仮説にすぎない。記述の歴史を調べてみると、記譜法への参照は実に微々たるものであった。そうした参照はまったく行われないのがふつうである。

それでも私は、記述の歴史はより包括的な**表記法** ***notation*** の歴史の一部に他ならないと主張したい。その歴史がとるべき姿の考察にとりかかるまえに、まずどのように——現在の西洋的慣習にしたがうならば——書かれたテクストは記譜された音楽作品から、また**記述物** ***script*** は**楽譜** ***score*** から区別されるのか、という問題にふれておきたい。哲学者ネルソン・グッドマンは「芸術の言語」についての講義（Goodman 1969）のなかでこの問題を扱っている。答えは一見明らかにみえる。書かれた言葉を用い、楽譜では出来ないやり方でなにかを提示したり主張したり指示したりすることは十分可能である。それに記述物を解読するときには、楽譜から生みだされる演奏を識別するのに必要な理解力とは別の力が必要である。ところがグッドマンによれば、記述物と楽譜とを区別する基準はどれも、吟味するうちに怪しいものになっていく。問題は私たちが楽曲なりテクストなりを「作品」として認めるとき、その楽曲やテクストの本質をどこに位置づけるかという点にある。グッドマンの込み入った議論にかかわることを避け、その結論のみを確認するとすれば、「楽譜は表記法のなかにあって、作品を定義する」一方で「文字による記述物は表記のなかにあると同時にそれ自体が作品である」（Goodman 1969: 210）。著述家は作曲家と同じように表記システムを使用するが、彼が書くものは文学作品である。しかし作曲家は音楽作品を書くのではない。彼は楽

	表記法による	表記法によらない
それ自体が作品	記述物	線描画
それに従う個々の実践が作品	楽譜	エッチング

図1-2　ネルソン・グッドマンによる記述物、楽譜、線描画、エッチングの違い

譜を書くのであり、その楽譜は個々の演奏を規定する。音楽作品とはそれら一連の演奏である。絵画を総括するために、グッドマンは線描画とエッチングを考察するのだが、それらも同様の対照を示す。すなわち線描画は作品であるのに対して、エッチングでは版に従う一連の刷が作品である。ただし記述物や楽譜とは違い、線描画やエッチングはいかなる種類の表記法をも用いない（図1―2）。では描かれるラインが表記法となるためには何が必要なのだろうか？　その問いはここでいったん留保し第五章で再び扱うことにするが、それにしてもなぜ、音楽と文学とでは、作品の位置にこうした差異が生じるのだろうか？

　それは近代において音楽が言語的要素をぬぐい去り、言語が音声的要素をぬぐい去って純化されたことに端を発しているに違いない。記述物を制作する著述家も、楽譜を制作する作曲家も、ともに紙の表面になんらかの図示記号をしるす。どちらの場合も、記号は音を表象するものとみなされる。しかし私たちがそれらの記号に出会うとき、それらが導く方向は正反対である。記述物の場合、それらの記号は文字や単語として――すなわちソシュールのいう聴覚映像の投射として――認識される。それらは精神の表面に刻印されるがごとく、紙の表面に印刷さ

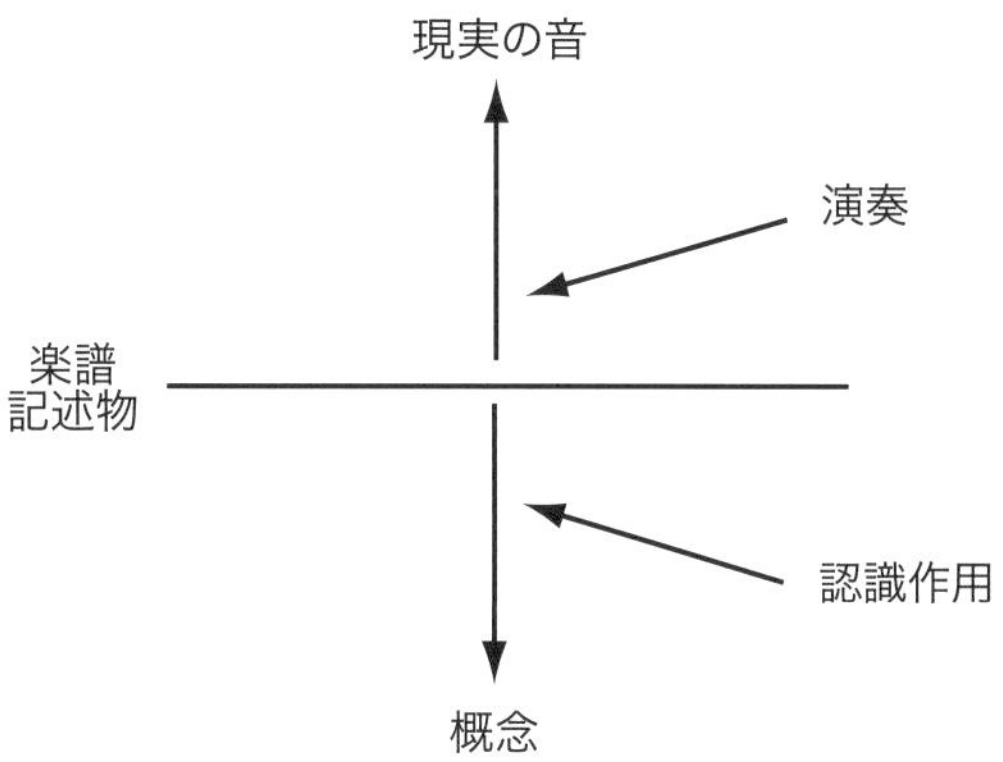

図1-3　「取り込み」と「実行」としての記述物と楽譜

れている。そしてそれらが表わしているはずのもの、すなわち観念や概念へと、私たちを直ちに導く。一方、文字や単語ではなく楽譜上の音符や楽句として記号を認識する場合、それらは観念や概念の代替品ではなく、音それ自体と見なされる。つまり言語と音楽とでは、意味作用の方向が正反対なのだ。記述物の読解は認識作用の審級にあり、テクストに書きこまれた意味を取りこむ。一方、音楽を読む行為は演奏の審級にあり、楽譜に書きこまれた指示を実行にうつす。言うなれば、前者は私たちを絶えず内側に、深い思索の領域へと引き込み、後者は私たちを絶えず外側に、音の環境世界へと押し出す（図1―3）。私たちは著者の思想と意図を発見するためにテクストを読む。しかし楽譜に示された作曲家の意図を読むのは音楽を音楽として経験するためである。もちろん完全な音楽表記法など存在しない。たとえば西洋音楽の正統的な記譜法では、もっぱら音程とリズムが問題になっていて、音色や音質といった特徴は度外視されている。それらの特徴を記す必要に迫られると、別の書式でつけ加える他ない――たとえば言葉、略字、数字などである。とはいえその表記法の目的は、音を十分な正確さであらわすことであり、それを読む演奏家が元の作品の適正なコピーを生み出せるようにすることを目指している。

音楽と言語がこのように厳格に分けて扱われると、それらの境界線上に必ずあいまいな事例があらわれる。グッドマンもそのことを認めている。たとえば記述物《スクリプト》が演劇の上演のために書かれるとき、それは楽譜への変貌の途上にあるということになる。役者が戯曲の文章を読むのは、舞台でそれを暗唱できるようにするためである。その結果、声の役割がきわめて重要になってくる。さらに演劇上演の場合、作品とはスクリプト自体ではなく、スクリプトに従う一連の上演である（Goodman 1969: 210-11）。同じようなことは、朗読されるために書かれた詩にもあてはまる。詩人が話される言葉の響きを利用して意図を実現しようとする場合、その詩は言語よりも音楽に近いものになる。しかしあくまで言葉の構成物にとどまっている詩は、音楽よりも言語に近いままである。このように詩的テクストは記述物であり楽譜である。あるいは純粋にはそのどちらでもない。しかし劇の上演や詩の朗読が示すあいまいな位置どりは、近代以前には問題にならなかった。音楽に関して言えば、リディア・ゲーアが示したように、構築された制作物としての作品という観念自体――そこには記念碑的様式や建築的様式といった含意がある――、十八世紀末頃にあらわれた作曲、演奏、記譜の概念に由来しており、音楽が自律的な芸術として識別されるようになったのと同じ頃のことである（Goehr 1992: 203）。それ以前は、音楽作品は演奏に先立つ作曲においてではなく、その都度の演奏という行為において存在すると理解されていた。すべての演奏はあらかじめ記譜に示された仔細な指示に従うべきだという考えは、まったく存在していなかった。

語る記述

文学制作の場面においても音楽と時を同じくして、あるいはやや早い時期に同様の変化が生じた。ミシエル・ド・セルトーは『日常的実践のポイエティーク』(1984) において、近代作家を世界から隔たり孤立したデカルト的主体であると考える。目の届くかぎりあらゆるものの主人である作家は、植民地征服者が地球に、都市計画者が荒地に対峙するがごとく、白紙に対峙して、その上に白らの制作を重ねていく。植民地支配された空間に社会がつくられるように、また地図で囲い込まれた空間に都市がつくられるように、書かれたテクストはページという空間のなかで制作される (Certeau 1984: 134-6)。テクストとは制作物――組み立てられ、つくられたもの――であり、以前何もなかったところに (あるいは、あらかじめそこにあったものは何であれ、その過程で撤去されて) 築かれるものである。ホセ・ラバサは、クリストファー・コロンブスの航海日記に注釈をつける際に、空白のページに記述する行為を海図のない水域を航海することに比較している。

> 舳先とペン先は、それまで誰の軌跡もしるされたことのない表面に模様を描く。先行者の不在すなわち「空白のページ」という虚構によって、コロンブスのような作家兼船乗りはテクストと領土の両方の「所有権」を要求できるのだ。(Rabasa 1993: 56)

しかしいつの時代もそうであるというわけではなかった。ラバサがド・セルトーへの謝辞とともに指摘するように、ルネサンス期以降の記述は、表面とそこに築かれるさまざまな構築物の所有権を主張する点において中世の書物とは根本的に異なっている。中世の書物は、制作されたものではなく語るものと理解されていた (Certeau 1984: 136-7)。

中世の書物の規範は聖書だった。ド・セルトーによれば、読者は聖書の記述が語る声を聞き、そこから学ぶことが求められていた（1984: 136-7）。これはまさに旧約聖書のなかに描かれている先例に従うことに他ならない。預言者エレミアの書から引かれる有名な例である。エレミアは彼の書記官バルクに、円筒形に巻いた紙（すなわち巻物）に神の言葉を書きとらせたが、それは、ユダの民の悪行に対して下される罰について語られたものであった。巻物を手にしたバルクがユダの民のところに行くと、彼らは即座に「それを彼らの耳元で読む」ようにバルクに頼んだ。彼がそのようにすると、ユダの民の多くはおののいた。「教えてください」、集まった聴衆は彼に尋ねた。「あなたはどのようにして、このすべての言葉を書き記したのですか？」バルクは答えた。「彼［エレミア］が自らわたしにこのすべての言葉を口述したので、わたしが巻物にインクで書き記したのです。」[2] ここでの連結、すなわち記述における預言者の口から書記官が記すインクの軌跡への連結、そして読解におけるインクの軌跡から人々の耳への連結は、直接的で何にも媒介されていない。

もし記述が語るとするならば、そして人々が彼らの耳でそれらを読むとするならば、オングの主張――人々は書かれた言葉へ精通すると必然的に、発話を、見ているかのように聞くようになる――は正しいとはいえなくなる。実際、中世において読み書きのできる人々は、彼らが聖なる書物でその物語を読んだ自分たちの先達と同様に、現代の私たちとは正反対のことをしていた。彼らは見るための目ではなく、聞くための耳を用いて、話された言葉の経験をモデルに書かれた言葉を知覚していたのであり、その逆ではなかったのだ。五世紀にアウグスティヌスは次のように記している。「かくして、ある言葉が書かれるとき、それは眼に訴える記号となり、それによって耳と連携するものが精神に入る」（Parkes 1992: 9 に引用）。もし中世の人々が私たちとは違ったように言葉を知覚していたとしても、それは彼らが一次的な声の世界に住み、発話や歌の書かれた形式にほとんど接していなかったからではない。読む行為と書く行為についての彼らは現代の私たちとまったく異なる理解を示していたからなのだ。その理解の仕方は少なくとも古代ギリシャに遡る。エリック・ハヴロックは、初期の碑文は口頭声明の特徴を示しており、特定の機会に特定の人物に向けられていたことを明らかにした。そうした特徴を帯びることによって、碑文は、制作物でありながら声を与えられ、それが誰のものなのか、誰から献呈されたものなのか、それを悪用する者に何が降りかかるのか、といったことを宣言した。ナポリ付近のイタリア沿岸で発見された紀元前七世紀の壺には「私を盗むものは誰であれ、盲目となるであろう」と書かれている（Havelock 1982: 190-1, 195）。

このように、記述が語るものであるとするならば、読むことは聞くことである。中世学者のニコラ・ハウは、アングロ・サクソン語の roed とゲルマン語族の同類語に由来する動詞 to read［読む］の語源研究のなかで、その根源的な意味が「忠告や助言を与える」という観念に集約されることを示した。そこから「不明瞭なものの説明」（謎を解くといったような）、そして「日常的な記述の解釈」へと、時代とともに意味が拡張されていったという（Howe 1992: 61-2）。たとえば、準備ができた ready 人というのは、ある状況を的確に「読みとった」おかげで、あるいはしかるべき助言を受け取ったおかげで、その状況への対処の仕方がととのった人のことである。悪名高き無能なアングロ・サクソン君主、エゼルレッド無策王は、何の助言も受け入れず、王としての最低限の責務を果たせなかったためそのようなあだ名をつけられた。彼は聞かなかったのだ。つまり、当時読むことは、今日の私たちには当然である黙って孤独に書かれた言葉を凝視する行為とはまったく違って、「共同体のなかの公的な発話的行為」だったのである（ibid: 74）。それは一種のパフォーマンスであり、声に出して読むということだった。アウグスティヌスが『告白』に書きとめたある驚きからも、そうした読書の姿勢が中世初期にいかに一般的なものであったかがうかがえる。四世紀、ミラノに到着した彼は、当時ミラノのカトリック司祭であったアンブロシウスが読書している様子をみて仰天する。アンブロシウスは声を出さずに読んでいたからである。彼の視線はテクストを追っているのに「声も立てず、舌も動かさなかった」。アウグスティヌスはなぜそんな風に読むのかわからずに茫然としたが、きっと多くの人々を前にした説教に備えて「彼の声はしわがれがちであったので、声を大事にする」ためにそうしているのだろうと推察した[*4] (Augustine 1991: 92-3, Howe 1992: 60, Parkes 1992: 10)。だがそのアンブロシウスでさえ「文字の音」**sonus litterarum** についての著作をあらわしていた (Parkes 1992: 116, fn. 6)。

修道士が読書する場合、眼だけではなく唇を動かしてテクストを追い、読書のあいだ言葉を読み上げたり呟いたりするのは普通のことだった。そこで発せられる音は「ページが発する複数の声」**voces paginarum** であると了解されていた (Leclercq 1961: 19; Olson 1994: 183-5)。読めば読むほど、彼らの頭には声の合唱が響き渡っていた。現在の読者は音を純粋に物理的現象であると考えることに慣れてしまったので、そんなものは想像の産物だと切り捨てるだろう。そうした声の合唱など存在するはずがないと私たちは思い込んでいる。存在するのは音声のイメージであり、それが精神の表面にしるす心理的刻印なのだ。しかしながら、音の物質性——その物理的実質とその理念的表象との分離は、現代的思考の産物である。これから明らかになる存在の哲学からみるとそうした分離には何の意味もないだろう。その哲学によれば、身体的実践と知的了解とは、摂食と消化のように分ちがたく結びついている。一人で食事する人間も、誰かにスプーンで食べさせてもらう人間と同じように、食べ終わったときに満ち足りた思いを抱くだろう。中世の聖職者がページの上に書かれた言葉を眼で追いおそらく指で辿りながら低くつぶやき続けるとき、彼の精神は、その言葉が誰かによって声高く読み上げられた場合と同じように、複数の声で満たされているのではないだろうか？

だがもちろん、中世の聖職者が言葉を聞きとることができるのは、その言葉が以前に歌われ語られたのを聞いたことがあるからであり、何度も実際に反復されることによってその言葉が聴覚と筋肉両方の自覚のうちに刷り込まれたからである。読むことは、ただ聞くことではなく覚えることである。もし記述が語るとするならば、それは過去の声で語るのであり、読者はまるでその声たちのさなかに居合わせているかのようにそれらの声を聞きとるのだ。歴史学者のメアリー・カラザース（1990）が、古典期後期からルネッサンス期に至るまでの豊富な例とともに示したように、記述は何よりも記憶術として重んじられた。その目的は、言われたり為されたりしたことの完全で客観的な報告をおこない、過去を孤立させることではない。過去の声たちが復活し、生き生きとした現在の経験のなかに再び連れ戻されるような経路を用意することである。その経路によって読者はそれらの声との対話に直接参加し、それらの声が言わんとするメッセージをそれらの声が生きている世界へ結びつけることを可能にする。つまり記述は、記録として読まれるものではなく、復元の方法だったのだ。古代ギリシャにおいて「読むこと」を指すために用いられた単語――〈アナギグノスコー〉anagignosko――は文字通りには「再び集める＝想起する」という意味であり、ラテン語で「読むこと」に相当する単語――〈レゴ〉lego――も同様に、集めたりまとめたりするプロセスを指していたとカラザースは指摘する。古典期の著述家はあいついでこのプロセスを狩猟、釣り、獲物を追いつめること、といった比喩で説明しようとした（Carruthers 1990: 30, 247）。アンドレ・ルロワ＝グーランがその浩瀚な論考『身ぶりと言葉』のなかで述べているように「文書はそれぞれ、頭文字や傍注によってリズミカルに整えられ、ひとつの緊密な連続体となり、それを読む者は、原始の狩猟者のように読み進むことになる――地図を見るのではなく踏み跡《トレイル》を辿ることによって。*5」（Leroi-Gourhan 1993: 261）。

踏み跡の追跡や徒歩旅行と、あらかじめ地図が与えられた航海との区別は決定的に重要である。航海士は地図という領海の完全な表示を眼の前に持っていて、出発前に辿るべきコースを設定《プロット》することができる。

したがって旅はその筋書き《プロット》をなぞるものに過ぎない。それと対照的に、徒歩旅行では、以前に通ったことのある道を誰かと一緒に、あるいは誰かの足跡を追って辿り、進むにつれてその行程を組み立て直す。この場合、旅行者は目的地に到着したときに初めて自分の経路を把握したと言える。第三章でこの区別をいっそう念入りに考察し、私の主題を論じたいと思うが、さしあたって今は、古代と中世の読者は徒歩旅行者であって航海士ではない、と言っておこう。彼らはページ上の記述を、すでに組み立てられ自己完結したプロットを表したものであるとは解釈しなかった。記憶の地形のなかで彼らの行く道を教えてくれる一連の道標、方向表示、飛び石だと考えていたのだ。このような道の導き——場所から場所へ導かれる流れ——を指すものとして、中世の読者は〈運び〉ductus という特別な用語を用いた。カラザースが説明するように、「〈運び〉が言わんとするところは運動、すなわち文章を貫く道の途上において思考する精神をともに導くものである」(Carruhters 1998: 77, 強調は原文)。

しかしながら、この記憶の導きを純粋な認識作用だと考えるのは間違いであろう。テクストなり物語なりルートなりが、記述や発話や移動といった身体の行使に先立って、そこにアクセスしてその全体を復元すべき複雑な構成物としてあらかじめ存在しているなどと考えるべきではない。記憶の働きとは精神の表面に刻みこむことであり、それは著述家が紙の表面に記入し、旅人が自らの足で地球の表面に足跡を残すのと同じことである、と中世の思想家たちは確かに考えていたが、そうした表面は、測量される空間としてではなく、そこに住まう領域として捉えられていた。その領域は一瞥して全体を把握できるものではない。苦労して歩きまわってはじめて見えてくるのである。読むことにおいて、ひとは物語を語ること、旅することと同じように、前進しながら何かを記憶する。つまり記憶という行為はそれ自体が一種の行為《パフォーマンス》として考えられていたのである。テクストは読むことによって記憶され、物語は語ることによって記憶され、旅は実行することによって記憶される。すなわち、あらゆるテクスト、物語、旅は、見出される対象ではなく、踏破される行程なのである。そして、一つひとつの行程が同じ土地をめぐるものであったとしても、それらはみな他とは異なった運動である。すべての行程にあてはまる不変のひな型や仕様書など存在しないし、どんな実践も、記述物やルート・マップから簡単に「読み取られる」わかりやすいものではあり得ない（Ingold 2001: 145）。

読者による消化《リーダーズ・ダイジェスト》

右の結論を念頭におきながら、記述物と楽譜の区別という問題に立ち返ってみよう。その際に、ページにしるされた記号は一方では概念を指示し、もう一方では現実の音を指示することを思い出してもらいたい。つまり記述物は認識されるために「内に向かって」読まれ、楽譜は実演《パフォーマンス》のために「外へ向かって」読まれる。古代と中世の写本筆写者はまちがいなく文字や語を書いていたのにもかかわらず、その結果生み出された作品はほとんど記述物の資格を満たしていないことはいまや明らかであろう。そのひとつの理由は、書かれた記号がまず読者を導いていく先は聞きとれる音声であって、音声の背後にある抽象的な言葉の意味ではないからである。このあとすぐに取り上げる十一世紀のベネディクト会修道士グイード・ダレッツォの音楽表記法では、一つひとつの文字は明らかに、記譜される一つひとつの音符のように声ないし音を呼び起こしていた（Carruthers 1990: 18）。もうひとつの理由は、読む行為は、声帯を用いるのであれ舌と唇の無音の動きだけを用いるのであれ、読者がテクストという対話者の声を聞き、その声と会話をかわす行為《パフォーマンス》だったからである。読むことが孤独な知性の操作となり、読者を、周囲の世界に感覚を浸している状態から切り離すことなど考えられなかった（Howe 1992: 74）。ドム・ルクレルクが述べるように、読書は「歌うことや書くことと同じように、身体と精神のすべてが動員される活動」として理解されていた。だからこそ、ペトルス・ウェネラビリス[*6]は流感にかかり声を失って以来読むことができなくなった。「彼はもはや朗読ができなくなった」からである (Leclercq 1961: 19-20)。では、書かれたものが朗読《パフォーマンス》において読まれ、音として経験されていたとするならば、それを楽譜と見なすべきなのだろうか？

　答えは否である。書かれたものは記述物でも楽譜でもない。なぜなら、近代的思考が言語と音楽を区別するために設けた意味と音、認識と行為といった項目は、古典期や中世期の写本筆者の書いたものにあってはまったく対立しておらず、同じものの異なる様相だからである。ルクレルクは続ける。「テクストは全身全霊をささげて読むことが求められていた。口で発音するのだから身体を用い、テクストを固定する記憶力を用い、意味を理解する知性を用い、テクストを実演しようとする意志を用いて」(Leclercq 1961: 22)。読む行為とは、「実行にうつす」と同時に「取り込む」ことである。すでに示したように、行為と認識――あるいは朗読と沈思黙考――とは本来、摂食と消化のように結びついたものだった。中世の学者は、書かれたものがいかに読まれるべきかという問題に答えるときに、頻繁に胃袋のメタファーに頼っている。テクストを読む者は、牛が口を動かして食べたものを反芻するかのごとく、言葉を呟きながら記憶の中でテクストを繰り返すようにと強く促されていた。つまり、反芻的に熟考するべきなのである (Carruthers 1990: 164-5)。

　祈りに没頭する一人の修道士について、ペトルス・ウェネラビリスは「休むことなく、彼の口は聖なる言葉を反芻した」と強調していた (Leclercq 1961: 90)。同様に、ベーダ・ウェネラビリス[*7]によって語られた物語の主人公、牛飼いのカドモンは、奇蹟的に詩作の才能を授かり、彼が働いていた修道院の修道士たちからさらに教育を受けたのだが、ベーダによれば「あらん限りのことを聞くことによって学び、次に穢れなき動物が食べたものを何度も咀嚼し直すかのように記憶し反芻して、それをこの上なくメロディアスな詩行へと変容させた」(Colgrave and Mynors 1969: 419)。ここでの記憶とは、噛み砕かれた言葉という滋養物を受け入れる胃袋のごときものであり、食事によって胃袋が一杯になるように、読書によって満たされるのである。さらに、栄養のある食物で満たされた胃袋が甘い匂いのげっぷや屁を放って安堵をおぼえるように——聖ヒエロニムスに帰せられる言葉に従えば——、「内的な人間の思考は言葉を産み、溢れる心から口は語る」(Carruthers 1990: 166)。言葉が神に近づけば近づくほど、音は甘美になる。集う人々に「声よりも心で」歌うようにと勧めたのが聖ヒエロニムスだったことを思い出してほしい。発声器官は音を生み出すのではなく、大きなげっぷのように音を放出するに過ぎない。心によって習得されたものは心から発せられるのである。

記譜法の起源

記述の歴史の長きにわたり、少なくとも西洋では、発話と歌は異なる領域に区分されていなかったことをこれまで立証してきた。ただ一つの領域だけがあり、それは文字と言葉によって記述されていたのである。古代ギリシャには〈ムシケー〉という声の芸術があった。しかしエリック・ハヴロックが解説するように、またすでにプラトンの宣言に確認されたように、「旋律という意味での音楽は、〈ムシケー〉の一部分、それも比重の軽い部分に過ぎない。というのも、旋律は言葉の従者にとどまっていて、そのリズムは発話の長短の発音に従うという枠にはめられていたからである」(Havelock 1982: 136)。ハヴロックの推察によれば、まさにこの理由によって、ギリシャ人は彼らの「音楽」をあらわす適切な表記法に到達しなかった。彼らは言葉から離れた音楽を想像することができなかったので、言葉の記述と音楽の記譜とを分離する理由がなかったのだ（ibid.: 345）。しかしながら、古代ギリシャの記譜とその特徴がどんなものだったのかという問題は、古典学者のあいだで議論の的になっている。たとえばマーティン・ウェストの主張によれば、ギリシャ人は少なくとも紀元前四世紀から、ひとつではなくふたつの記譜体系を並行して使用しており、ひとつは声楽用、もうひとつは器楽用であったという（West 1992: 7）。だがそれらは楽譜とはいっても非常に限られた機能しか果たしておらず、また、楽譜の知識をもっていたのはひと握りのプロの演奏家だけであった。おそらくリズムや音価を規定する別の楽譜の必要などなかったのだ。というのは、リズムや音価は歌われる詩行の韻律にすでに備わっていたからである。その韻律は交互に続く長短アクセントから成り立っていた（ibid.: 129-30）。

ウェストが認めているように、歌の旋律でさえ部分的には話される言葉の特徴、すなわちギリシャ人が〈プロソーイディア〉prosoidia すなわち「伴奏される歌唱」と呼ぶ言葉のピッチ［音高］の変化に基づいていた。彼らは発話を高／低、緊張／弛緩といった対比的な用語によって記述したが、それは旋律に対しても用いられた（West 1992: 198）。［発話と歌の］類似性を批判したタレントゥム生まれのアリストクセノス――アリストテレスの有名な弟子で、先達の業績を尊大でぶしつけな態度で無視したことで知られる――は、発話の抑揚と歌とがどのように区別されるべきかを考察した最初の人間であると自ら宣言した。彼が論ずる区別とは、発話と歌はともに、あたかもひとつの場所から別の場所へ移動するかのようにピッチを変動させるが、発話ではその動きは連続的であるのに対して歌では音程的である、というものである。

発話の動きは連続的運動であると言われる。というのは、会話するとき、声は決してひとつの場所に静止しないような仕方で動くからである。音程的と呼ばれるもうひとつの形態においては、それとは正反対の仕方で動く性質がみられる。というのもそれはひとところに静止するようにみえるのだ。そして人がこの行為をおこなっているようにみえるとき、それを、話していると言う者は誰もいない。その人は歌っているのだ。

(アリストクセノス『ハルモニア原論』第一巻、Barker 1989: 133)

アリストクセノス自身、はっきりした記譜法など考えようともしなかった。旋律の記述がその理解に役立つなどという考えを軽蔑していたからだ。彼は、旋律の理解とはまさに「知覚と記憶というふたつのことからもたらされるのであり……それ以外に音楽の意味を捉える方法などない」と明言した (ibid.: 155)。それにもかかわらず、ウェストによれば、紀元前三世紀までには音楽の旋律を誰にでもわかるように表記する方法がプロの歌手のあいだで広く用いられるようになっていた。そこではピッチを示す文字記号が、歌詞の音節の上に置かれていた (West 1992: 254)。しかしそれらの記号はもっぱら記憶を助けるためのものであったようだ。歌手は、実際の歌唱を聞くことによって歌を覚えたのであり、書きつけられた記号によって覚えたのではなかった (ibid.: 270)。そして歌詞のテクストはふつうそうした記号を使わずに書き写された。ピッチ記号は後から付け加えられたものであり、それは現代の演奏家が印刷された楽譜に指使いや運弓法を書き加えるようなものだった。テクストに「マーキング」する方法は、歌だけではなく雄弁の分野でも広く用いられた。朗読の重要な箇所での声の上げ下げを示すために、テクストの文字と音節の上にさまざまなしるしが書き加えられた。ピッチの歌唱的変化を指す〈プロソーイディア〉についてはすでにふれた。その語はローマ人によって〈アド・カントゥス〉ad-cantusと翻訳され、後に〈アクセントゥス〉accentusとなった (ibid.: 198)。ギリシャ・ローマ期の文献に体系的にあらわれるアクセント記号は、紀元前二百年ごろ、アレクサンドリア図書館長、ビザンティウムのアリストファネスによって発展させられた。それらは〈ネウマ〉と呼ばれ、「合図」、「身ぶり」という意味のギリシャ語に由来する。揚音、抑音というふたつの基本的なアクセントがあり、それぞれピッチの上げ下げを示した。それらはしばしば結合されて、たとえばVやNといった印で、より複雑な声の抑揚をあらわした（Parrish 1957: 4）。こうした形式が、後に、西洋の記述の歴史のなかで、明瞭な記譜法のもっとも初期のものとして導入された。すなわちグレゴリオ聖歌のために考案された「ネウマ譜」である。

いつ頃からネウマが使用されるようになったのかは、正確にはわからない。聖歌は五世紀頃から記述されるようになったが、ネウマが記入された現存する最古の写本は九世紀のものだからである（図1－4）。その上、文字や音節の上に置かれたそれらの記号は後世になってページ上に書き加えられたものである。グレゴリオ聖歌の記譜において、揚音アクセント記号はもともとの形状を保っていて、〈ヴィルガ〉＝「棒」と呼ばれていたのに対して、抑音アクセント記号は〈プンクトゥム〉＝「点」に変形した。これらの基本的な記号をさまざまに組み合わせて、より多様なネウマのあらゆる語彙を生成することができた。たとえば、〈ポダトゥス〉＝「足」は、点の後に棒が付いたもので、低音から高音への移動を示した。〈クリヴィス〉＝「湾曲」は棒の後に点が付いたもので、高音から低音への移動を示した。〈スカンディクス〉＝「登行」は二つの点の後に棒がついたもので、上行する三音を示し、〈クリマクス〉＝「梯子」は棒の後に二つの点がついたもので、下降する三音を示した。〈トルクルス〉＝「捻れ」は点、棒、点でできたもので低音、高音、低音の連鎖を示した、等々。ネウマ譜にはさまざまな流派があった。それらは九世紀のあいだに形成されたと考えられているが、より複雑な多音連鎖のネウマ表記には差異があり、線を用いるか点を用いるか両者を組み合わせるかによってさまざまなスタイルが存在した。細い垂直線と太い水平線ないし斜線を用いて、個々の音が四角やダイヤモンド形のブロックで区分される角張ったネウマの外観は、十三世紀

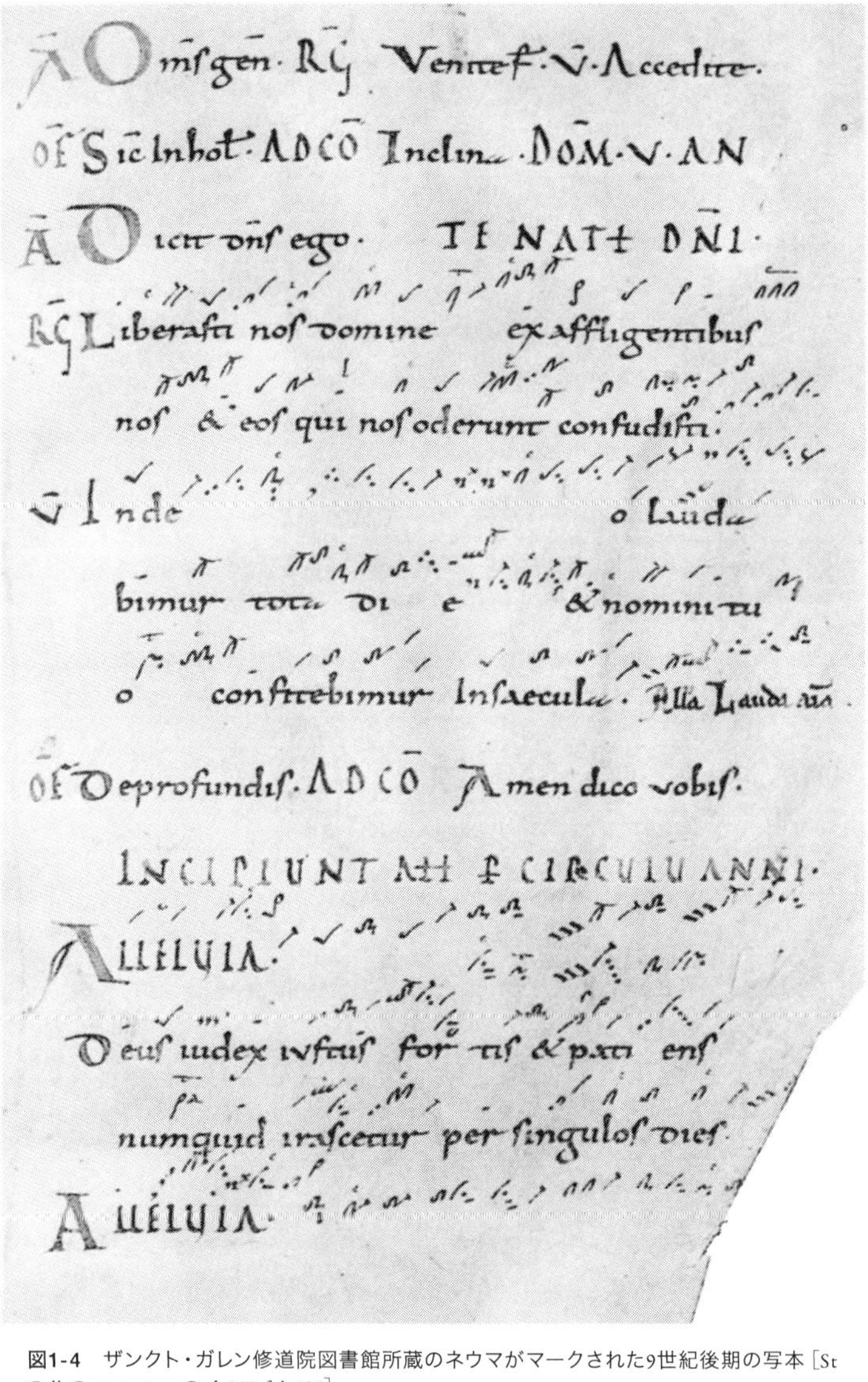

図1-4　ザンクト・ガレン修道院図書館所蔵のネウマがマークされた9世紀後期の写本［St Gall, Cantatorium, Cod. 359, fol. 125］。

に筆記用具が葦ペンから羽ペンに変化したことから生じた。図1―5は、この分野で権威あるカール・パリシュの文献から引用したものであるが、そこには主な流派が通常用いたネウマ表記が示されている。表は左から右に向かって大体年代順に並び、上から下に行くにしたがって複雑になっている。一番右の欄には現代の記譜法に置き換えたものが示されている。

最初期の記譜法には、歌うべき音符が、譜面を読む者にはほとんどあるいはまったく示されていなかった。だがそれは大して重要なことではなかった。すでにふれたように、歌の本質は言葉の響きのなかにあり、おそらく歌手は歌の歌詞を暗記していたからである。旋律が音声の装飾として理解されていたように、ネウマは書かれた言葉の付属物にすぎないと見なされていた。ネウマは、パリシュが「旋律想起のシステム」と呼ぶものを形成しており、歌手が音節ひとつひとつを発音するときに用いられる抑揚のニュアンスを思い出すのに役立った（Parrish 1957: 9）。しかしながら、記譜の流派のなかには、ネウマを仮想の水平線上にさまざまな距離をとって配置することで音高の差異を示そうと工夫したものもあった。十世紀頃の写本では、仮想の線は現実の線に置き換えられ、実際に羊皮紙に刻み込まれた。現代的記譜法への決定的転換は十一世紀、グイード・ダレッツォによって成し遂げられた。グイードは、［同じ音高の］ネウマはひとつの旋律の中で何回反復されたとしてもそのつど同じ列に記載されるべきだ、と提案した。その列を区別するために何本かの幅の狭い横線が引かれ、音列はそのラインの上およびラインとラインの間に配置される。グイードがローマ教皇ヨハネス十九世のもとを訪れた際に示したように、この書法によって、誰もが以前に聴いたことのない詩行でも歌うことができるようになった。ローマ教皇はグイードの発明に大いに感激し、自分でも満足いくまで歌ってみたと伝えられている（Strunk 1950: 117-20）。

歌の旋律相を表記するこうした記譜システムが、現在私たちが使い慣れた五線譜の先駆けであることは、

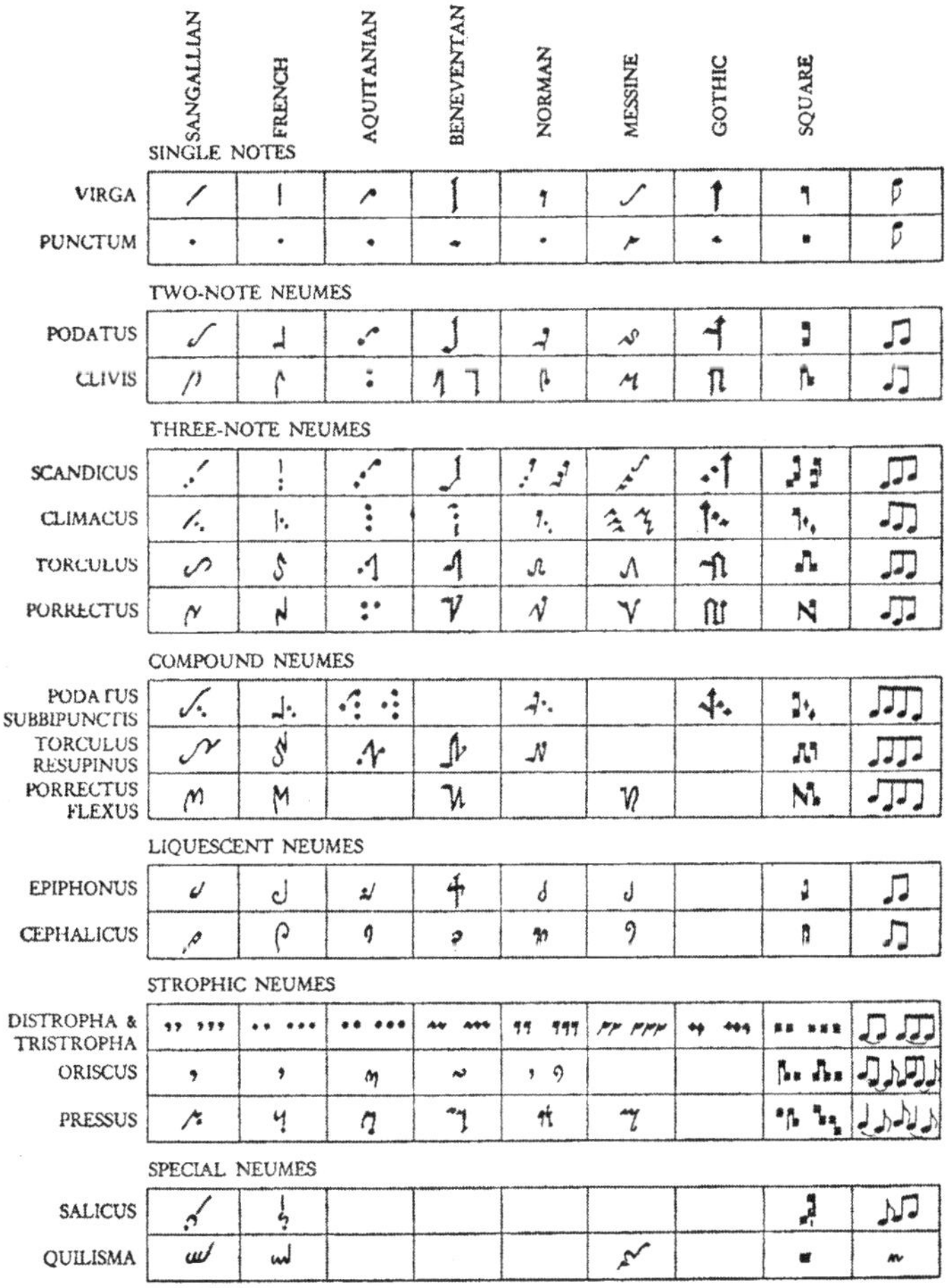

図1-5　グレゴリオ聖歌の記譜に用いられたネウマ［Parrish (1957: 6)（カール・パリシュ『中世音楽の記譜』）］。© 1957 by W.W. Norton & Company Inc.

後から考えれば容易に理解できる。しかしグイードのシステムがすでに完全に一人前の音楽表記法だったと直ちに結論づけるのは誤りであろう。歌の音楽性の本質が言葉のイントネーションにある限り、ネウマは歌自体の付属品に過ぎなかったし、そもそも書かれた文字のあいだに記入されていたからだ。現代の器楽の楽譜に記された運指のように、ネウマは音楽をそれ自体として表示するというよりも、演奏者を援助する注釈として役立ったのである。音楽を損なわずに楽譜からすべての運指表示を消去することができるように、歌を損なわずに中世の写本からすべてのネウマを消去することができた。どちらの場合も、必要なきっかけやキューや合図の除去によって失われるものは、演奏者あるいは歌手の若干の演奏能力だけだっただろう。古代ギリシャの文字に基づく音符記号と同じように、書かれたネウマは完全に記憶という目的のために使用された。つまりそれらが記されたのは、生徒たちに歌を、特に聴いたことのない歌を暗記させることを助けるためであった。「私がこの暗記方法を生徒に教え始めて三日も経たぬうちに、彼らははじめて聴いた旋律を歌うことができるようになった。他の方法では何週間かけてもとうてい無理だっただろう」とグイードは自慢している (Strunk 1950: 124)。しかしこれは黙読ではなかった。なんとか歌えるようになるまでにそれでも三日もかかったのであり、また、生徒たちは歌を記憶に定着させるまではきちんと歌うことはできなかった。ただ記譜法の助けを借りることで、彼らは歌をかなり速く記憶することができるようになったのである。

音符や連結符《リガトゥラ》を五線譜にしるす行為が音楽表記法として独立した地位を獲得するまでには、おそらく何世紀も要したであろう。というのは、ゲーアによれば、それは「音楽が文字テクストから完全に解放されたとき初めて可能となった」からだ (Goehr 1992: 133)。現代の楽譜においてかつてのネウマは洗練を極め、当初の言葉との結びつきから離れたシステムを形成した。それと対照的に、文字記述物の場合、現在ネウマは句読点の姿でかろうじてシステムの隙間に生き延びているに過ぎない。句読法の奇妙で不明瞭な歴史は、それだけで一つの章を立てるに値する。今はさしあたって、句読法の起源はネウマの場合と同様にすでに書かれた写本へのマーキングであり、演説者が吟唱あるいは朗詠するテクストを上手に区切って表現するための補助であった、とだけ述べておこう (Parkes 1992: 36)。実際、原始的なネウマを含んでいたギリシャ語のテクストを注釈するための一般的な読解格子を考案し、コンマ、コロン、ピリオドを初めて導入したのはビザンティウムのアリストファネスだった[*8] (Brown 1992: 1050)。それからずいぶん時代を下って九世紀頃、さらに記号――プンクトゥス・エレヴァトゥス[*9]、プンクトゥス・インテロガティヴス(疑問符の古い形)、プンクトゥス・フレクスス[*10]――が加わったが、それらは単に区切りを示すだけではなく、質問や文中の従属節の結尾において声の適切な抑揚を指示するものであった。こうした新しい記号の源泉は、T・ジュリアン・ブラウンによれば「ネウマと呼ばれた記譜体系であり、少なくとも九世紀初頭にグレゴリオ聖歌のために使用されていたもの」に他ならない!(Brown 1992: 1051)

いったん音楽が言葉から離れると、歌という切り分け不能な詩的統一体は、言葉と音というふたつの要素の合成体になった。それ以後、文字や言葉で書かれてはいるものの、ネウマと句読点が示すアクセントと抑揚で装飾されていた、歌という単一の表記体は、言語と音楽というはっきりと異なった表記体に分裂し、文字記述《スクリプト》と楽譜の独立したラインによって別々に記され、並行的に読みとられるようになった。今日では、歌の歌詞は楽譜に添えられる文字記述として書かれる。文字記述を取り去ると、そこには依然として声が残るが、それは言葉のない声である。楽譜を取り去ると、音も声も消え失せ、生気を失い沈黙した言葉の連鎖だけが残る。図1–6に示した良く知られた歌を例にとってみると、残存する句読点――コンマ、引用符、括弧、セミコロン――は、テクストの統語構造の継ぎ目を示すだけで、歌手には何の助けにもならない。それどころか、旋律構造や歌のフレージングとは何の関係もないそれらの句読点はかえって演奏の邪魔になる。歌手が言葉を音楽にうまく合わせるのを助けるには、言葉の内部に不規則な句読法がハイフンによって導入される必要がある。それによって言葉の発音はふつうに印刷されたときよりも長く引き延ばされる。ハヴロックが指摘するように、私たちは「言葉を音楽という棚の上に置く」――そしてリズムと旋律の要求に応じて言葉を引き延ばし、圧縮し、イントネーションを変えるのである（Havelock 1982: 136)。音楽はもはや発声法の従者ではなく主人となった。かつて歌の音楽性の本質であった言葉は、今やアクセサリーとして音楽に「付け加えられる」ものである。それにしても、どのような経緯で音は書かれた言葉から追放されてしまったのか？　どのようにして本のページは声を失ったのか？

ページが声を失った経緯

その答えを得るためには、少し前でふれた徒歩旅行と航海の区別に立ち戻る必要がある。その区別を思い出してほしい。中世の読者にとってテクストとはいわば自分が住む世界であり、ページの表面とは、旅人が足跡や道標を辿ってある土地を旅するように、文字や言葉を辿ることでその地理が把握できるひとつの国である。それとは対照的に、現代の読者にとってテクストは白いページの上に印刷されたものとして出現するが、それはまさに世界が既成の完成された刊行地図の表面に印刷されたものとしてあらわれるようなものである。筋《プロット》を追うことは、地図をもって航海することに似ている。しかし地図からは記憶が消し去られている。旅人たちの旅の記録と彼らが持ち帰った知識がなかったら、地図をつくることは不可能だったであろう。ところが出来上がった地図自体は彼らの旅の証言を留めていない。彼らの旅は括弧でくくられ、今や用済みの過去としてお払い箱になる。ド・セルトーが示したように、地図はそれを生み出したすべての実地踏査の軌跡を消去し、地図の構造が世界の構造に直結しているような印象をもたらす（Certeau 1984: 120-1; Ingold 2000: 234）。しかし地図に再現される世界は住民不在の世界である。誰もおらず、何ものも動かず、いかなる物音もしない。刊行地図から人々の旅が消去されているのとまったく同様に印刷されたテクストからは、過去の声が消し去られている。印刷されたテクストは、苦労してそれを生み出した人々の活動の痕跡を残してはおらず、あらかじめ組み立てられた制作物ないし作品としてあらわれる。言語は

33 WHILE SHEPHERDS WATCHED
(CHRISTMAS)
Nahum Tate
Traditional
(M.S.)
SOPRANO
ALTO
TENOR
BASS
1. While shep-herds watched their flocks by night, All seat - ed on the
ground, The an - gel of the Lord came down, And
glo - ry shone a - round. 'Fear not,' said he (for
migh - ty dread Had seized their troub - led mind); 'Glad
ti - dings of great joy I bring To you and all man - kind.

図1-6　現代の讃美歌集から引用した、言葉と音楽の平行的表記体。マーティン・ショウ編曲「羊飼いが見守るあいだに」［『オックスフォード讃美歌集』、Dearmer, Vaughan Williams and Shaw (1964: 66)］
©Oxford Univerdity Press 1928

沈黙したのである。

　さてここで、言語の沈黙とその結果である音楽からの分離が、記述の誕生ではなくその消滅とともに生じた、という私の先の主張に戻ってみたい。記述の終焉は、表面の知覚の根本的変化によって宣告されたと私は確信している。つまり、表面は今やそこを通って進む領域のようなものから、それを眺めるスクリーンのようなものへの変化し、その上に他の世界からやってくるイメージが投影されるということになったのだ。記述とは、少なくとも私が本書で考える意味では、手仕事であり、写本筆写者の技である。ページ上に刻み込まれたラインは、文字、ネウマ、句読点ないし記号のいずれであれ、手の巧みな動きを眼で追うことのできる軌跡だった。そして、獣道を辿る狩猟者のようにページ上を彷徨する読者の眼は、それらの軌跡を辿るとき、きっとそれらを描いた手の道筋を辿っていたのだ。たとえば、最古の写本に多く見られる〈カイロノミック〉〔「手動」の意〕ネウマは、合唱長の指揮の手の動きに結びついているからそのように呼ばれた（Parrish 1957: 8）。合唱とまったく同様に、眼で辿ることと声で辿ることは同じプロセス――すなわちテクストのなかを積極的かつ注意深く進んでいくプロセス――の一部だった。見ることと聴くことは、現在のように、視覚的な熟考と聴覚的な参加といった対立軸によって分けへだてられるものではなかったのだ。

　手の身ぶりと文字の刻印との緊密な結びつきを破壊したのは印刷術であった。だが印刷がいま問題にしている知覚の変化の原因だったと主張することはためらわれる。なぜなら多くの分野で――たとえば工学や建築において――印刷術に匹敵するさまざまな発展が同時進行していたからである。どの分野においても同じような結果が生じた。つまり熟達した手仕事が、「想像力に満ちた」デザインや構成と「単なる」技術行使という別々の要素に分離され、それによって肉体労働――印刷工や大工や機械工の――

は、機械でも十分にこなせそうな、あらかじめ決められた一連の操作の実行へと格下げされてしまったのである（Ingold 2000: 349-50）。私は第五章でこの問題に立ち戻るつもりである。ただ今ここで、文学の分野で作品制作《コンポジション》は著者がおこなうものだという考え方を見直しておく必要がある。私たちは著者について、草稿という彼の仕事の成果にいまだに引きずられて、著者は書く、という言い方をするが、それは明らかに彼が行わないことである。もちろん彼はアイディアを練るために紙とペンを使うだろう。しかしその走り書きは、自分に語りかける、書斎の壁際をうろうろ歩きまわる、といった作品制作に伴うさまざまな行動のほんの一部に過ぎないし、それらの行動すべては印刷されたページに完成作品が転写される前段階である。そして、著者が記述しないように、印刷者もまた記述することはない。というのは、書くことは刻印の過程であるが、印刷とは押印——あらかじめ組み立てられたテクストを、それを受容する準備ができている空虚な表面へと押印する——の過程だからだ。手を用いる過程や機械を用いる過程にいかなる**身体動作** ***gesture*** が含まれていようとも、それらの身体動作は、結果として生産される文字記号の形姿とはまったく関係ないのである。

印刷によって釘付けされる言葉

以上の考察とともに、ウォルター・オングの主張、すなわち、言葉を静止させ、視覚によって取り込まれる不活発な対象に変化させたのは記述である、というあの主張に戻ってみよう。いまやオング自身もその主張が完全に正しいとは言えないことを認めなければならないだろう。というのも、写本の読者にとって言葉が不活発であり得ないことを否定できないからだ。言葉は音と動きで沸き立つものとして知覚されていた。オングはこの知覚を、印刷術の到来によってついに追放されるまで写本文化の周辺にかろうじて生き延びてきた「細々とした聴覚の優位」によるものだと考える。おそらく手で書写されたラインはうねりながら延びつづけ、視覚の監視によってもの化を強制されて沈静化することを拒否していた。そしておそらく印刷こそが原因となって、言葉はついに釘付けされるようになったのだ。オングも認めるように、「ことばがものであるということを、書くことがかつて語っていたよりはるかに強力に、印刷は、われわれに語っている。……言葉をものに変えるのに実効をもったのは、記述ではなく、印刷だったのである」[*11]（1982: 119-21）。だがここでオングは二股かけようとしているという印象を拭えない。というのも彼は最初、「すべての記述物《スクリプト》は、ことばを、ある意味でものとして表示」[*12]し、その点に関して印刷は、記述が到来した数千年前からすでに始まっていた言葉の物象化のプロセスを引き継いだだけだと主張していたからだ（ibid.: 82, 91）。言葉をものに実質的に変えたのは記述ではなく印刷であるというここでの彼の主張が正しいとしたら、言葉がものに変わるのはまさに眼に見えるかたちが言葉に与えられる時点であるという最初の主張はどうなってしまうのか？　手で書かれた言葉は印刷された言葉と同様に眼に見えるものではないのだろうか？

　その矛盾を解消するためには、ふたたび発話と記述の区別を振り返ってみる必要がある。両者の区別はしばしばオラリティ〔声としてのことば〕とリテラシー〔文字としてのことば〕というひとつの対立軸のみを用いて議論されてきたが、よく調べてみると、発話と記述は、完全に独立したふたつの対立軸にそって区別されることがわかる。ひとつは聴覚によるか、視覚によるか、という感覚様式の区別、もうひとつは身体動作（声、手ぶり、あるいはその両方）であるか、媒体表面に身体動作の軌跡を刻印するものであるか、という区別である。両者の組み合わせによって二つではなく四つの選択肢が与えられる。すなわち、聴覚的―身体動作、視覚的―刻印、聴覚的―刻印、視覚的―身体動作、である（図1―7）。最初と二番目の選択

	身体動作	刻　印
聴覚的	発　話	口述筆記
視覚的	手の身ぶり	記　述

図1-7　発話、記述、口述筆記、手の身ぶり

肢はそれぞれ、いわゆる日常会話と記述に対応する。発話とは聞きとられる声という身体動作を行うことであり、記述とは見られる刻印された軌跡をつくることだと私たちは考えている。現代の録音機材がなければ、ふつう声は恒久的な軌跡を残すことがない。だから三番目の選択肢は、字義通りにとれば、現代でなければ現実には不可能にみえるかもしれない。だが預言者エレミアの書記官バルクの言葉を思い起こそう。彼は預言者の語る宣告をインクで記したと語った。それはディクテーション［口述筆記］の一例であり、視覚的形態であろうとも、まさに永続的刻印をもたらす口頭による読み上げであった。

　当然のことながら写本筆写者は自らの手で作業する。手の動きがなければ、記述によって何も刻印されることはないだろう。だがオングの見方に従うことで、発話と記述をめぐるほとんどの議論は、手と手の仕事を無視してきた。聴覚または視覚といった感覚様式の対比、そしてそれぞれの特性といった問題にこだわるあまり、身体動作と刻印の関係をないがしろにした。だから記述は、巧みな手の動きの恒久的軌跡というよりも、単に言葉の音の視覚的再現だと考えられてきたのだ。この点から図1–7のなかに四つ目の選択肢が導き出される。すなわち手の身ぶりの視覚的理解

である。それは人と人とが向き合っておこなうほとんどのコミュニケーションにみられる。私たちはみな話すときに手を使ったしぐさをする。それらのしぐさは目で確認できなければまるで無意味だろう。また、完全に沈黙し手の身ぶりだけで機能する、耳の不自由な人のための手話のような言語形態がある。手話の例が示すように、言葉を見ることは言葉を聞くこととまったく同様に積極的、力動的、関与的になりえる。「視覚的動作によるコミュニケーションと聴覚的な言葉によるコミュニケーションとを分かつ形而上学的隔たりがあるという考え方は、根拠のない幻想であり、理論ではなく妄想である」とジョナサン・レーは主張している（Rée 1999: 323-4）。

　彼の主張は正しい。手話の言葉は、話される言葉に比べて運動性が劣っているわけでも、積極性を欠くものでも、ものにより近いものでもない。さらに、手の動きがページ上に直接軌跡を残すのであれば、手話の言葉を見ることと、書かれた言葉を見ることのあいだに大きな差異はない。このように考えれば、視覚には本来的に物象化を促す働きが備わっているという流布された幻想[3]は完全に一掃されるはずである。言葉をものに変えるのは視覚ではない。言葉が書かれるのではなく印刷されるとき、文字生産物からそれに技術的に影響を与える身体動作が断ち切られることによって、言葉はものに変わるのである。これまで考察してきたように、写本を読むことは、テクストの言葉を発音する際の声と結びついた、手によってしるされた道を辿ることである。しかし印刷されたページには辿るべき道がない。第三章で示すように、読者の眼はページを測量しても、そこに住みつくわけではない。そしてその眼がページ上に見出す言葉はものであると私たちが信じ切っているからこそ、視覚は、私たちの理解のなかで、より力動的で関与的な聴覚から切り離された無関心な監視能力に変化するのである。

楽器を伴う（そして伴わない）詠唱

私は発話と歌の区別という難問から出発した。そして記述と記譜との流動的関係を考えずに、この難問は解明できないということを示してきた。記述と記譜はともにラインと表面を含んでいる。しかし、中世の写本から近代の印刷テクストへ、そして古代のネウマ譜から近代の記譜へ移行するにつれて変化したのはラインの形態だけではない。ラインとは何かという理解、ラインと表面、ラインと身ぶり、そして特にラインと視覚および音との関係の理解に、根本的変化が生じたのである。このように捉えることで、発話と歌の問題から出発して、これから本書で扱うラインの性質と歴史についての考察すべきことがらの全体を見渡す地点に私たちはようやくたどりついた。しかしその前に、人類学者お得意の回り道、すなわち非西洋社会からの比較事例をせっせと引き合いに出して、私は自分の学問的アイデンティティを再確認することにしよう。こうした比較が、われわれ［西洋］の文化圏とまったく同等の複雑さと歴史的厚みをもつ知識と実践の伝統どうしを比べ、饒舌にうわべだけの類似を指摘して終わる危険性を孕んでいることは十分承知している。しかしながら、西洋世界における表記法の歴史を古代から現代まで検証する作業のなかで直面するさまざまな問題は、決して西洋という領域に限られるものではなく、世界のさまざまな場所とはっきり響き合っている、という点を示すことが私のささやかな目標である。二つの事例を日本とペルー・アマゾンから引いてみよう。

日本の〈能〉の上演に伴って演奏されてきた音楽は〈唱歌《しょうが》〉と呼ばれる。唱歌とは字義的には歌うこと、詠唱することを意味するが、楽器の音色や楽器用の楽譜を指す場合もある。あらゆる楽器が固有の唱歌の形式をもつ一方で、すべての唱歌に共通するのは、それらが声に出して歌われ朗唱されるという点である。ここでは〈笛〉という楽器について考えてみたい。私は文化人類学者の井口かをりの研究から多くの情報を得た。彼女は京都の伝統音楽の習得と演奏について民族学的研究を行い、そのなかで笛について考察している（Iguchi 1999）。近代西洋音楽の記譜に精通した者であれば誰もが、笛のための唱歌をまったく風変りなものと思うだろう。なぜならその唱歌はすべて、日本語のカタカナ表記から取られた文字で書かれているからである。それらの文字は、言葉が音を発するように、一種のつぶやきや唸りとして声に出して読まれることができる。唱歌のすべての音節は母音のようなものなので、文字列は途切れのない音の流れとして読まれるが、連続する音節を発音する際に生じる舌と唇の位置の変化、およびそれがもたらす口腔のかたちの変化によって、音の流れは連続的に変化する。たとえば図1–8に示した楽譜の一部は——上から下に向かって——オ・ヒャ・ア・ア・ア・ア・ラと読める。音楽の本質は、まさにその母音のオノマトペの流れにある。しかしカタカナの音節は日常の発話とまったく同じように発音される。井口が指摘するように、発話の音声と楽音とを明確に区別することは不可能である。その詠唱において話すことと歌うことはひとつなのだ（Iguchi 1999: 108）。

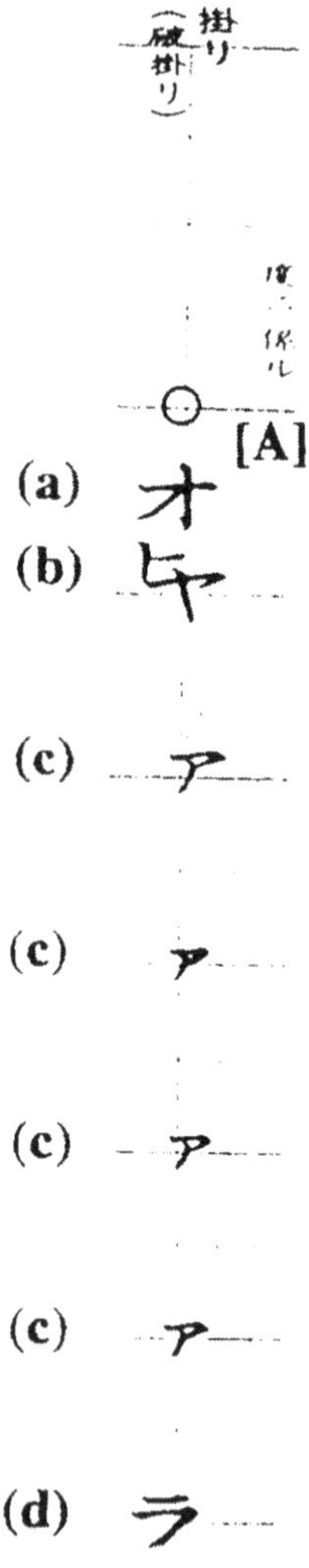

図1-8　〈中ノ舞〉の〈掛り〉の部分［Iguchi (1990: 90)］。

では笛はそこにどうやって加わるのだろうか？　笛は旋律楽器であるが、旋律自体は音楽にとって付随的である。旋律とは美しい装飾なのである。つまり、奏者が笛を口元に構えようと構えまいと音楽は同じである。笛を鳴らさないとき音楽は吟ずる声として立ち現れ、笛を鳴らすとき音楽は調べ麗しき笛の音として立ち現れる。未熟な奏者が大事な演奏を求められるときには、師匠が後ろに控えていて、弟子がつまずいたり演奏を続けられなくなったりした場合に、即座に唱歌で「代役を務める」用意をしている。〈能〉の舞台では、演奏者にどんなアクシデントがふりかかろうと音楽が途切れることなく持続することが至上命令である。もしも役者が舞台で笛方と衝突し、笛方が楽器を取り落としてしまったら、笛方は楽器を拾い上げるまで唱歌を声で演じて音楽を持続させる。聴衆のなかにさえ、笛が演奏されているときに自分で唱歌を口ずさむ者もいる（Iguch 1999: 88, 107）。

日本の唱歌と古代ギリシャのムシケーとのあいだには不思議な類似点がある。唱歌の詠唱は母音の音をあらわすカタカナを用いて書かれていたが、ムシケーの詠唱はアルファベットを用いて書かれていた——それは、母音があまり重要な働きをしないセム語系の言語から取られた文字を用いてギリシャ語の母音の音を記述しようとする試みの産物であった（Olson 1994: 84）。唱歌においてもムシケーにおいても、音楽の本質は母音の音節の音響にある一方、旋律的側面は付随的で余分なものだった。唱歌でもムシケーでも、重要な楽器は笛であることに注目するならば、両者の類似点についてもう少し考察を推し進めたい誘惑にもかられる。だがそれは見当違いであろう。ギリシャの楽器〈アウロス〉は、一般的にフルートとして描かれているが、実はまったく違う。アウロスは実際には二枚リードの楽器であり、中世のショームや近代のオーボエに最も近いのである（Barker 1984: 14-15; West 1992: 81）。右手と左手に一本ずつ持ち、一本の楽器が同時に演奏されることが通例であった。もっともフルートの場合と同様、指で穴を押さえることによって

図1-9 紀元前480年頃の「ドゥーリスのキュリクス［酒杯］」（ベルリン国立博物館、古典古代コレクション、プロイセン文化財財団写真類アーカイヴ所蔵）に描かれた朗唱のレッスン。ヨハネス・ローレンティウス撮影。

異なる音を出すことができた。

ハヴロックもウェストも、紀元前四八〇年頃のアテネの大杯の絵を、音楽、詩、朗唱の一連のレッスンを描いたものだと解説している。図1―9は、大杯の片面に描かれた場面を写したものである。座っている人物は明らかに成人であり、立っている背の低い人物たちは若い生徒である。右側に座っている人物は威厳ある父親（Havelock 1982: 201-2）、あるいは少年たちを学校につれてきた奴隷（West 1992: 37）らしい。中央に座っている人物は、現代の読者にはラップトップ・コンピューターにしかみえないようなものを手にしており、おそらく生徒たちを待たせて何かを書いている（彼は端の平らな書いたものを消すためのペンではなく尖筆を用いているので、生徒の書いたものを直しているわけではない）。その人物は、生徒がこれから朗唱し、したがって記憶しなければならないテクストを書いているのだろうとハヴロックは推測する（1982: 203）。それでは左端の二人の人物は何をしているのだろうか？

それは音楽のレッスンのようにみえる。しかし、座って複数の〈アウロス〉を吹いているのが教師であること

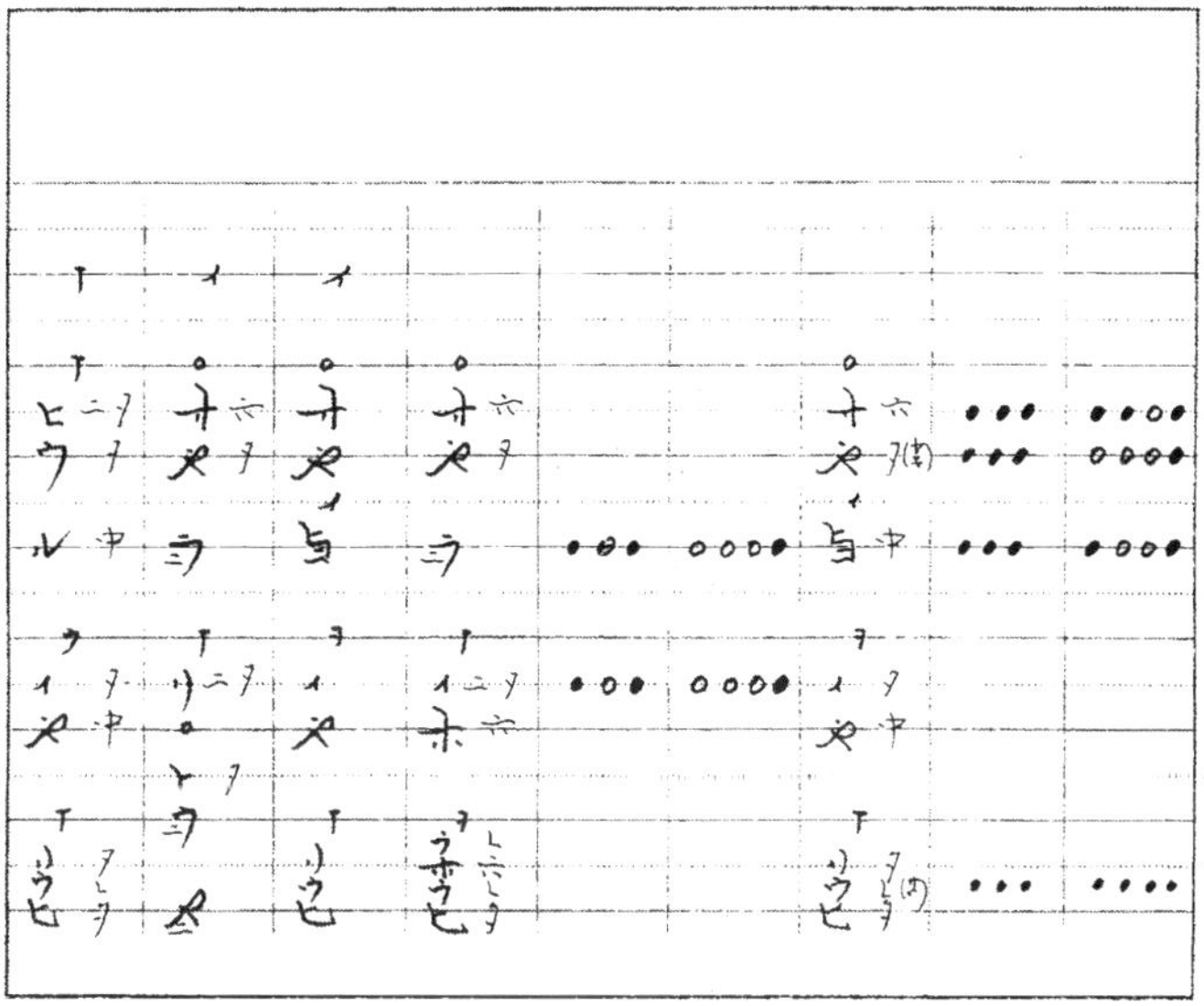

図1-10　井口かをりのために師匠が書いた最初の〈唱歌〉［Iguchi (1999: 94)］。

に注意してほしい。立っている生徒は楽器を持っていない！　明らかに生徒は教師に向かって〈ムシケー〉を朗唱しているのだ。楽器を変えれば、その図はほぼ日本の伝統音楽の稽古の描写となる。日本でも、笛の初心者は楽器に触る前に〈唱歌〉を朗唱することを学ばなくてはならないだろう。実際、井口が指摘するように、「旋律は口で歌われたり朗唱されたりすることができる」（Iguchi 1999: 87）という特徴は、伝統的な日本の旋律楽器に共通することなのである。

さて、旋律とは、ひとつひとつが明確な音程をもつ音の連鎖で構成されるものだと理解されるのがふつうである。しかし〈唱歌〉は音程を指示しない。では笛方はどうやって演奏すべき音を知るのだろうか？　答えは運指にある。〈笛〉においては、すべての運指——さまざまなパターンで穴をふさぐこと——が音を決定する。図1―10は、井口かをりの笛の師匠である杉市和が稽古の初めの頃に彼女のために書いた〈唱歌〉の一ページである。それは上から下へ、左から右へ読まれる。唱歌自体は黒いペンで、運指は赤いペンで記してある。さらに杉は、笛の穴の図もそこに加え、押さえるべき穴を黒く塗りつぶした円で示した。しかしその後彼は二度とその図を書かなかった。表でわかるように、運指はふつう漢字で書かれ、ひとつひとつの漢字が指の配置、笛の音孔、生じる音色をあらわしている。笛は独奏楽器でありチューニングが必要とされず、同じ音が楽器によって異なった絶対音程を示すことがありえる。また運指が標準化されることもない（Iguchi 1999: 106）。熟練した笛方は洗練され装飾的な運指を用いることで名人芸を示すことができる。それによって旋律は大きく変化する――〈能〉になじみの薄い聴衆には、換え指を用いる場合と型通りの運指による場合とでは、同じ作品だとわからないほどである。しかし採用される運指にかかわらず、基本となる〈唱歌〉は同一なのである。

つまり、〈唱歌〉であれグレゴリオ聖歌であれ、旋律の抑揚は音楽を装飾するがそれを根本から変えるものではない。同様に運指は――それに結びつく音孔と音色とともに――〈唱歌〉の楽譜に書かれたカタカナ音節の付属品であって、それはまたネウマが中世の歌集の言葉と文字の付属品であるのと同様であった。運指やネウマは単なる注釈であり、音楽自体の一部をなすわけではない。すでに指摘したように、五線譜もまったく同様に運指を書きこむことで注釈される。日本の〈笛〉の奏者のように、楽譜によって演奏する西洋の器楽奏者は、同一のパッセージを演奏するために独自の運指を工夫することができる（図1－11）。しかし決定的な相違がある。日本の伝統音楽の場合、これまで見てきたように、音楽の本質は言葉の音の構成にある一方で、運指と運指から生まれる旋律は演奏において不確定な様相を示す。それに対して五線譜の場合、ひとつひとつの音は運指に関係なく決定されている。すなわち運指は不確定だが旋律はそうではない。旋律は、どのように演奏されるかではなく何が演奏されるのかがあらわれる局面であり、

図1-11　私が所有するJ・S・バッハの無伴奏チェロ組曲第六番の楽譜の一部。鉛筆で弓使いと運指が書き込まれている。

それを生み出す技巧ではなく音楽自体に属している。その相違は、近代西洋音楽と中世音楽のあいだにもまったく同じようにみられるものである。歌の音楽性がその言語的側面から旋律的側面へと推移するにつれて、旋律はそれを生み出すために必要な身体動作――手の技であれ声であれ――から乖離する。そして同じ理由によって、旋律の記譜は身体動作の表記ではなくなったのだ。

音のライン

二番目の比較例はペルー東部の事例である。まず文化人類学者のピーター・ガウが、ペルー東部のピロ族のフィールドワークから報告し、分析している物語（Gow 1990）から始めよう。それは、字を読むことができる最初のピロ人という評判をとったサンガマという人物の物語である。サンガマの年下のいとこモラン・ズマタが語り、一九四〇年代に宣教師エスタ・マティスンによって記録されたその物語は、一九二〇年代頃の出来事を扱っていると推定される。当時ピロ族は、〈アシエンダ〉と呼ばれるプランテーションの債務奴隷として、白人入植者の主人の傍らで生活していた。ズマタによれば、サンガマは主人が捨てた新聞を拾い上げてそれを読んでいた。読み進めるにつれてサンガマの目は文字を追い、口は動いた。「俺は新聞の読み方を知っているんだがね、」とサンガマはいとこに打ち明けた。「新聞が俺に語りかけるのさ……新聞は女の身体をもっていてな、俺はいつもその女に出会うんだよ、いいか……その女は赤い唇をしていてその唇で話すのさ」。ズマタ自身も一生懸命新聞を眺めたが、そこには誰もいなかったと告げる。しかしサンガマは譲らず、同じ口調で白人の主人の行動を解説した。「白人が新聞を見るときは一日中それを持ち上げているだろ、するとその女が白人に話しかける……白人は毎日そうやってるのさ」(Gow 1990: 92-3)。サンガマが理解した読むことの意味は、ピロ文化の二つの特徴を考慮にいれなければわれわれにはわからない、とガウは指摘する。第一は、表面を支配するデザインの重要性であり、第二は、呪術的儀式の執行に関することである。

ピロ族の言語で記述にあたる言葉は〈ヨナ〉という。しかしながらその語はいくつかの表面、特に人々に密接にかかわる表面、とりわけ顔や身体といった表面に施す入り組んだ線状模様やパターンを指すこともある。新聞記事のパターンは、サンガマにとって明らかにそうしたデザインにあたるものであった。つまり彼は新聞を身体の皮膚のような表面として認識したのだ。近隣のアマゾン諸部族と同様にピロ族の治療儀礼において、呪術師は——〈アヤワスカ〉として知られる幻覚性つる植物を煎じて摂取することで——彼の視野全体を覆う輝く蛇状の模様を知覚するようになる。それはアヤワスカの精霊がもたらす恐るべき初期作用である。しかしその作用は呪術師の唇に及ぶと歌に変化し、その歌を通じて精霊は本来の美しい女性の姿をあらわす。その歌こそが空中を漂い患者の身体の奥深く入り込んで治療をおこなうのである。おそらくサンガマは呪術師の眼でもって新聞を読んでいたのだ。印刷された文字がもたらす蛇状の模様を凝視するうちに紙面は消え失せ、そのかわりに紅をさした唇の美しい女性があらわれたのだ。ズマタ自身、彼の年上のいとこは呪術師の力を持っていたかもしれないと述べている。というのは彼のいとこは、双子の兄弟のひとりとして生まれたといわれており、双子には元来そうした力が備わっていると考えられているからである。

ピロ族と非常に似かよった線状模様や呪術的風習の原理は、ペルー・アマゾンに隣接する地域に居住しているシピボ族やコニボ族のあいだでも見られる。シピボ・コニボの模様は、連続する角張ったラインが緩やかに組み合わされたもので、それらが面全体を覆う線状パターンを形成している。その模様は織物に刺繍され、陶器の壺の表面や顔面に描かれる。かつては草ぶき屋根の内装、家の支柱や梁、蚊帳、ボート、櫂、台所、狩猟道具にもみられた（Gebhart-Sayer 1985: 143-4）。十八世紀の終わりごろ、フランシスコ修道会宣教師の影響のもとで、インディオは自分たちの模様のパターンを綿布のページに描き、糸で「本」のように綴じ合わせ、椰子の葉の表紙をつけるようになった。一八〇二年、リマに滞在中の探検家アレクサンダー・フォン・フンボルトは宣教師ナルシサス・ギルバーに会った際、宣教師からこうした本の存在を教えられた。その一冊がリマに送られ、フンボルトの知人たちによって調査されたが、後に失われた。しかしフンボルトが帰国後発表したその本についての報告書によって、研究者たちは、インディオ（当時はパノアンと呼ばれていた）がヒエログリフのような記述物をもっていたかもしれないと推測するようになった。約百年後、こうした推測を再検討したカール・フォン・デン・シュタイネンは「〝読む〟ということをあらわすために、パノアンは〝紙が彼に語りかける〟という素晴らしい表現を用いる」というギルバーの報告に注目した（ibid.: 153-4）。不幸なことに現存するオリジナルの本は一冊もない。しかし、一九八〇年代初頭にカイミトのシピボ・コニボ族コミュニティーでフィールドワークをしていた文化人類学者アンジェリカ・ゲブハルト＝セイヤーは、呪術師の娘婿だという近隣の村出身の老人が、入り組んだ赤と黒のパターンでページが埋め尽くされた学校の練習帳をかつて持っていたという話を耳にした。ある老婆は、子供の頃こっそりその練習帳を手に入れてそこから何とか四つのパターンを写しとったが祖母に見つかって叱られたという記憶を持っていた。彼女は決して自分が写しとった四つのパターンを忘れたことはなく、記憶からそれらを再現することができた。図1－12はその再現図のひとつである。

ゲブハルト＝セイヤーが注釈するように、フォン・デン・シュタイネンがペルー・アマゾンにヒエログリフのような現地の記述体系が存在していたという説に懐疑的だったのはおそらく正かった。だがそれは一種の音楽表記法だったのではなかろうか？　シピボ・コニボ族の治療儀式では、ピロ族とまったく同じように、呪術師の眼前に漂うさまざまな模様は——呪術師の唇に触れるときに——たちまち旋律に溢れる歌に変化した。模様と歌とのあいだには、分割とシンメトリーの原理において、明らかな類似がみられる。かつて女性たちは二人ひと組で大きな壺を装飾する仕事をしていた。壺を真ん中にしてそれぞれ反対側に座って、二人は相手が何を描いているのか見えなかった。しかし彼女らは仕事をしながら歌うことによって、その作業が終了したときに、半分ずつ担当した壺の絵が完全に調和し繋がるようにすることができたのだ。こうした協同作業は「ある種の音楽的コード」を含んでいたに違いない、とゲブハルト＝セイヤーは推測している（1985：170）。しかしながら、シピボ・コニボ族の絵師たちが模様を調和させるために歌を用いるとき、彼らは西洋の聖歌隊がポリフォニックな歌を調和させるために書かれた楽譜を用いるのとは正反対のことを行っている。本章で積み重ねてきた議論からすれば、シピボ・コニボ族の模様は記述物でも楽譜でもない。言葉や概念をあらわすのでなければ、楽音をあらわすのでもない。彼らの描く模様は、

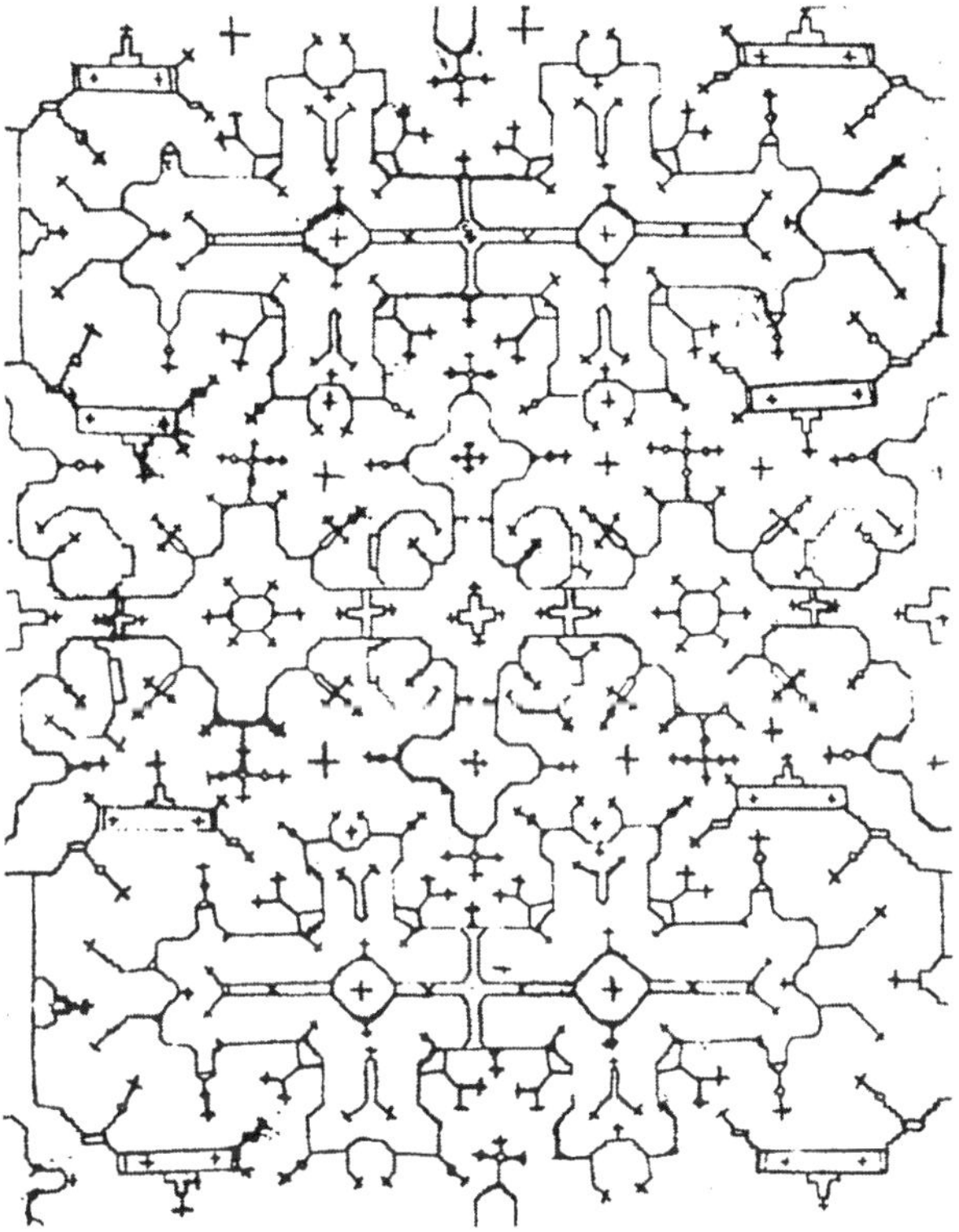

図1-12　シピボ・コニボ族の呪術師の聖なる書物に描かれた模様のひとつ。1981年にカイミト村出身の女性の記憶から描かれたもの［Gebhart-Sayer (1985: 158)］。

聴取する眼に対して現れる声の感覚的形態なのである。シピボ・コニボ族の歌は、ゲブハルト＝セイヤー自身が述べるように、「視覚的に聴きとられ……そして幾何学模様は聴覚的に見られる」(1985: 170)。眼に見える模様のラインはそれ自体が音のラインなのである。

シピボ・コニボ族と彼らのデザインについては第二章でさらに考察することになるだろう。ここでもう一度サンガマの物語に戻りたい。サンガマは読んでいる新聞が実際に自分に話しかけていると信じていたが、それはパノアンに関するギルバーの報告を裏づけるものである。ガウはサンガマの物語分析のなかで、書かれた言葉に対するサンガマの知覚を伝統的な西洋的理解と対比させようと試みる。その差異は極めて大きい。私たちが考察してきたように、西洋現代の読者にとって新聞は、もはや言葉の音声の図式的映像が投影されるスクリーンに過ぎない。しかしながらサンガマは音声の映像を見ていたのではない。彼は直接自分に向けて発せられる音声そのものを見ていたのである。彼は眼で聴きとっていた。彼が聴きとる音声は、書記官バルクが師である預言者の言葉を口述筆記した際の音声がそうであったように、完全に実在するものであった。バルクがペンを持って預言者の口を追ったように、サンガマは自分が見たと断言する女性の鮮やかな唇を追った。すなわち、サンガマは読唇術をおこなっていたのである（Ingold 2000: 281）。中世の修道士たちもまた、典礼のテクストを熟読する際に彼らなりの読唇術を行使していた。彼らにとってもまた、熟読するとき以外は遥か遠くにある声たちは書かれたページの上で読者にとって代理的に表象されるのではなく、彼の面前に立ち現れる。だから読者は声たちと直接接触することができたのである。文字の書かれたページが話すというサンガマの主張や、読書とはページの声が言わんとすることを聴きとる行為であるという考え方に、修道士たちはなんら驚くところはなかっただろう。記述が歌へと瞬時に転換する視覚と聴覚との相互交換性は、中世の修道士の日課やアマゾンの呪術師の儀式執行にとってきわめて重要なことであった。眼で文字を追いつつ口と唇を動かすことで、サンガマは、中世の修道士とまったく同じように、あるいは日本の伝統音楽の楽士が〈唱歌〉を演ずるときのように、テクストを反芻したのである。

　しかしながら、こうした類似性は誇張されるべきではないだろう。修道士は呪術師であったわけではない。修道士たちにとってページの表面は、彷徨することのできる風景ないし領域であり、彼らはそこに住む者たちの物語を拾い上げた。他方、呪術師にとってページの表面は、そこから音が発話や歌となって溢れ出る顔面のようなものだ。こうした比較から得られる重要な結論とは、決定的差異はライン自体の性質ではなく、〈表面〉の性質にある、ということである。つまり、ラインのいかなる歴史研究も、ラインと表面との関係を考察するところから開始されるべきなのである。次章では、その関係に目を向けてみよう。

原注

［1］ Strunk（1950: 4）より引用。だがプラトンによるこの規則の主張は「近代（コンテンポラリー）の作曲家によって頻繁に破られるようになった」（Barker 1984: 130, fn.19）。

［2］ ［訳注］原典はプラトン『国家』三九八D。訳文は、『クレイトポン、国家』（田中美知太郎・藤沢令夫訳、岩波書店、一九八一年）二二〇頁による。ここで「調べ」harmonyとは音の高低すなわち音階に関わるものである。

エレミア書（第三六章十五―十八節）。キング・ジェームズ版聖書による。ここに示されている、「朗読」としての読む行為の様態についての、さらに詳しい解説と分析については、ダニエル・ボヤーリン（Boyarin 1993: 12-16）を参照のこと。

［3］ ［訳注］日本語訳は、日本聖書協会発行の新共同訳『聖書』による。引用に際して若干の変更を加えた。

たとえばデイヴィッド・レヴィンは、視覚とは「すべての知覚形式のなかでとりわけ物象化を引き起こすものである」（Levin 1988: 65）と述べている。

訳注

＊1 『一般言語学講義』（小林英夫訳、岩波書店、一九七二年）四一頁。

＊2 同書一六六頁。

＊3 『感情と形式Ⅰ』（大久保直幹・長田光展・塚本利明・柳内茂雄訳、太陽社、一九七〇年）二三〇頁。

＊4 アウグスティヌス『告白』（服部英次郎訳、岩波文庫、一九七六年）一六八頁。

＊5　『身ぶりと言葉』（荒木亨訳、新潮社、一九九二年）二五六頁。引用に際して若干の変更を加えた。

＊6　一〇九二／九四―一一五六。フランスのクリュニー修道院の修道院長を務めた。イスラーム研究に大きな業績をあげ『コーラン』の最初のラテン語訳発案者として知られる。

＊7　六七二／七三―七三五。イングランドの修道士、歴史家、神学者で聖人。現存する最古のイングランド通史である『イングランド教会史』を書いた。

＊8　前二五七頃―前一八〇頃。ギリシャの文献学者、文法家、アレクサンドリア図書館長。ホメロスなどギリシャ古典の作品校訂に大きな業績を残した。

＊9　セミコロンの古い形で、現在のセミコロンと上下左右が反転していた。

＊10　ピリオドの上に数字の7やティルドが乗ったような形をした、文中の区切りを示す記号。コンマの古い形。

＊11　オング『声の文化と文字の文化』（桜井直文・林正寛・糟谷啓介訳、藤原書店、一九九一年）二四四―二四九頁。引用に際して若干の変更を加えた。

＊12　同書一九一頁。引用に際して若干の変更を加えた。

第二章　軌跡・糸・表面

これらの点は、もし互いに繋がって整列すれば、一つの線となる。われわれにとって、線は一つの記号で、その長さは分割され得るが、その幅は非常に狭く、分割することは出来ない。…多くの線が集まると、ちょうど糸が一枚の布を織るように面を作る。

——L・B・アルベルティ[*1]

ラインとは何か？

第一章で私は、**記述**の歴史が、より包括的な**表記法**の歴史のなかに位置づけられるべきだと主張した。その歴史を考えようとするとき真っ先に脳裏に浮かぶのは、あらゆる表記法はラインから成り立っているということである。だとすれば表記法の歴史はラインの歴史の一部であるはずだ。だが、西洋世界の記述の歴史、とりわけ中世の写本から現代の印刷テクストへの移行について詳しく調べていくうちに、ライン自体の性質やライン制作の特徴だけを論じるべきではないことがわかってきた。問題となるラインのほとんどは羊皮紙や紙のうえに書き込まれている。ラインを解読するためには、［羊皮紙や紙の］真っ白な表面を、旅される風景や植民地化される空間、身体の皮膚や精神の鏡といったものに比較してみることが決定的に必要だったのだ。**表面** *surface* を、ラインが書き込まれる当然の背景と見なすだけでは明らかに不十分だった。記述の歴史が表記法の歴史に包括され、表記法の歴史がラインの歴史に包括されるとすれば、さらにラインの歴史はラインと表面との流動的な関係を問わずには成立しない。本章ではその関係と変遷を扱ってみたい。
考察を進める前に、いくつかの基本的な問題に目を向ける必要がある。ラインとは何であるのか？　ラインがそこに在るためには、表面がなくてはならないのか？　あるいはラインは表面なしに存在することが可能なのか？　ただ「ライン」と題された素晴らしい詩のなかで、マット・ドノヴァン[*2]は、ラインとは何だろうと考え始めたとたんに心に思い浮かぶ連想の豊穣さと混乱をみごとに捉えている。

ライン

細く一気に線が刻まれた表面、
ふたつの点のあいだに想像される小道、
奇妙な厚みをもった饒舌な意見、断章、未完の文章。
ラインはどんなものの縁にもあり、全体の輪郭をつくる。
整えられたメロディ、朗読、さまざまに浮かび上がる地平線。
平らにすること、うまく誘惑すること、
身体の（運動中でも休息中でも）姿勢を考えてごらん。
手のひらやしわにもラインがみえる。
誰かの手にきつく巻かれたロープ、
長く引かれたしるしのようなもの、たとえば
縫い目、山の端、切り込み、ここにひろがるライトの光。

鏡のなかの剃刀の刃、とんとん叩いて服用薬を取り出すこと、フル回転のベルトコンベアー、ぴかぴかに磨かれたアイドリング中の機械。水道管、境界線、思考の厳格な道筋。そしてここにある、張り詰めたテントの支柱、地面を掘りこんだ、溝の深さ。

(Donovan 2003: 33)

約二五〇年前、サミュエル・ジョンソン博士は、自ら編集した一七五五年の『英語辞典』のなかで「ライン」に対して一七の語義のリストを挙げている。それらは次の通りである。

一　長さの延長
二　細いひも
三　あらゆる活動を導く張り渡された糸
四　釣り針に結ばれた糸
五　人相、あるいは手や顔にしるされたもの
六　描写、スケッチ
七　輪郭、外形
八　端から端まで書かれたもの、詩の一行
九　列

十　急いでなされた作業、堀割り
十一　方法、配置
十二　範囲、境界
十三　赤道、天の赤道
十四　子孫、世代を遡り下る家系
十五　一ラインとは一〇分の一インチである
十六　手紙、あなたのラインを読みました、のように用いる
十七　リント布あるいは亜麻布

あまり詩的にはみえないだろうが、ジョンソンのリストは長い年月を隔てたドノヴァンのリストとよく似たところがある。それは、両者にいくつかの共通点があるからではなく、どちらも混沌としていて異なったものどもが混ざりあっているからである。それらはすべて私たちの探求の出発点である。さて、どうやって分析を進めたらよいだろうか？　まずは日常生活で出会うさまざまなラインを大まかに分類し、それぞれについて若干の例を考えてみることがよいだろう。やってみよう。

ラインの分類

――糸

まずラインの二つの重要な範疇を区別しよう。これからそれらを糸 *thread* と軌跡 *trace* と呼ぶことにする。あらゆるラインとまではいかないが、多くのラインはそのどちらかに属しており、私の議論にとって

それは重要な意味をもっている。糸はなんらかの繊維であり、三次元空間で他の糸と絡み合い、点と点のあいだに張り渡される。近寄って観察してみると、糸は表面を形成するが、表面の上に描かれることはない。身近な例をいくつか挙げてみよう。毛糸の玉、糸の桛《かせ》、ネックレス、あやとり、ハンモック、魚網、帆操装置、洗濯ロープ、測鉛線、電気回路、電話線、ヴァイオリンの弦、有刺鉄線のフェンス、綱渡りの綱、吊り橋。それらはすべて、何らかの方法で人の手によってつくられたものだ。だがすべての糸が人工的であるというわけではない。田舎を注意深く歩いてみれば糸状のラインがいくらでも見つかるだろう。もっとも自然の線状の秩序の多くは根や根茎や菌糸体のように地中に隠れているけれども（図2−1）。植物は地上に茎や新芽を伸ばす。落葉樹の葉は葉脈の線条的ネットワークをもち、針葉樹の針のような葉はそれ自体が糸状のラインである（Kandinsky 1982: 627-8）。

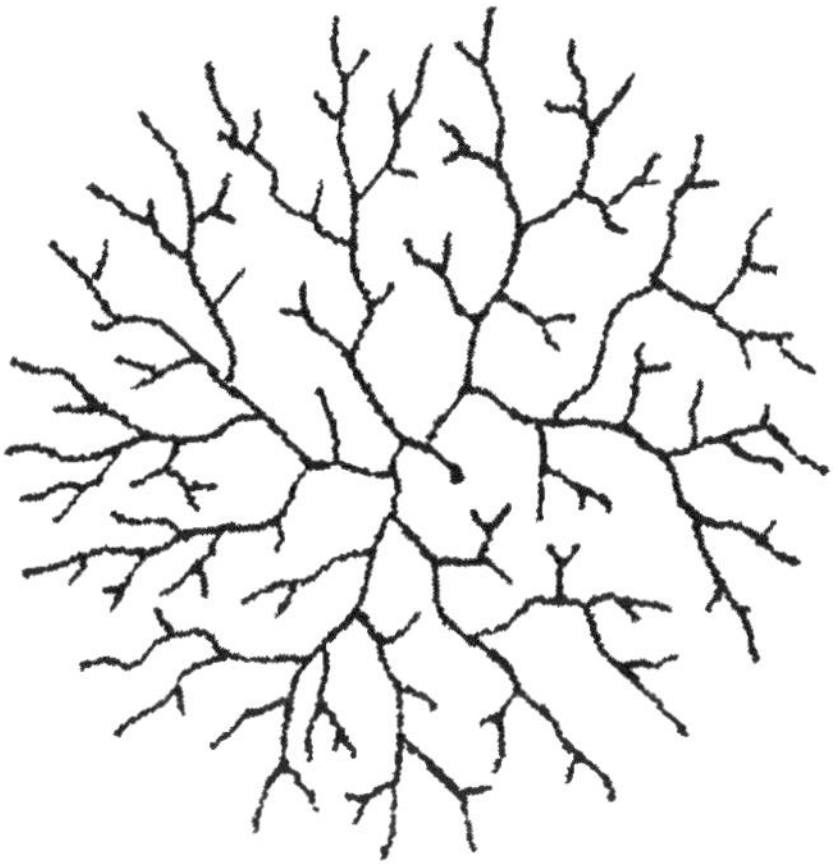

図2-1　菌類学者である私の父、C・T・インゴルドが描いた菌糸体。

外部に体毛や羽毛や触覚やひげを備え、内部に血管と神経系を備えた動物の身体もまた、複雑に結び合った糸の束と捉えられる。一八九六年の『物質と記憶』において、哲学者アンリ・ベルクソンは神経系を「末梢から中枢へ、また中枢から抹消へと張りめぐらされた、莫大な数の繊維《スレッド》で構成されている」[*3]（Bergson 1991: 45）と表現した。動物は糸からつくられているが、なかには糸をつくるものもいる。蜘蛛はもとより、蚕も然り。だがそれらの糸の素材は彼らの体内から分泌される。糸を制作するとなると、それはほぼ人間特有の仕事であり、手の巧みな動きと、時には歯の助けも借りてなされる――縫製作業のためにシニュー糸を準備するときのように。糸をさまざまに使用する場面でも、糸は人の手に特有な正確な把握力に委ねられ、親指と人差し指のあいだで抓《つま》まれて巧みに扱われる[1]。

偉大な美術史・建築史学者ゴットフリート・ゼンパーは、一八六〇年に初版が刊行された試論において、繊維をつなぐ、撚り合わせる、結び目をつくるといった行為が人間の技芸のもっとも古いもののひとつであり、そこから建築や織物を含めた他のあらゆる技芸が派生したと主張した（Semper 1989: 254）。ゼンパーによれば、人間は壁のある家を建てるようになる以前から棒や枝を用いて塀――フェンスや囲い――を編み上げており、布を織るようになる以前から網や鎧を縫っていた（ibid.: 218-19, 231）。その後美術史学者たちから批判を浴びることになるのだが、このゼンパーの指摘には賞賛すべき点が大いにある。私も彼と同様、糸の制作と使用は人間特有の生活様式の出現を示す適切な指標であり、そこから衣服や網やテントといった決定的な技術革新がもたらされたのだろうと考えている。エリザベス・バーバーはそれを「糸革命」とさえ呼んでいる（1994: 45）。もし糸がこれまで歴史学者や考古学者のしかるべき注目を集めてこなかったとすれば、その理由のひとつは明らかに、糸が一般に保存が難しい有機的素材からつくられるという点にある。しかしそれはまた、バーバーが示唆するように、糸の扱いは女性の仕事であるとみなす多くの男性先史学者の心理傾向にも関係しているのかも知れない。

ゼンパーに対するもっとも強硬な反論者はオーストリアの美術史家、アロイス・リーグルであった。一八九三年の『美術様式論』においてリーグルは、美術におけるラインの出発点が糸であるとする意見を否定した。彼によれば、先史時代の人々は機織りや織物を身近なものとするかなり以前から線描を試みていた（Riegl 1992: 32, fn.9）。ラインは素材や技法の影響によってではなく、「まったく芸術的なプロセスの自然な流れ」のなかで創出されたものである、とリーグルは主張した。その論争が私たちの現在の目的にとって興味深いのは、どちらの側が勝つのかではなく、それがラインの概念の選択肢にかかわっているということだ。ゼンパーにとってラインのプロトタイプは糸であった。一方リーグルにとってそれは〈軌跡〉すなわち「すべての二次元的素描と表面装飾の基本構成要素」(1992: 32)であった。これが私たちのラインの分類にとって二番目の範疇である。

——軌跡

軌跡とは、私たちの用語では、連続的運動によって硬質な表面のなかや上に残される、あらゆる恒久的な痕跡である。ほとんどの軌跡は**付加的** ***additive*** または**切削的** ***reductive*** のどちらかである。紙の上に木炭で描かれるライン、あるいは黒板にチョークで描かれるラインは、チョークや木炭などの素材が支持体の上に塗り重ねられ、もうひとつの層を形成するがゆえに、付加的である。表面をひっかいたり表面に刻み目をつけたりエッチングすることで生まれるラインは、表面自体から素材を削り落すことで形成されるがゆえに、切削的である。糸と同様、軌跡もまた人間以外の世界にあふれている。それらの多くは動物が移動した結果、小道や通過形跡《トラック》としてあらわれる。カタツムリは粘液で付加的な軌跡を残すが、動物の通過形跡はたいてい切削的であり、木や樹皮に穴を穿ち、泥や砂や雪の柔らかい表面や硬い地面に何フィートもの摩滅した跡を残す。軌跡は時として岩のなかに化石化し、その化石から地質学者は遥か以前に絶滅した生物の移動を推測する。人類もまた、自らの足や馬で、あるいは最近では車輪をそなえた乗り物で同じ道筋を何度も移動することによって、風景のなかに切削的な軌跡を残す。軌跡のなかには素材の付加も削除も伴わないものもある。『歩行による線』(一九六七)によって大きな注目を集めた造形作家リチャード・

ロングは、草の上にラインが現れるまで野原を行ったり来たりした（図2－2）。この活動によってどんな素材も除去されず、また付加されなかったにもかかわらず、踏みつけられた無数の草の茎がもたらす光の反射模様のなかからラインが浮上する（Fuchs 1986: 43-7）。

人間は優れて糸の作り手、使い手であるばかりではなく、手を用いた軌跡の作り手としての本領を発揮してきた。〈引っ張る〉***draw*** という動詞が糸の操作、軌跡の刻印という両方の手の行為を指すために用いられることは意味深い。これから見ていくように、両者は私たちが考えている以上に密接に関連しあっている。人間は道具や素材を使わなくとも手を使って切削的軌跡を——たとえば砂の中に——しるすことができる。また鑿《のみ》や鏨《たがね》といった刻印の道具を用いて、木や骨や石のような非常に硬い素材のなかに軌跡を刻むことができる。〈記述〉***writing*** という語は、元来そうした鋭利な刃物による軌跡制作を指し示すものだった。古英語において writan という語は「石にルーン文字を刻み込む」という特別な意味を担っていた（Howe 1992: 61）。つまり人はかつて、あるものの表面上で鋭いものの先端を〈引っ張る〉ことによってラインを〈書いて〉***write*** いたのだ。そのときドローイングとライティングは、身体動作——用具を引いたりひきずったりすること——とその動作によってあらわれるラインという関係にあるのであって、今日理解されているように、意味も価値も根本的に異なる二種類のライン（第五章）なのではない。付加的軌跡は、表面に素材の顔料を着色するための手で使う用具によって制作される。たとえばペンやブラシである。砂絵の場合には道具は必要とされず、素材である砂は指のあいだからこぼれ落ちて線をつくる。またチョークや木炭、あるいは鉛筆やクレヨンの場合は、道具は顔料そのものである。軌跡の素材と、素材を利用するための用具とは一体化している。

図2-2　リチャード・ロング『歩行による線』、イギリス、1967年。

——切れ目、亀裂、折り目

本章ではこれから糸、軌跡、および両者の関係を集中的に考察するつもりだが、ラインには三番目の重要な範疇がある。それは表面に素材を付加することでも、表面から素材を削りとることでもなく、表面そのものの破損によってあらわれる。すなわち**切れ目** *cut*、**亀裂** *crack*、**折り目** *crease* である。一九二六年の論考『点と線から面へ』のなかで、ヴァシリー・カンディンスキーは「ラインの特別な性質とは、面形成の力である」*4（Kandinsky 1982: 576, 強調は引用者）と書き留めた。水平方向の位置転換によって平坦な二次元平面をつくりだす直線の力については第六章でもう一度取り上げるつもりだ。カンディンスキーが用いる例は、考古学の発掘過程で新しい垂直面がつくりだされる場合のように、スコップの移動する線状の刃先が地表面にどうやって切れ目を入れるのか、ということである。それから、もちろん鋤の刃先が土に切り込む農地の畝のラインもある。鋤は新しい表面をつくりだすだけではなく、表面を上向きにひっくりかえすこともする。また、素材シートに切れ目を入れる行為は、地面に切れ目を入れるのとちがって表面をつくりだすのではなく素材である表面を分割する。たとえば仕立屋はハサミで、ジグゾーパズル制作者は糸のこぎりで彼らの素材にラインを切り込む。ラップランドでのフィールドワークを通じて私が出会った切れ目は、トナカイの耳にナイフで刻まれるものである。それはさまざまなかたちの刻み目のパターンを形成し、トナカイの所有者を同定するのに役立つ。古来サーミ人は、それらのパターンは言葉であり、その徴を切り込むことを記述行為ととらえていた（図2—3）。

指に切り傷を負うときのように、切れ目は偶然に生じることもある。一方、亀裂はつねに偶然に生じる。緊張、衝突、摩耗、ほころびによって硬くもろい表面が破損することが亀裂の原因である。亀裂をつくりだす力はたいてい不規則であり、破損のラインに沿って作用するというよりもそれを横断するように働く

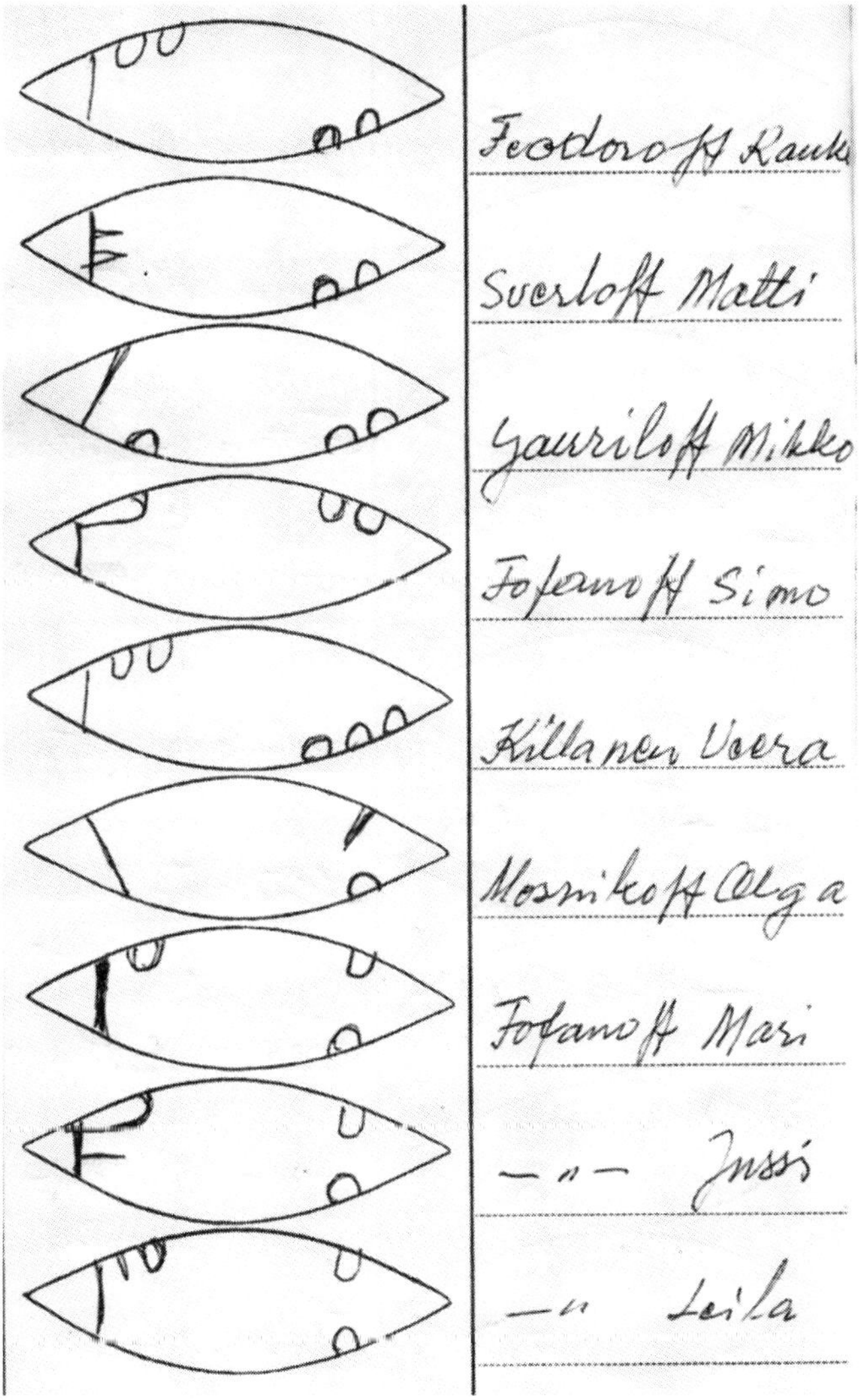

図2-3　トナカイの耳印帳簿の1ページ。1971年から72年にかけて行われたフィンランド、ラップランド地方におけるフィールドワークの際に筆者が収集したもの。左右の耳に刻まれるパターンは帳簿上の両端が尖った形をしたひな型に描きこまれ、その脇に所有者の名前が記されている。

図2-4　斜め方向に捻れた特徴的な亀裂を示す、栗の成木の樹皮。ロンドン、ガナーズベリー公園。イアン・アレクサンダー撮影。

ので、その結果生じるラインはカーブではなくジグザグになることが多い（Kandinsky 1982: 602-3）。亀裂は、自然のなかに——割れる氷、日差しでひび割れた泥、圧力を加えられた岩、枯れ木、古木の樹皮といったもののなかに広く観察されるだろう（図2–4）。しかしもちろん、粘土や木やガラスやコンクリートでできた人工物にもよく見られる。ひび割れた徴が決定的な破損をもたらさない限り、亀裂は表面にどんな軌跡が描かれていようとお構いなしだ。たとえばほぼまっ平らな高地に一箇所だけ刻まれた険しい谷によって道が分断されるように、亀裂は軌跡を遮る。横断するためには橋を架けなければならない。そこで軌跡は糸になる。もっとも極端な例は、綱渡りだろう。

表面に柔軟性があり、破損せずに折り曲げることが可能な場合は、亀裂ではなく折り目ができる。封筒から取り出され広げられた手紙についたラインは折り目であり、カーテンなどの室内装飾品や衣類につけられたラインも折り目である。皮膚にしわが寄ることでできる顔や手のラインもまた同様である。掌に折り目づけられたラインは、古来より人生を判断し未来を占うために手相見によって読みとられてきた（図

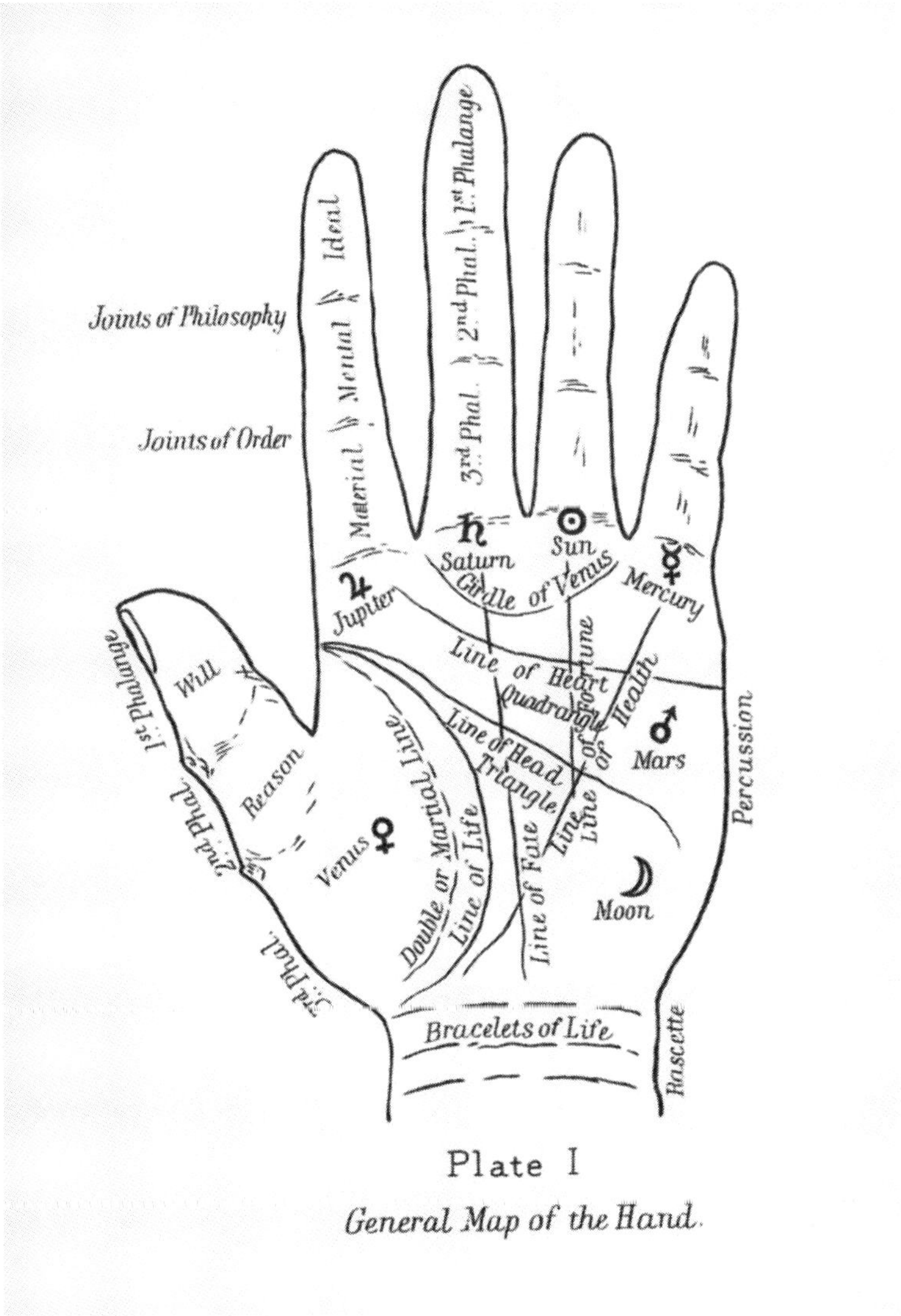

図2-5　「手相」［ルイーズ・コットン『手相占いとその実践的用途』（1896）、アバディーン大学キングス・カレッジ歴史コレクション所蔵］。

2−5)。エリザベス・ハラムが解説するように、手相見にとって「手は人生のはっきり目に見える地図であり、いくつもの交錯し合う小道、経路、行程として時間を表現している」(Hallam 2002: 181)。ここには興味深い点がふたつある。ひとつは、手相見が掌のラインを「読む」というとき、その意味が前の章ですでに考察した中世的概念とまさしく一致することだ。中世において、読むことはそもそも声に出すこと、助言を与えること、読まなければはっきりわからない物事を明るみに出すことであった。もうひとつは、手相のラインのパターンと手の習慣的な動きとの密接な関係である。それは記述とも線描とも違った、手の動きが軌跡をしるすもう一つの方法である。手相のラインのパターンが予告し、その人が世間とわたりあうときにそとにあらわれる人生の道筋は、手のなかに折り込まれているのだ。

——幽霊のライン

これまで取り上げてきたのは、環境や、環境のなかに住む生物——人間自身も含めて——の身体に現実の現象として存在するラインであった。本書で相手にするのはそうしたラインである。ところで、より一層思弁的、形而上的な意味合いのラインを考えることも可能である。たとえばユークリッド幾何学におけるラインは、ジャン=フランソワ・ビュテの言葉によれば、「身体、色、組織、などあらゆる現実的な質を備えていない。その本質は抽象的、概念的、論理的なものである」(Billeter 1990: 47)。透明で実体のない平面に引かれる限りなく細い線は——ジェームス・ギブソンが視覚の生態学という研究のなかで示すように——「幽霊」のごときラインである。ただしギブソンの分類によれば、私たちが住む世界のなかで現実に知覚される割れ目、棒切れ、繊維もそこに含まれる (Gibson 1979: 34-5)。

夜空を見上げるとき、私たちは星たちが目に見えない幽霊のラインによって星座に結び付けられるさ

図2-6　北半球の星座。

まを想像する（図2－6）。そうすることによってはじめて、私たちは星座の物語を語ることができる（Berger 1982: 284）。三角測量点を結びつける測量線や、緯度経度の格子、赤道、回帰線、南北極線などの測地線もまた幽霊のラインである。それらはまるで、私たちが点と点のあいだにぴんと張った糸を渡したり、点と点のあいだの弓状の経路を辿ったりしたかのようであり、地球を計測する最も古い試みのなかにすでに見出される。こうしたラインはもちろん、定規やコンパスを用いてペンやインクで引かれた軌跡である地図や海図にもあらわれる。地図上にあらわされるそれらのラインに物質的に対応するものは、世界の中には存在しない。それでも幽霊のラインが人々の移動に非常に現実的な影響をもたらすことがある。二十五年ほど前、フィンランドとロシアの国境に沿ってトナカイの群れを追っているさなかに、私はそうしたラインに遭遇した。国境は明瞭に刈りこまれた森林の細い帯によってしるされていたが、その中央に本当の国境線が走っていると見なされていた。時折あらわれる杭の他には国境線をしるすものは何もなかった。だが、その国境線を渡ろうものなら、私はソ連側に設置された多くの監視塔のひとつから撃たれていたであろう。仮想的だが重大なさまざまなラインが、領空や漁業水域を分割し、時間帯を区分している。

しかしながら、ラインが現実であるか幽霊であるか——言い換えれば、経験的現象であるか幻であるか——は、いつもはっきり確定できるものではなく、それらを区別することは実に難しいと言わざるを得ない。たとえば、アボリジニの宇宙論において、オーストラリア大陸全土にわたって縦横に張り巡らされたいわゆるソングライン（Chatwin 1987）は、民を創造した祖先たちが「夢見のとき」と呼ばれる民族創世期に土地を歩きまわった際に辿った道であるといわれ、彼らの痕跡を丘や岩場や水たまりや谷間に残したものだ。それらの軌跡はアボリジニにとって風景そのものを構成する本質的なものであるが、西洋の観察者にとっては風景に「ピン留めされた」単なる想像上の産物でしかない（Wilson 1988: 50）。同様に、正中線は、鍼術の原理にしたがえば人体を血管のように走り、生命力を伝え体表に現れるが、西洋医学の医師にとってはまったく架空のものである。しかし中国伝統医学の施術師にとってそれは実在する線《スレッド》である。鍼師によれば、その線に沿って導かれるエネルギーは、書家の手によって筆の踊るような動きを介して吸水性のある紙に伝達され、同等のエネルギーに満ちた手書きの線の軌跡となって現れる（Yen 2005: 78）。

分類できないライン

　こうしたラインの分類法はたしかに完璧とは言えないだろう。私たちが住んでいる世界は、きちんと秩序づけられたシステムに収まりきらない豊かな線状性を示している。実のところ、世界はまさに、人が押し付けようとするどんな分類からも常に身をくねらせるように逃れ、あらゆる方向へ緩やかに延びていくさまざまなラインなのだ。これまで示してきたどんな範疇にも入らない例はすぐに思いつくだろう。飛行中の航空機や実験用の霧箱内の微粒子がつくりだす蒸気の筋はどこに分類されるのか？　雷の光は？　臭跡は？　それらは確かに何らかの軌跡であるが、安定した表面に書き込まれていないがゆえに糸の様相をも呈している。民族学者デボラ・バード・ローズによれば、オーストラリアのノーザンテリトリーに暮らすアボリジニであるヤラリンの人々は、夕暮れ時に時折空を横切る稲妻や長い電光を「ひも《ストリング》」と言い表す。そのひもに沿って、地上と空、生と死との仲介者である恐るべき〈カヤ〉たちが地上に降りて来たり人々を空に連れて行ったりする。しかしアボリジニの宇宙におけるひもは、地表で祖先がおこなった「夢見のとき」の足跡《トラック》を含むものでもある（Rose 2000: 52-6, 92-5）。このようにヤラリンの人々にとって、ひもは糸であると同時に軌跡であり、どちらか一方に限定できない。文化人類学者クリス・ロウによれば、カラハリ砂漠の狩猟採集民コイサン族においても、ひもは同じような意味をもつ。動物を追うために、彼らは獣の軌跡だけではなく、風に乗って伝わる臭跡という糸を辿る。狩猟者と獲物は、地上と空中に同時に延びる一本のひもで繋がれているようである（Low 2007）。アパッチ族の年老いた斥候《スカウト》から教えを受けた罠猟師トム・ブラウンにもコイサン族の知性が木霊している。「最初の足跡は一本につながっていく線《ストリング》のスタートラインだ」*5（Brown 1978: 1）。

さきほどふれた中国伝統医学のエネルギーに満ちたラインも似たような性質を示しており、それは身体を貫く血管のような糸であると同時に、［書家によって］紙の上に墨で書かれる軌跡となる。それから、ラインは血管のようにその中を物質が流れてゆく〈管〉――原油やガスや水のパイプライン、象や昆虫の鼻など――となる場合もあるのではないか？　また、三次元空間にあって、その堅牢さによって安定した建造物を支える〈さお〉という独立した範疇も考えられるのではないか？　釣り竿は言うまでもなく、さおとラインの組み合わせはテントの基本構造である。カンディンスキーはエッフェル塔を例に挙げて、「線できわめて高い建物を建てた最初の重要な試みであって――そこでは線が面を排除したのである」[*6]と述べている（1982: 621）。バックミンスター・フラーのジオデシック・ドーム[*7]は、テンセグリティという建築原理を適応したより最近の例であるが、その原理によれば、構造の安定は、構成要素であるラインに作用する圧縮と牽引という相反する力の配分と均衡によって生み出される。テンセグリティは人工物にも生物にも共通しており、生物においては細胞骨格の構造から全身の骨、筋肉、腱、靭帯に至るまであらゆる段階にみられる（Ingber 1998）。まったくのところラインはどんな場所にも存在し、ここではとても答えきれないほど多くの問題を提示している。

軌跡と糸との行き来

しかしながら、ラインについての本書の関心はもっと限定されたものであり、ここからはもっぱらラインと表面との関係についての考察をすすめていくことにしたい。ちょっとしたエピソードから始めよう。最近ノルウェーからスウェーデンにフェリーで渡ったときのことである。私は船内のラウンジのテーブルのそばに座っていた三人の女性に惹きつけられた。一人は万年筆で手紙を書いていた。もう一人は編み物をしていた。三人目はまっ白な布地にパターンブックに載っている図柄を刺繍しているところだった。手を動かしながら彼女たちはお喋りに夢中だった。なぜ彼女たちのことが気になったかといえば、身の上話をつづけながら三人が没頭している手仕事に、異なったラインの使用、そしてラインと表面との異なった関係があらわれていたからである。書きものをしている最初の女性は、ページの表面に付加的な軌跡を刻み込んでいた。二番目の女性は傍らに毛糸の棒を携えていたが、彼女の作業は指に毛糸を掛け、棒針で網目を拾い、糸を均等に織り成された表面へと変化させるものだった。三番目の刺繍をする女性にとって、表面［白い布地］は、手紙を書いている彼女の友人の場合［便せん］と同じようにすでに準備されている。しかし編み物の女性のように彼女はラインを織り合わせていたのであって、［手紙を書く女性のように］ラインを引いていたわけではない。

手仕事に精を出す女性たちを観察しながら私は考え込んだ。記述、編み物、刺繍はどこが似ていてどこが異なっているのだろう。そして思い至ったのは、軌跡を制作する記述は、糸を用いる刺繍や編み物と対照的であり、さらに編み物と刺繍もまた互いに対照的だということである。編む者はラインを束ねて表面をつくり出す。元の糸はその表面上で今や軌跡、すなわち糸の絡み合いが生み出す規則的なパターンとなる。刺繍する者は、反対に、パターンブックのページのような表面上の軌跡から出発し、針を用いる仕事を通じて軌跡を糸に変換する。さらに、その変換作業において彼女は布地の表面を消そうとする。というのは、刺繍された布を見るとき、私たちはそこにあらわれるラインが軌跡ではなく糸となり、あたかも布自体が透明になったかのように眺めるからである。ゼンパーが断言したように、「刺繍は実際、糸を用いた一種のモザイクである」(1989: 228)。

この意味で、刺繍はレース制作と同じであり、刺繍とレース細工がしばしば一緒にあらわれるのも不思議ではない。丁寧に作られたスカーフ、ネッカチーフ、テーブルカバーの中心には刺繍が、周縁にはレースが施される。ニードルポイントレースの最初期の形態で最も有名なものはベネチア市に集中しているが、そのパターンはまず羊皮紙の上に下書き《トレース》され、次に糸がその上に縫いつけられた。作業が終わると、羊皮紙は取り除かれ糸のパターンだけが残った（Semper 1989: 222-3）。ベネチア、ブラノ島の伝統レース細工の研究において、リディア・シアマは、パターンが綿布の裏地上に針と糸で縫い取られる際に、紙にトレースされたアウトラインを辿り、その後裏地と紙が取り去られて、いわゆる〈プント・イン・アリア〉（空中ステッチ）と呼ばれるレースが出来上がる今日の過程を説明している（Sciama 2003: 156）。レース細工が刺繍から派生したとする公式の歴史とは裏腹に、ブラノの女性たちは、それは島の男たちが漁網を作るために用いた技法を手本にしたものだと主張している。レース細工と漁網において、制作する身体の姿勢と技法は驚くほど似通っている（ibid.: 188）。

　私は始めに糸と軌跡をあたかもはっきり区別された範疇であるかのように論じたが、編み物、刺繍、レース細工といった例は、実のところそのふたつの範疇が相互に変形されるものだということを示している。糸は軌跡に、軌跡は糸に変形される。注目したいのは、糸が軌跡に変形されるときに表面が生成されるという点である。反対に、軌跡が糸に変形されるときに表面は溶解する。これからその両方向の変形を示すいくつかの例を見ていこう。最初に軌跡から糸への変形を、次に糸から軌跡への変形をとりあげることにする。

軌跡から糸へ——迷路・ループ・模様

——迷路と迷宮

まずは西洋文明の歴史だけでなく世界中至るところに見られる、おそらく最も原型的な糸の使用例を考えてみよう。アテネの英雄テセウスがクレタ島のミノス王によってクノッソスの迷宮に幽閉され、その中心に住む恐るべきミノタウロスを殺して脱出する、という有名な物語である。その計画を成功に導いたのは、言うまでもなくテセウスがミノス王の娘アリアドネから渡された糸であった。ところで、迷宮を考案した名工ダイダロスが手本にしたのは、冥界へ導く迷路だったといわれている。古典的な著述家の多くは、迷宮の原型がクレタ島の山腹に存在する蜂の巣のような自然の洞窟のどれかであると考えようとした（図2−7、Matthews 1922: 23-8を参照）。その是非は措くとしても、迷路ないし迷宮は、日常的経験世界の地下に存在すると信じられている死者の世界における移動と徒歩旅行の強烈なイメージであり続けてきた。

そのイメージとはどんなものだろう。シベリア北東部のチュクチ族についてのワルデマール・ボゴラスによる古典的モノグラフから一枚のスケッチ（図2−8）を見てみよう。スケッチは、それを描いた男性が深い昏睡状態のあいだに見たという死者の地下世界の小道を描き出している。その世界は新参者を迷わせる入り組んだ通路に満ちているという。円は新しい死者が入っていく穴を表現している。それらの細道は風景に刻み込まれた足跡というよりも、表面の地下に張り巡らされた細い径路のように見える。死者は洞窟探検家のようにその径路をさすらう運命にあり、そこに到着したばかりの者は、迷路に迷い込んだ旅行者のように、たちまちその径路を見失ってしまう。幽霊となった旅人には、生きていた時分とはちがって硬い地面の上を歩いている感覚がない。足の下に大地はないし、見上げても空はない。さらには遠くまで及ぶ視野や聴覚が失われている。彼は私たちが想像するように「野外に漂って」いるのではない。彼は土のなかに完全に閉じ込められ、裂け目や割れ目に沿って動くことしか許されない環境に幽閉され、周囲との感覚的接触を遮断されているのだ。自分がどこに向かうのか見当もつかないので、道の分岐点でどちら

図2-7　クレタ島南部、イダ山山腹に位置するゴルティナ洞窟のスケッチ。ミノタウロスの迷宮の原型であるとも言われる。このスケッチは画家にして旅行家であるF・W・シーバーSieberが1817年に描いたものであり、制作に3日を要したと伝えられている［Matthews (1922: facing p.28)、アバディーン大学キングス・カレッジ歴史コレクション所蔵］。

へ行けばいいのかわからない。つまり、生者が世界のなかで前に進むときには地面の上に先行者が残した軌跡《トレース》を辿るのに対して、死者は隙間を通って行く手を糸で縫う《スレッド》ように進まねばならない。

比較文化の観点から大きな意味をもつにもかかわらず、迷路は文化人類学では長いあいだ無視されてきた主題である。しかし最近になってアルフレッド・ジェルの仕事において蘇った。大きな反響を呼んだ著作『アートとエージェンシー』のなかで、ジェルはいわゆる「装飾模様の厄除け的使用」の重要な例として迷路をとりあげる（Gell 1998: 83-90）。つまり、さまざまな表面に複雑で視覚を混乱させる「迷路のような」模様を描き込むことによって、その後ろに避難する人々が悪霊や悪魔の攻撃から守られるというのである。悪魔はその模様の魅力につられて表面に引き寄せられるが、模様に捉えられ、その謎を解き提示された難問を解決せずには先に進めなくなってしまう。悪魔は途方に暮れ、そ

図2-8　死者の世界における小道をあらわすチュクチ族によるスケッチ［Bogoras (1904-09: 335)］。

の表面の向こうに行くための解決策についに辿りつくことはない。「厄除け模様」とは「悪魔のハエ取り紙」であるとジェルは述べる（ibid.: 84）。その考え方は魅力的である。ある種の模様が過去や現在においてそのように使われることは十分にあり得るだろう。ジェルが挙げる例のひとつにケルトの編み紐模様がある。そこでは連続するラインが、表面を辿《トレース》るにもかかわらず、領域全体を覆う織物を形成するために上になったり下になったり輪《ループ》を描いて示される。もうひとつの例は〈コーラム〉として知られる模様である。〈コーラム〉はインド南部タミル・ナードゥ州の女性によって、家屋や寺院の入り口に描かれる。その模様もまた、点の格子のまわりを屈曲する（しかし点と結びつくことはない）一本ないし数本のラインから構成される。ラインは自らを横切り他のラインと交叉し合うが、閉じたループをつくるために必ずスタート地点に戻ってくる（図2－9）。どちらの模様にも悪魔の攻撃を防ぐ意味があることは民族学的証拠から明らかである（ibid.: 84-6）。

しかし迷宮の説明としては、ジェルの指摘はいささか的を外している。なぜなら彼は「悪魔の視野」——迷路全体のレイアウトが俯瞰され、模様のようなかたちとして提示される空中からの視点——を最初から想定しているからである。だが、地球の表面を渡る旅——それは人生そのものである——にすでに乗り出している地上の旅人にとってそのような視点をもつことは不可能である。迷路の入り口は表面に着陸する地点を示すものではなく、そこから地下に潜る地点である。要するに地面とは、空と大地の界面として、地中からではなく上空からのみ俯瞰可能な表面である。地面に裏側はない。だから地下に潜ろうとする、つまり迷宮に入ろうとするまさにその瞬間に、表面そのものが視界から消え失せる。表面はいわば溶解するのだ。その瞬間は生から死への移行である。その時点から——厄除け模様を凝視して動けなくなり、表面に釘付けにされるジェルの悪魔とは違って——幽霊となった旅人は、自分が表面のまったくない世界

図2-9　上、アマル・モールが撮影した写真をもとに描いた、インド南部タミル・ナードゥ州における〈コーラム〉の模様。左は〈カンピ・コーラム〉(Mall 2007)。下はタラ・ブローチのピンヘッドにみられるケルトの渦巻き模様。Meehan (1991: 111)の指示に従って描かれたもの。

にいることに気づく。すべての小道は今や軌跡ではなく糸である。さまざまな通路からなる迷路の全貌は決して見渡されることはなく、死者の世界を訪れ無事に帰還したわずかな者たち——英雄テセウスやボゴラスのためにスケッチを描いたチュクチ族の呪術師——だけがそれを再構成することができる。

実のところ、軌跡から糸への転換とその結果生じる表面の消失が、ケルトの組み紐模様やインド南部の〈コーラム〉がもつ魔除け効果の鍵を握っているのかも知れない。最近の研究において、アマル・モール（Mall 2007）は〈コーラム〉が実際にはふたつの形式においてあらわれることを指摘した。ひとつは、模様の線が、その上に線が描かれている格子の点と明らかに結びつくものである。もうひとつは、模様の線が、輪となって点のまわりを巡るものである（図２−９）。後者のラインは〈カンピ〉として知られているもので、前者のラインからはっきりと区別される。魔除け効果があるとされるのはもっぱらこの〈カンピ・コーラム〉である。点を結びつけるラインは寄せ集められたさまざまなかたちの輪郭を描く。そのラインは表面に描かれるばかりではなく、まさに幾何学模様の面として表面を設定する——画家クレーがノートブックのなかで示した主張である（Klee 1961: 109）。しかし〈カンピ〉ラインは、モールが論ずるように、「それとは正反対の効果を示しており、ラインがその上に描かれる面そのものを消失させ、その結果ラインは迷宮のような糸の網目としてあらわれ、あらゆる生き物や事物はそれに沿って進むことを余儀なくされる」（Mall 2007: 76）。〈カンピ・コーラム〉とは、ジェルが指摘するように、解くことが不可能な思弁的難問を準備して悪魔を待ち伏せ、完成された模様パターンがどうやって出来上がっているのだろうかと悪魔を思案に暮れさせるのではなく、悪魔を迷宮のなかに捉えて死者の世界に住む幽霊たちと同様にそこから脱出できないようにさせることで、魔除け効果を発揮するのである。というのも、悪魔が表面に降り立つまさにその瞬間に、その表面は表面であることをやめるからである。表面にはっきりと描かれたラインは糸となって蜘蛛の巣のように悪魔を捉える。おそらくケルトの組み紐の図柄も同じようなやり方で悪魔を近づけないように作用していたのだ。

——ルーピングと透かし細工

軌跡から糸への変形によって表面が溶解する二番目の例は、ブリギッタ・ハオザー＝ショイブリンが報告するパプアニューギニア、東セピック州に住むアベラム族の装飾芸術に見出せる（Hauser-Schäublin 1996）。アベラム族の装飾は、おもに植物素材の紐、短冊、葉状体を組み合わせたものであり、流れるような交錯するラインによる粗い網目状の透かし模様を形成する。こうした装飾方法はアベラム族のみならず広くメラネシア諸民族にみられるが、ポリネシアやインドネシアにおける「布文化」の装飾方法とは根本的に異なっている。「布文化」は織られた布地、編まれたむしろ、樹皮布を用いてものを包み、包まれたものは隠れたり現われたりする。だがアベラム族の装飾美は表面ではなくラインにあらわれる。ハオザー＝ショイブリンによれば、「すべてのパターン模様は布の上に豊かに広がり描かれる均質な平面としてではなく、ラインないし〝透かし細工〟として理解される」(1996: 82)。アベラム族は葉の短冊やいろいろな長さの紐を用いてさまざまなものを作るだけではなく、絵も描く。その絵画は灰色や黒色の泥で覆われたサゴヤシの仏炎苞《ぶつえんほう》の上に描かれる。まず白い顔料を浸した羽で苞の上に一本のラインが引かれる。それは最も重要なラインであり、残りの模様のひな型となる。いったんそのラインが引かれると、それに続くさまざまなラインが赤や黄色や黒で加えられていく。儀礼小屋の正面に飾られるような大きくて複雑な絵画の場合は、絵師は上部から列状に描いていく。だが彼は常に各の列の模様の下部に糸のようにぶら下がる白いラインを残し、そのラインを利用して次の列の模様を描き始める（図2－10）。結果として、完成した作品のすべての列は連続した白いライン〈〈マインジェ〉と呼ばれる〉によって互いに結ばれることになる。それに対して、その他のあらゆる色のラインは断続的であり、白い〈マインジェ〉を強調するためだけに役立つ(ibid.: 80)。

さて注目すべきことに、まったく同じ原理が〈ビルム〉という手編みバッグを制作する過程にも含まれている。それはメラネシアの人々の日常生活のどこにでも見られ、多様な用途をもつアクセサリーである。〈ビルム〉を編むための紐は、さまざまな樹木や低木の繊維からできていて、もともとベージュ色だが、それは白色だとみなされている。描画の場合、絵師は一つ上の列から次の列へと移る際に〈マイン

図2-10　描画中のアベラムの男性たち。描きかけの列において、絵師たちは描き終えた上段の列からぶら下がる白いラインを拾い上げそれを延長させている。ジョルグ・ハオザー撮影。

ジェ〉の「結ばれていない端」を拾い上げるが、手編みバッグ制作の場合も同様に、継ぎ足されてゆく紐はすべてその前にあった紐に――繊維をより合わせ太股の上で転がすことによって――つなげられ、一本の連続したラインからバッグ全体が編み上げられる。このラインも同じ〈マインジェ〉という用語で呼ばれている。模様は赤と黒に染められた紐を加えながら形成される。そうした着色模様は白地から浮き出てくるもののように私たちには見えるかも知れないが、アベラム族にとってはそうではない。儀礼小屋の正面に描かれる模様のもとになっているのは、女たちのつくる手編みバッグの模様なのだとアベラム族の男たちは口々に言う。描画の〈マインジェ〉はくすんだ表面に描かれる付加的な軌跡としてつくられるものの、それは明らかにバッグの〈マインジェ〉と同種の糸として扱われている。つまり、描かれたラインをループする糸へと変形させることで表面の消失が企てられ、描画はアベラムのあらゆる芸術に特徴的な「透かし細工」の織物となっているのだ。表面を解体させるもうひとつの方法は、いうまでもなくそれを切り刻むことである。アベラムの女性たちの求めに応じてハウザー=ショイブリンが近くの町まで買い物に出かけ、黒と赤の布を買って帰ってきたときに実際に起こったことだが、彼女たちは布をそのまま使うのではなく、まず短冊状に切り、さらに端切れとなった布地をほぐして糸にしてしまった。そのあとそれらの糸はより合わされ引き伸ばされて紐となり、色彩豊かな模様の施された手編みのバッグになったのである（ibid.: 96）。

――身体のためのデザイン

軌跡から糸への変形の三番目の例を考えるために、第一章ですでに紹介したアンジェリカ・ゲブハルト=セイヤーによるペルー・アマゾンのシピボ・コニボ族についての研究に戻ってみよう。彼女によると、二世紀ほど前までは、シピボ・コニボ族の村の道は連続するジグザグ線で覆われていた。家屋の内装、陶器の表面、船、狩猟道具、調理用具、果ては織られた綿の衣服やそれを身につける者の顔や手足に至るまで、ジグザグ線はあらゆる場所に広がっていた。そうしたラインへのこだわりは今日でも布地の刺繍、陶器彩画、ビーズ細工、時折ほどこされる顔のマーキングなどに残っている（Gebhart-Sayer 1985: 143-4）。ラインの制作はもっぱら女性の仕事であり、それは不透明な表面を横断するはっきり眼に見えるラインを引く《トレース》こ

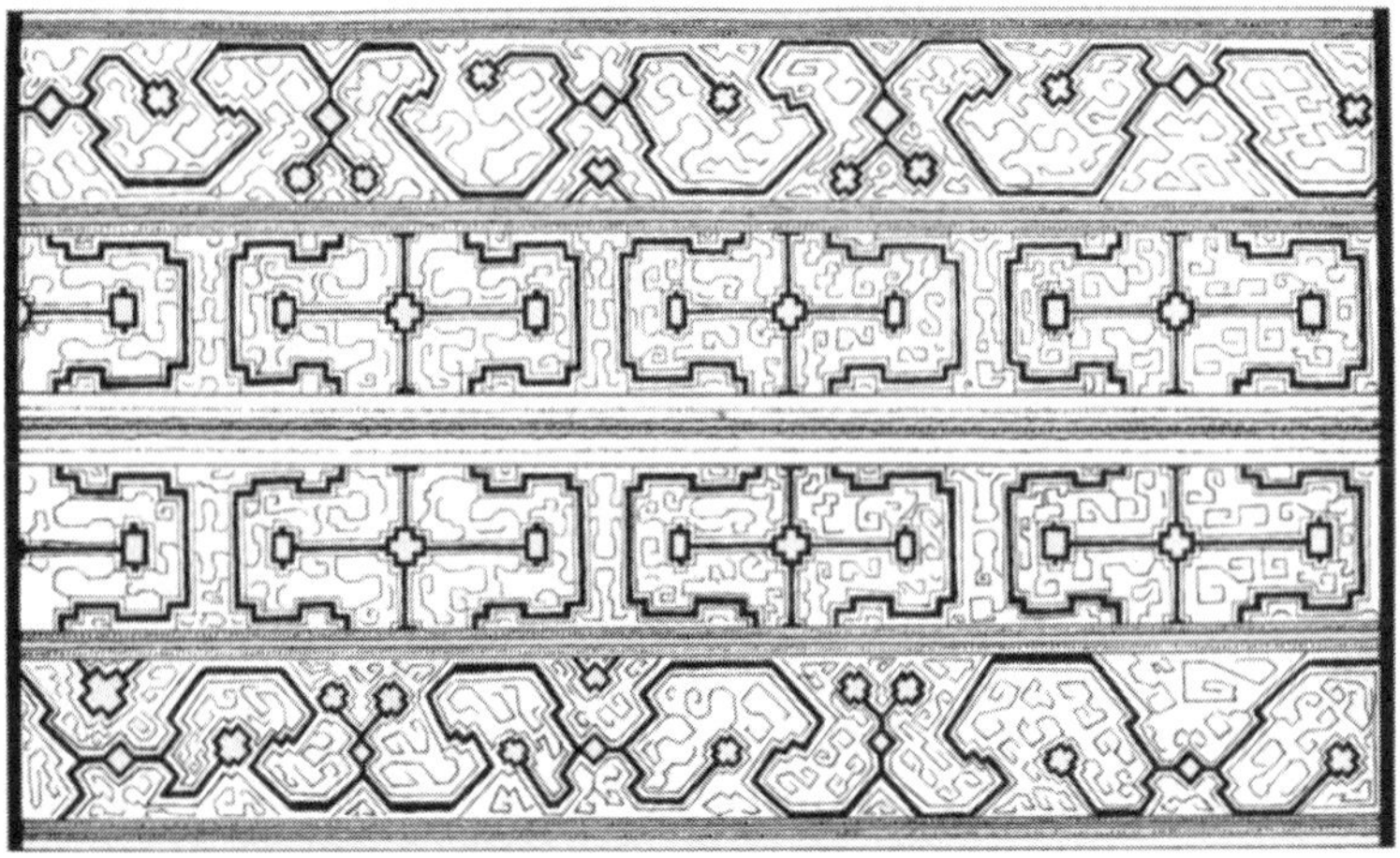

図2-11　シピボ・コニボ族の女性のマント（ラコティ）［Tessman (1928: Plate II, facing p.40)、オックスフォード大学ボドレアン図書館所蔵、247236.d.13］。

とだと考えられている。最初に、絵師や刺繍制作者は何本かの基本線を引く。それらは比較的太く描かれ、捻れ、蛇のように曲がりくねっていて、どの方向に向かうのかはっきりしない。次に、基本線に平行してそのどちらかの側に二番目のラインが引かれる。そして表面全体を確実に覆うように、あらゆる空白部は三番目のラインで埋め尽くされる（ibid.: 147）。基本線の規則的反復によって模様全体にシンメトリーがあらわれる（図2−11）。

　しかしながら、こうした表面の模様は、デザインの眼に見える部分に過ぎない。シピボ・コニボ族は、呪術師から授かった目に見えない徴を、誰もが幼少期からずっと身に負っていると考えている。それらのデザインは永続的であり、生きている身体のすみずみまで浸透し、それを満たし、死後もその人の霊とともにある（ibid.: 144-5）。ヒーリングの儀式において呪術師——たいていは男性である——はそのデザインを「身ぶりで示す《サイン》」。しかし声が空中をさ迷うにつれて、呪術師はそのデザインが模様に変形し、セッションを受ける者の身体に沈み込むのを見る。その変形は呪術師にしか見えない。幻視のさなかに、ラインは、ハチドリの霊ピノによって紡ぎ出される。霊はセッションを受ける者の頭上にとどまって、せわしなく細かく動きながら嘴でヒューヒュー、ブンブンと音を立てる。さまざまな霊のなかでピノは「作家」ないし「秘書」として描かれるが、ピノの休みなく動く嘴から生まれるラインは明らかに軌跡ではなく糸である。なぜならピノが描く模様は、セッションを受ける者の身体の表面に刻み込まれるものではなく、身体に舞い降り身体を貫くものだといわれているからである（ibid.: 162-4）。つまり、軌跡が呪術師の幻視のなかで糸に変形されるにつれて、まさに身体の表面が溶解し、それによってラインは身体の内部を貫くことが可能になり治療の効果があらわれるのである。

糸から軌跡へ——結ぶ行為・織る行為・錦織・テクスト

これまで示してきた例——シベリアのチュクチ族の地下世界の迷宮、ニューギニアのアベラム族にみられる儀礼小屋正面の描画、ペルー東部のシピボ・コニボ族の呪術師によるヒーリング——を通じて、軌跡から糸への変形によって大地や家や身体といったものの表面が溶解する様子を見てきた。今度は逆方向の変形に目を向けてみよう。つまり表面を形成するための糸から軌跡への変形である。「ライン」の語源自体のなかにこの変形の典型的な例が示されている。サミュエル・ジョンソンの『辞典』を思い出してみればわかるように、この語の意味のひとつ（彼のリストの最後にあたる第十七番目）は「リント布あるいは亜麻布《フラックス》」である。〈リント〉***lint*** はラテン語の〈リネア〉***linea*** から派生した語であり、もともと亜麻、〈ライナム〉***linum*** から作られる糸を意味していた。それらの糸が織られて出来上がったのが今日〈リネン〉***linen*** と呼ばれる布である。それは防寒のために衣服を〈裏打ちする《ライン》〉ためにも使用された。そして、もし「ライン」が軌跡ではなく糸として始まったとするならば、「テクスト」も刻み込まれた軌跡ではなく織り合わされた糸の網細工として始まったといえるだろう。「織る」にあたるラテン語は〈テクセーレ〉***texere***であり、そこから私たちが使う「織物《テキスタイル》」ないし──フランス語の〈ティストゥル〉***tistre***を経由して──「織物・組織《ティシュー》」が派生した。それらは無数の絡み合う糸からなる精緻に織られた布地を意味する。解剖学者であれば、身体器官を次のような比喩で描写するだろう。すなわち身体は皮膜組織、結合組織、筋肉組織、神経組織から成り立っている、と。彼らは熟達した解剖学の視点から、身体器官の表面がいかに透明になるかを語り、その下にある線状の構造を明らかにする。一九一一年、J・アーサー・トムソンは『科学への序論』のなかで次のように述べた。

> われわれがひとつの対象を長い時間かけて観察し、隅から隅まで完全に理解するに至ると、驚くべきことにその対象は透き通ってくる。植物学者には樹木を通して木質や靭皮部がみえるようになる……。動物学者にも同様にいばらの上を這うカタツムリを通して、すべてがあるべき場所にあるガラスの模型のように、神経中枢、筋肉、胃、鼓動する心臓、循環する血液、濾過する腎臓がみえるようになる。同じように、熟達した解剖学者にとって人体は透き通ってくる……。
>
> (Thomson 1911: 27-8)

このように解剖学的視線は呪術師の視線と同じように、身体表面を、それを構成する糸へと分解する。だが呪術師が身体のなかにラインを垂らすことで治療をおこなうのに対して、西洋の外科医は正反対の方向で処置をおこなう。つまり彼は身体のなかに不調の原因となっているラインの断絶を発見し、縫い合わせ、全体の表面を再構成するのである。

――結ぶ行為と織る行為

先ほどふれたラインとティシューの語源が示すように、糸から表面が形成され、その過程で軌跡が生成される様子をあらわすもっとも明瞭な例は、おそらく縫い物 *stitching* と織り物 *weaving* である。ゼンパーが指摘したように（1989: 219）、縫い目とは、その反復を通じて――編み物やクローシェ編みのように――紡ぎ糸の連続するラインによってとぎれない表面が形成される**結び目** ***knot*** である。結び目によってつくられる表面は、アベラム族のような人々がつくるループ状の透かし細工とは正反対である。ループが表面を破壊するとすれば、結び目は表面を作り出す。もっとも私たちが知覚する表面は、結び目ではなく、結び目によって覆いつくされている場所である。それは、スザンネ・キュヒラーが説明するように「もはや結び目とは呼べぬものであり、結び目は、結び目が見られる表面の内部あるいは下に潜りこんでいる」（Küchler 2001: 65）。結び目が硬く引っ張られるほど、編まれた表面は何ものも通さなくなるように見える。たとえばタヒチにおいて、ト・オとして知られる特別な木の棒は神の力の化身であると考えられているが、それは人目を避けるために結び目をもつ縄でしっかりと包まれている。ト・オの姿が露わになるのは「神包み」という儀式のときだけであり、しかもそれを見ることができるのは高い身分の人々だけに限られている。ト・オの力は強力で、許された者以外の人間がそれを目にしたならば必ず死に至る（ibid.: 66-7; Gell 1998: 111）。儀式のあとト・オの表面はふたたび完全に密封される。しかし、糸の組織は、織り上げられた網目模様のうちにはっきりその跡をとどめている（図2―12）。つまりその織地《テクスチャー》は、表面とはただ神の力を受けとめる受動的な容器なのではなく神の力を能動的に結び合わせるものであることを物語っている。

結ぶ行為 *knotting* から織る行為 *weaving* へ

目を転じてみると、織り手は一本の連続する紡ぎ糸で仕事を始めるのではないことに気づく。縦糸という長く平行して張られた一組の糸があり、その上下を交互に横糸という別の糸が横切っていく。横糸がすべて単色の場合、織り上げられた布は完全に同質な表面となる。しかしさまざまな色の横糸を使うと、自由な幅の横縞模様を簡単につくりだすことができる。遠くから見ると、それらは素材を横切って描かれたラインのようである。こうして、織る行為を通じて織地が出来上がるにつれて、色のついた横糸は次第に表面上の軌跡に見えるようになる。斜線や縦線のつくり方はもう少し複雑である。グラディス・レイチャードによるナヴァホ族の毛布の織り方についての古典的ともいえる解説によれば、基本となる色の横糸を各列あるいは一列おきに縦糸一列分だけ前進させながら反対側から進めてきた別の色の横糸を後退させる手順によって、水平方向から四〇度ないし五二・五度の傾斜をもつ斜線が織り出される（Reichard 1936: 89-94）（図2－13）。つまりロックと呼ばれる二色の横糸が出会う地点が、列を追うごとに規則的な間隔でずれていくわけだ。縦縞をつくるためには両側から進んでくる二色の横糸が同じ縦糸の位置で折り返されればよく、それによってロックの水平方向の位置が一定に保たれる。

図2-12　結び目で包まれたタヒチのト・オ［ケンブリッジ大学考古学・人類学博物館所蔵、E 1907.342 (Z 6067)］。

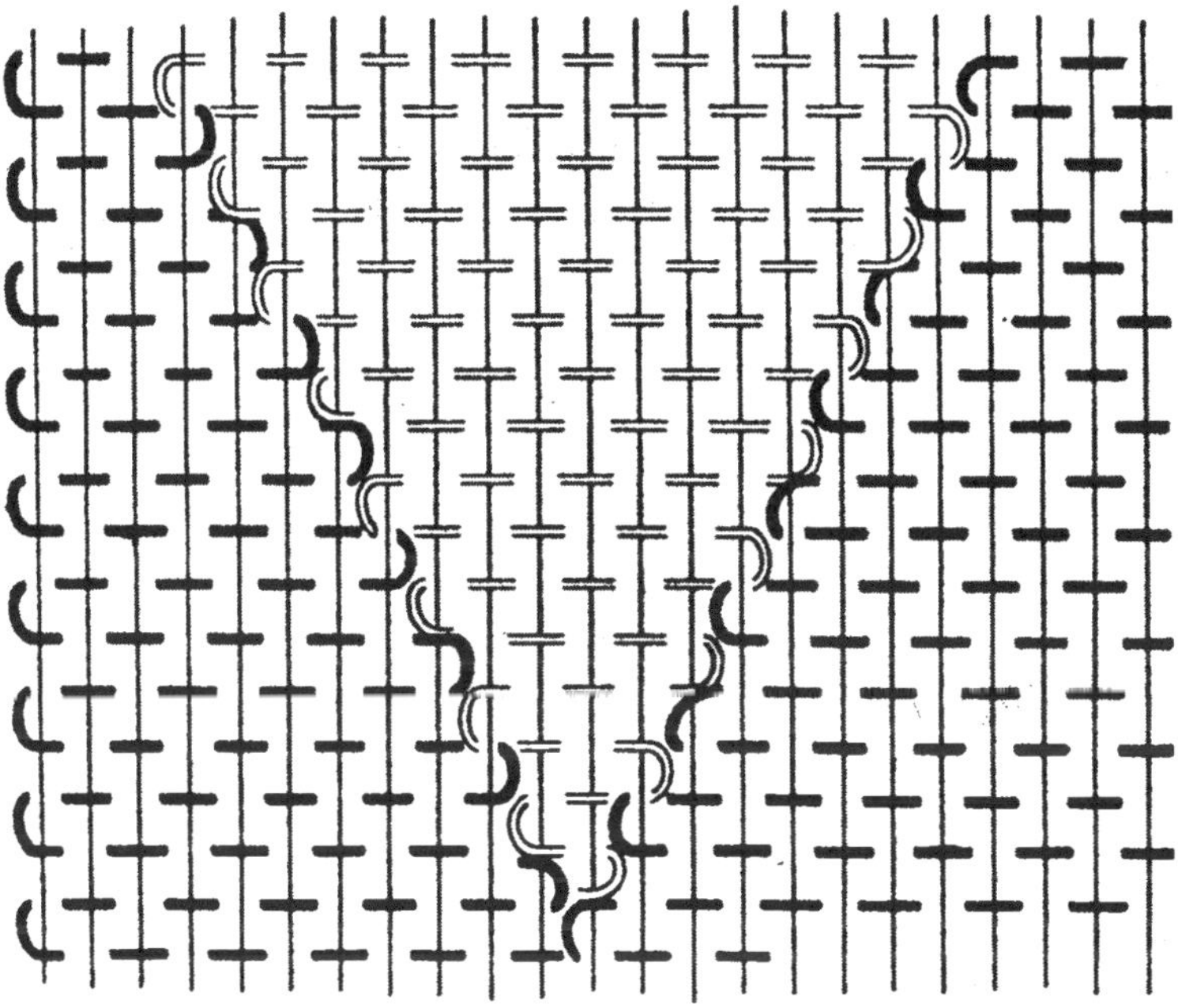

図2-13　2色を使ったナヴァホ族の毛布の三角形の辺の形成。最初の糸（黒）を列ごとに縦糸1本分ずつ前進させるのに応じて2番目の糸（白）を同じ分だけ後退させる。その結果40度の傾斜をもつ滑らかなラインが生み出される［Richard (1936: 90)］。

ナヴァホ族の毛布についてもっとも驚嘆すべきことは、その表面の彩色デザインが極めて線的であるのに、それらのライン自体はまったく糸ではないという点である。それらはまた軌跡でもない。私たちが毛布のなかにラインを探すとき、そこに見出すものはただ差異だけ――つまり糸の色のヴァリエーション、およびそれぞれの横糸のロックの位置の列ごとの移動だけなのだ。毛布のラインとは素材であるさまざまな糸の構成物ではなく、さまざまな糸のあいだに規定された差異のシステムであると言ってみてもよいだろう。全体として眺められるとき、それらの差異は実際に存在するもの、つまり、統一性のある表面上にあらわれた連続するラインとして知覚される。ラインを軌跡として認識させるものはその知覚である。とはいえ、表面が糸からつくられるとき、その織り合わされた表面上に形成されるラインは、すでに存在する表面上に引かれるラインとは現実にはまったく異なっている。その違いは、毛布を、ナヴァホ族によるもうひとつの重要な芸術的行為である砂絵に比較してみるとはっきりするかもしれない。砂絵は、着色した砂の細い流れを、最初にひとつの色、次に別の色、という具合に垂らすことによってつくられるものであり、あらかじめ整えられた滑らかな床の自然な土の色をした砂のうえに線的なデザインを形成する。砂は人差し指と中指を使って撒かれ、親指でその流れがコントロールされる。この場合、ラインは明らかに付加的な軌跡であり、ラインを制作する運動と身体動作そのもののあらわれである。ナヴァホの織り手のなかには、観光客向けに「真正なるナヴァホ」デザインを生み出そうという気持ちにせきたてられて、毛布に砂絵のデザインを転写しようとした人たちがいる。しかしその試みは、レイチャードが語るように、概して不十分な結果に終わっている。それは正確な色合いを出すことが不可能だからというだけではなく、織る技術が砂絵のデザインを表現するのに不向きだからである。そのデザインはあまりにも複雑すぎるのだ（Reichard 1936: 156）。

つまり、あらかじめ存在する表面の上に引かれるラインは――砂絵の場合のように――運動の軌跡であるのに対して、糸から織られていく表面上のラインは――毛布の場合のように――ひとつの方向に有機的に成長していくが、それはその方向を横断するもうひとつの往復運動の積み重ねがもたらすものである。この区別は、今度は、**織る行為**と**記述**の関係を理解する鍵を与えてくれる。先に指摘したように、「テクスト」と「織物《テクスタイル》」の共通の語源が「織る」を意味する〈テクセーレ〉であるという事実は、この関係の重要性を物語っている。一般的に表面に軌跡を刻印するものである記述が糸を操作する織物をモデルとしたのはなぜなのか？　織る手が用いる糸はどのようにして書く手が記す軌跡になったのか？　五世紀に生きた中国の哲学者劉勰《りゅうきょう》は「鳥がつける印が結ばれた紐に取って代わったとき、はじめて記述が現れた」[2]という魅力的だが謎めいた一節において、この問いをまさに記述の誕生に位置づけた。彼はまさに、糸や紐の結び目やループによる表記法から、鳥や動物の足跡のような刻印的軌跡による表記法への転換について考えていたのだ。

結び目のある綱から錦織の文字へ

表記法のすべてが軌跡から成り立っているわけではない。たとえばパプアニューギニア、セピック川中流域のカンディンゲイの民にあっては、集団のなかでもっとも重要な地位にある男性は、結び目のある綱をもっている——長さ約六〜八メートル、太さ三センチの綱である。その綱は民の始祖たちがワニの道を辿ってひとつの場所から別の場所へ渡った最初の移住を象徴するものであるといわれている（図2—14）。ビンロウジの乾燥した皮が織り込まれた綱の大きな結び目は主要な場所を示し、その手前にあるいくつかの小さな結び目はその主要な場所に住むトーテムの秘密の名前を表わしている。重要な儀式において、その綱の持ち主はそれを指のあいだに挟んでまるでロザリオのように扱い、ひとつひとつの場所とその場所に縁のあるトーテムを「歌う」。つまり指のあいだに綱を滑らせる動きは、ひとつの居住地から次の居住地へと旅した民の始祖の移動をあらわしている。また埋葬の儀式においては、綱の動きは死者の土地へ旅する幽霊の移動をあらわす。幽霊は草の島に生まれるが、その島は冥土への途中さまざまな場所をさ迷う（Wassmann 1991:51-60, 70-1, 103-5, 114、近隣のイアトムル族については Silverman 1998: 429 も参照）。

まったく糸だけで成り立っている表記装置のもっとも有名な例は、言うまでもなくインカの〈キープ〉である。〈キープ〉は撚り合わさった一本の綱に二番目の複数の綱が結ばれたものである（図2—15）。さら

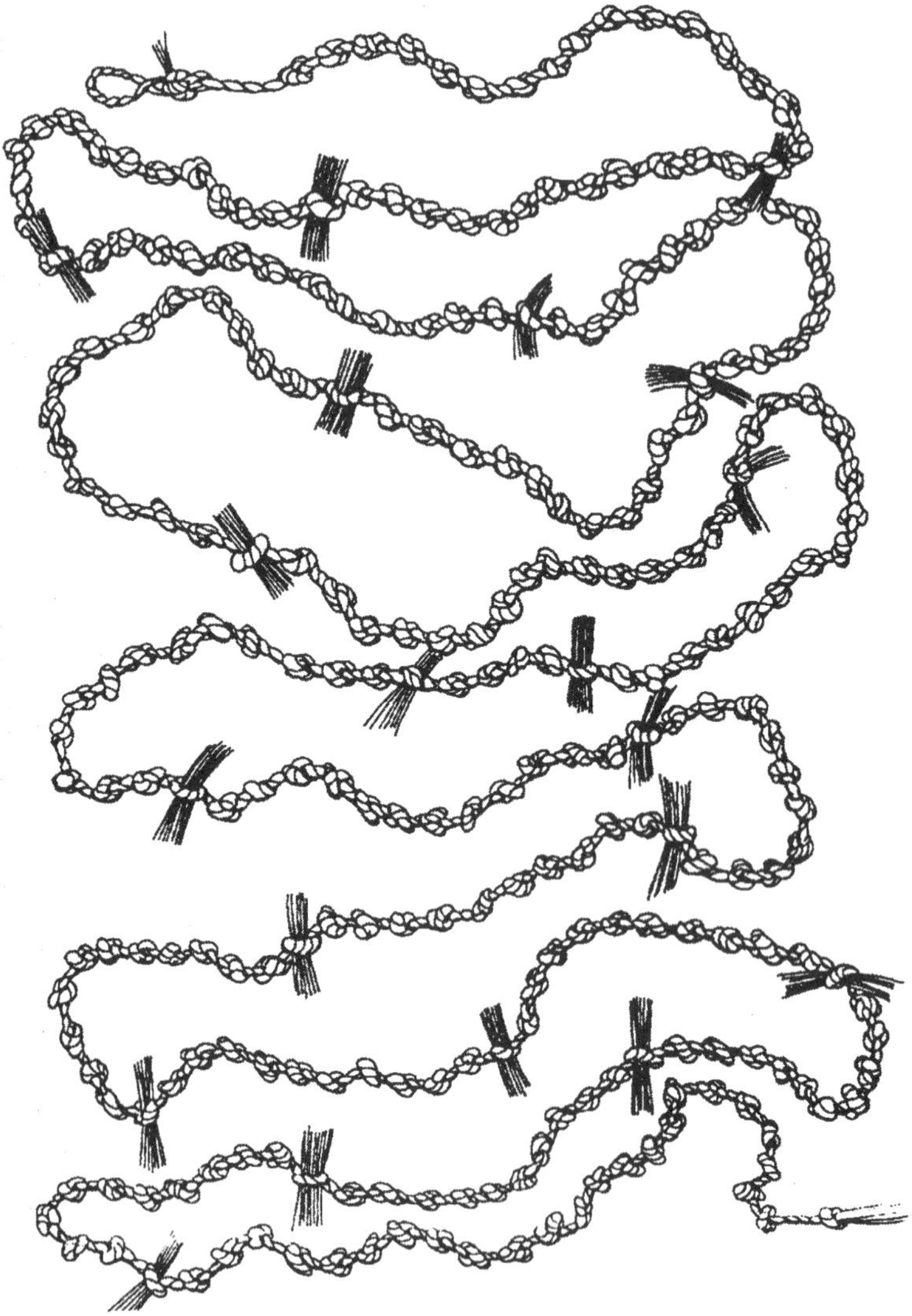

図2-14　パプアニューギニア、セピック川中流域カンディンゲイにおけるパリンガゥイの結び目のある綱［Wassmann (1991: 71)］。

図2-15　〈キープカマヨ〉すなわち「キープの所有者」。17世紀初頭、フェリペ・ワマン・ポマ・デ・アラヤによる描画。人物は〈キープ〉を手にしており、左下の隅には〈タプタナ〉という石の計算道具が描かれている［Guaman Poma de Ayala (1987: 365)］。

に三番目の綱が二番目の綱に結ばれ、四番目が三番目に、五番目が四番目に、という具合に続くこともある。それが記憶を呼び起こすためのものか、情報を記録するためのものか、そして――もし後者だとしたら――その情報は単に数字なのか、あるいは言語情報を含んでいたのか、〈キープ〉の機能について研究者たちはいまだ議論のただなかにある（Quilter and Urton 2002）。しかし、結び目のかたちや綱のなかの位置、綱の撚り合わせ方、使われる色の組み合わせなど、その構造のほぼすべての部分に何らかの意味があることはどうやら間違いない。下げ飾りをもつ吊るされたラインの組み合わせのような〈キープ〉は、首飾りやヘアバンド、あるいは大きな吊り橋といったインカのさまざまな他の布製品と同じ原理に基づいて構成されている。ただし織物制作はインカの民のあいだで高度な発展を遂げたとはいえ、〈キープ〉は織られていないので織物とは呼べない。それは素材である綱の表面以外の表面をもたない。

記述が実際に織物のなかに織り込まれる例をもとめてアンデスからメソアメリカ、グアテマラのマヤ諸民族へと目を移してみよう。人間創造の年代記であり、神々の活動、キチェの民の起源と歴史、彼らの王の系譜について十六世紀に書かれた（スペイン語の文字表記を借りた土着のキチェ語で書かれた）『ポポル・ヴフ』には猿の神[*8]がでてくるが、その神は「笛吹き、歌手、作家であり、また彫刻師、宝石職人、金属細工師である」（Tedlock and Tedlock 1985: 123）。この一節で作家は ajz'ib と呼ばれているが、それは書かれた文字を意味する tz'ib に由来する。しかしバーバラ・テッドロックとデニス・テッドロックの権威ある著作によれば、tz'ib はまた「線描されたものであれ、絵具で描かれたものであれ、彫られたものであれ、刺繍されたものであれ、織られたものであれ、かたち、デザイン、図形一般を指すこともあった」（ibid.: 124）。近年マヤのキチェ族によって織られたスカーフには、錦織の動物をかたどった形象が見られ、そこに織り手個人を示すデザインが添えられている。それらはすべて tz'ib である（ただし織物を縦に走る色の帯はこの限りではない）。

図2-16　マヤのキチェ族によって織られたスカーフ。バーバラ・テッドロックとデニス・テッドロック撮影。

図2－16はその一例である。このスカーフにはアルファベットの大文字で刺繍された所有者の名前も記されている。文字とデザインの共存は私たちにとっては不調和とも思われるが、現代のキチェ族にとってそんなことは気にならない。文字もデザインもtz'ibの実例だからである。しかし注意深くみれば、刺繍された文字は織る作業が完了したあと付加されるのに対して、錦織のデザインは織る過程のさなかに、追加される横糸を用いて組み込まれる。このように、スカーフの表面上の軌跡であるように見えるtz'ibは、実のところ――表面自体と一体となって――糸を用いてその移動を積み重ねながら出来上がったものである。錦織の技法において、織ることと書くことはまったく同一なのである。

——テクストを織る

最後に、西洋の伝統のなかで私たちに伝えられてきたいくつかのテクストに注意を向けてみよう。織られたタペストリーとしてのテクストという考え方は、印刷された文字や言葉を見ることに慣れた現代の読者には奇妙に思われるかもしれない。次章で述べるが、現代の読者はその比喩をもっと緩い意味で捉え、ページ上に記述される現実の行《ライン》というよりもテクストが語る物語《ナラティヴ》を「織ること」だと考えがちである。しかし、エジプト産のパピルスとインクを含ませた葦ペンという筆記具が伝わり、古代ギリシャ・ローマ人が初めて筆記体の文字を使い始めたとき、行を織るという考え方は彼らにとってまったく当然のことに思われただろう。それまで文字は、短く一つずつ独立した筆致で硬い表面を引っかいたりそこに刻みこんだりされるしかなかった（古英語の writan がとりわけこうした刻み込みを指していたことを思い出そう）。だがペンやパピルスを用いると、連続的なラインを生み出すことが可能になる。さらに紀元四、五世紀になると、より耐久性があり表面の滑らかな羊皮紙やベラムが導入され、今や羽ペンで生み出されるそのラインは一層自由に動き回ることができるようになった。図2－17は九世紀の記述物の一例、フランク国王シャルル肥満王の父のために、公証人ワルトーなる人物が書いた勅許状の一部である。

その例を一瞥すれば、誰もが記述と織物との強烈な類似性を認めるだろう。織り手の杼《ひ》が横糸を通すときに往復の動きをするのとまったく同様に、書き手のペンは上下しながらその後にインクの道を残す。しかしタペストリーを構成する糸のラインがタペストリーのラインと同じものではないように、このインクの道、文字の線《レター・ライン》はテクストの行《ライン》と同じものではない。織り上げられたタペストリーの場合と同様に、私たちはテクストの行を探しても見つけることはできない。それは目に見える軌跡としても、糸としても存在しない。その代わりに文字の線が一定の「帯域幅」を上下に振幅しながら（その線はたくさんの末端をともな

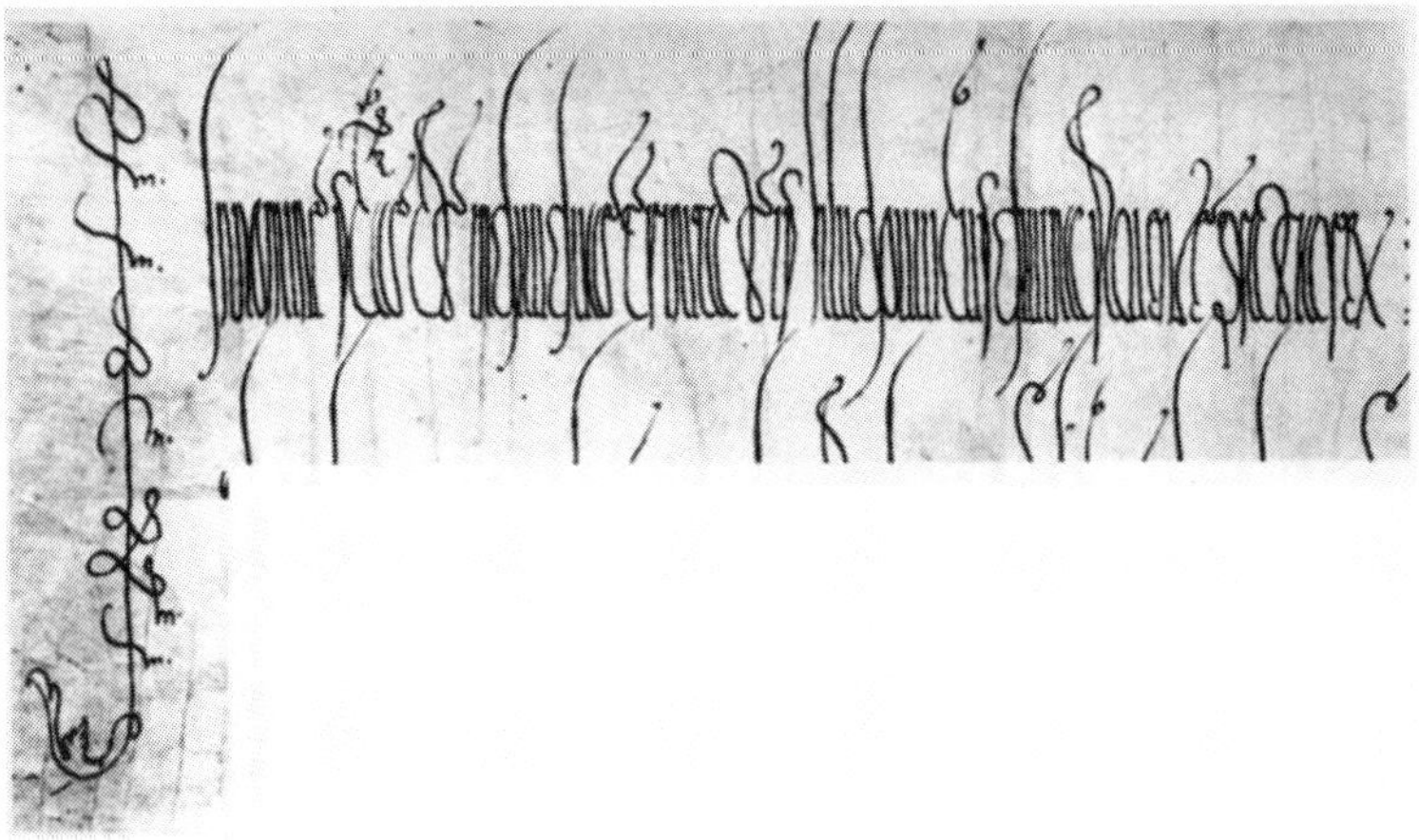

図2-17　9世紀の勅許状の文字［Gray (1971: 19)］。

っているが）縦方向に進行する移動を通じて、テクストの行は姿をあらわす。それは、横糸が決められた縦糸の間を水平に往復しながら縦方向へ移動することによって、縞模様が織り出されるのとまったく同様である。「テクストゥーラ」として知られる十五世紀のゴシック手写本書体には、この類似が実にはっきりと示されている。その書体は、書かれたページが織られた毛布の性質と似ているが故にそのように呼ばれた。文字の線が織り手の紡ぎ糸に比喩的源泉をもっていたように、文字がその間に整列される手書きのまっすぐな罫線の原型は──第六章で示すつもりだが──機織機にぴんと張られた縦糸にあった。もともとその罫線は前もって引かれていて、かすかに見えるか見えないか──縦糸と同様に──といったものだった。グーテンベルグがテクストゥーラを最初の印刷用活字として採用したとき、そのラインは完全に消失した。縦糸と横糸の織り合わせとして始まったものは、あらかじめ準備された表面上にあらかじめ作られあらかじめ整列された字母を印刷するようになったとき、終焉を迎えた（図2－18）。その時点から、テクストはもはや織られるものではなく、ばらばらの文字

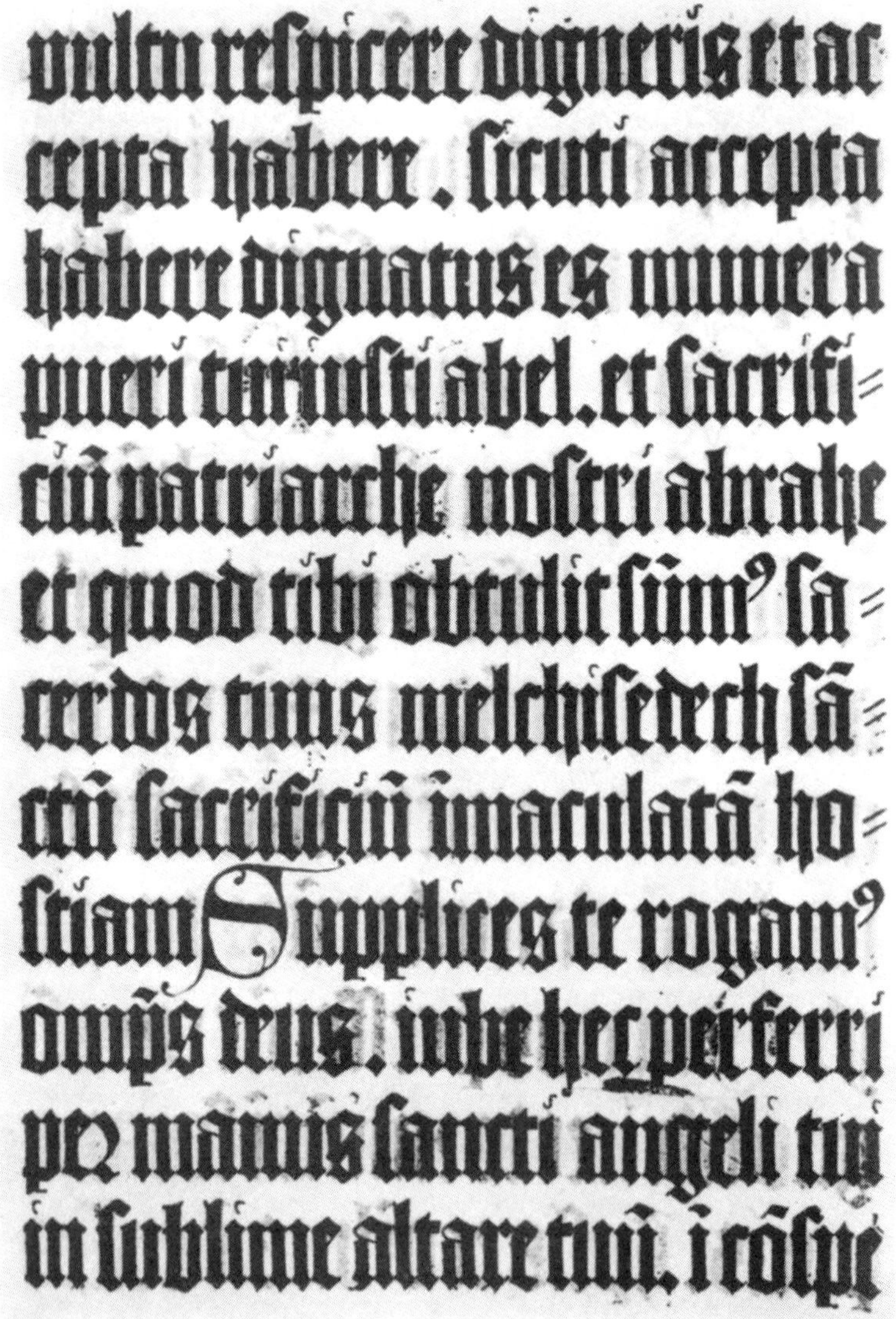

vultu respicere digneris et ac
cepta habere. sicuti accepta
habere dignatus es munera
pueri tui iusti abel. et sacrifi
ciū patriarche nostri abrahe
et quod tibi obtulit sūm⁹ sa
cerdos tuus melchisedech sā
ctū sacrificiū imaculatā ho
stiam. Supplices te rogam⁹
omīps deus. iube hec perferri
per manus sancti angeli tui
in sublime altare tuū. ī cōspe

図2-18　1481年、ヨーハン・ゼンゼンシュミットによるテクストゥーラの活字［Kapr (1983: 80)］。

要素をつなぎ合わせて組み立てられるものとなった。その変質は完全なものだった。次章で私たちはそれがどんな結果をもたらしたかを探索することにしよう。

原注

［1］最近の論文で、民族学者クリス・ヘルツフェルドとドミニク・レステル（Chris Herzfeld and Dominique Lestel, 2005）は、人類に一番近い霊長類である大型類人猿は、道具使用者というよりむしろ繊維使用者であることを指摘している。彼らは手足や口を用いて結び目さえ作ることができることが知られている。しかしながら「結び目を作る霊長類は常に人間と非常に密接に暮らしている」（ibid.: 647）。

［2］私はまずフロリアン・クールマス（Florian Coulmas, 2003: 4）による最近のテクストのなかに劉勰の意見を見つけた。そこでは次のような表現になっている。「鳥の軌跡を描く行為が紐を編む行為に取って代わるとき、記述が生まれた」。しかし、彼が参照している元の翻訳（Liu Hsieh 1983: 17）の言葉遣いを採用するほうがより慎重だろう。［訳注］劉勰（四六五頃－五二二）は中国南朝梁の文学評論家で、全十巻にわたる文学理論書『文心雕龍』を著わした。『大辞泉』（小学館）による。

訳注

＊1　『絵画論』（三輪福松訳、中央公論美術出版、一九七一年）一〇頁。引用に際して若干の変更を加えた。

＊2　アメリカ合衆国のニュー・メキシコ州在住の詩人。サンタフェ大学でクリエイティヴ・ライティングを教える。「ライン」は詩集 *Vellum*（2007）に収められている。

＊3　『物質と記憶』（岡部聰夫訳、駿河台出版社、一九九五年）五〇頁。

＊4　『点と線から面へ』（宮島久雄訳、中央公論美術出版、一九九五年）五五頁。

＊5　『トラッカー、インディアンの聖なるサバイバル術』（斉藤宗美訳、徳間書店、二〇〇一年）一七頁。

＊6　『点と線から面へ』九五頁。

＊7　アメリカ合衆国の思想家、デザイナー、建築家、発明家フラー（一八九五―一九八三）が考案したドーム状建築物。正三角形の構造部材を球状に組み合わせる。一九六七年モントリオール万国博覧会のアメリカ館はその一例。

＊8　神々の抗争において異母兄弟に打ち負かされたフンバッツ、フンチョウエンという二人の神は猿の姿にされてしまう。『マヤ神話　ポポル・ヴフ』（A・レノーシス原訳、林屋栄吉訳、中公文庫、二〇〇一年）七八―七九頁。

第三章　上に向かう・横断する・沿って進む

軌跡と連結器

人間、自由の身でさえあれば――伍長はそう叫ぶと、手の指揮杖をこんな具合にふり立てました[*1]

――

ロレンス・スターンが一七六二年に著した物語『紳士トリストラム・シャンディの生涯と意見』に示されている、伍長が空中に描くラインとは次のようなものだ。

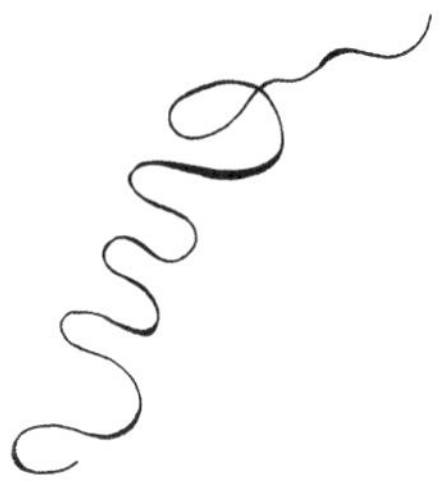

他のあらゆる身体動作《ジェスチャー》と同様に、伍長が振り回した杖はある種の持続を表現している。したがってその振り回しが生み出すラインは本質的に力動的で時間がかかわっている。ペンを手にしたスターンがページの上にその振り回しを再現したことで、彼の身ぶり《ジェスチャー》は私たちが今なお読み取れる恒久的な軌跡となった(Sterne 1978: 743)。画家パウル・クレーは、この種のラインがもっとも活動的な真正のラインであると述べた。空中であれ紙上であれ、指揮杖の先によるものであれペンによるものであれ、そのラインはひとつの点の運動から生み出されたものであり、その点は——まさに伍長が考えるとおり——運動が向かおうとするどんな方向にも自由に動いていくことができる。クレーが印象深く指摘したように、自分のペースで自由に進行するラインは「散歩にでかける」(1961: 105)。そしてそれを読み取るとき、眼は、そのラインを引くときに手が辿った道と同じ道を追う。

だがもうひとつのラインは先を急いでいる。それはひとつの場所からもうひとつの場所へ、さらに別の場所へと到着したいのだが、そうするだけの時間が足りない。このラインの外観は「散歩というより会合の約束の連鎖のよう」だ、とクレーは言う。それは点から点へと連続的にできるだけ素早く進むものであり、原理的には瞬間的な移動である。というのは、連続する個々の行先は出発する前からすでに固定されており、ラインのそれぞれの線分はそれが連結する点によってあらかじめ決定されているからだ。歩行する活動的なラインは力動的であるが、一連の隣接する点を連結するラインは、クレーによれば「静態的なるものの典型」である(ibid.: 109)。もし前者が明瞭な始点と終点のない旅へ私たちを連れ出すとしたら、後者は路線地図のように一目で全体が把握できる相互に連結された行先の一覧表を提示する。

指揮杖を振り回す伍長の身ぶりを辿り直すとき、スターンは明らかに彼の示すラインを歩行と見なしていた。ここでひとつ単純な実験をやってみよう。このラインを取り上げてそれを大体同じ長さの短い線分に切り分ける。そして、すべての線分は糸のように巻きとられ、もとの線分の真ん中あたりの場所にそれぞれ収納されると想像してみよう。その結果は下に示すような散乱した点の群れとなるだろう。

私は実際に手で一つひとつの点を描いてみた。そのために私はまず鉛筆の先を紙上のあらかじめ決められた点に接触させ、次に点を形成するためにその地点で鉛筆を上下に動かさなければならなかった。すべてのエネルギーと運動がそこに集中した——それはまるで穴をあけるようなものだった。だが点と点のあいだの空間には運動の軌跡がまったく残らない。それらの点はもとの［指揮杖をふりまわす］身ぶりの道筋に位置しているのだが、その身ぶりの軌跡によって結びついていない。なぜならその軌跡を引き起こした運動が残したものは、点のなかに巻きとられてしまったからである。それぞれの点は孤立し切り詰められた瞬間であり、それらに先行する点やそれらに後続する点との関係を断たれている。ひとつの点を確定し次の点に移るためには、確かに私は鉛筆を持ち上げて、手を少し移動させてから鉛筆の先を紙に下ろさなければならなかった。しかしその横断的運動は、私たちが見たように、ひたすら点を描き続けるような刻印の過程とは無関係である。望むならば私はその作業を完全に中断して鉛筆を置き、しばらくしてから再開することだってできただろう。

それでは、この点の散らばりのなかで、ラインはどこにあるのだろう？　それは固定された点どうしを連結する鎖としてのみ存在する。伍長の指揮杖が示したもとの軌道を回復させるためには、それらの点をつなぐ必要がある。こんなふうに。

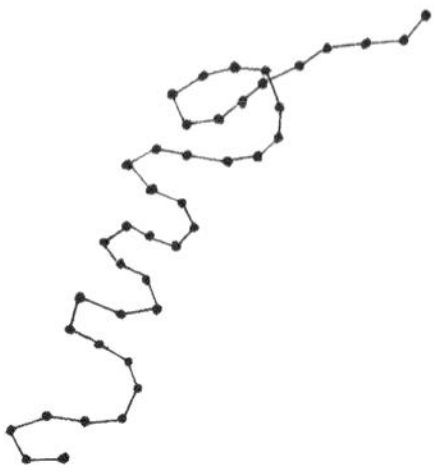

その連結線は決められた順序でつなぎ合わされる必要があるが、最終的に出来上がる図柄は――子供の点結びパズルとまったく同じように――はじめから仮想の対象として与えられている。その図柄を完成することはラインを散歩させることではなく、構成や組み立ての作業である。すべての線分はジョイント部品として機能しており、その作業はより高次のレベルにある全体に向けて図柄の要素を結合する。いったん構成し終ると、そのラインはもうどこにも行くところがない。私たちが目にするものはもはや**身ぶりの軌跡** *trace of a gesture* ではなく、**点と点をつなぐ連結器** *point-to-point connectors* の組み立てである。出来上がった構図は完成された対象、人工物としてそこに在る。それを構成するラインはモノを結合させるが、ライン自体は成長も発展もしない。

歩行 *walk* と**組み立て** *assembly* の区別は、本章の議論の鍵である。歴史のなかで、ラインを生み出した運動が次第にラインから奪われていく経緯を示すことが私の目的である。かつて連続した身ぶりの軌跡だったラインは——近代化の猛威によって——ずたずたに切断され、地点ないし点の継起となった。この断片化についてこれから説明するつもりだが、それは要するに次のような関連しあう領域で生じた。まず旅行において、目的地を目指す輸送が徒歩旅行にとって代わった。次に地図づくりにおいて、路線図が手書きのスケッチにとって代わった。そしてテクスト構造において、あらかじめ作られた筋書きが物語行為《ストーリーテリング》にとって代わった。断片化はまた場所についての私たちの理解をも変質させた。すなわち、かつて運動と成長が多様に織り合わされた撚り糸でできた結び目であった場所は、今や連結器による静的なネットワークの結節点になった。現代の大都市社会に住む人々は、さまざまに連結された要素が組み立てられて出来ている環境に自分たちがいることをはっきりと自覚している。しかし実のところ人々はそうした環境のなかでも自らの道を縫うように歩み続け《スレッド》、歩みながら小道を辿る《トレース》のだ。人々がどうやって自らが留まる環境をただ占拠するのではなくそこに住みつくようになるのかを理解するためには、組み立てというパラダイムから歩行というパラダイムの分析へ戻ってみる必要がある。

踏み跡と路線

カナダ人作家ルディ・ウィーブは北極について精緻に考察した『死んだふり』(1989)のなかで、凍った陸海の移動と旅についてのイヌイットの考え方を、東洋へ向けて困難な北西航路を探索した英国海軍の考え方と比較している。イヌイットにとって、人は動くやいなや線になる。動物を狩りに行くとき、また道に迷ったかもしれぬ人間を探そうとするときには、まず空間の広がりのなかに自分の通過形跡となる一本の線をしるし、それから追跡目標へと導く可能性のある別の線のしるしを探す。こうしてイヌイットの土地全体は途切れない表面ではなく、織り合わされるラインの網の目《メッシュ》として知覚される。[1] 一方で「通過形跡のない流動する海洋に慣れている」イギリス人は、「領域という観点によって移動した」(Wiebe 1989: 16)。海軍司令官は、出航前に航海に必要な物資を詰め込まれた船を、航路途中にある経緯度点の連続によって決められたコースを通って海を渡り、意図された目的地へ乗組員を運ぶ移動容器であると考えていた。手短に言えば、イヌイットは旅の道に**沿って** ***along*** 世界のなかを通って移動したのに対して、イギリス人は地球の表面とみなしたものを**横断して** ***across*** 航海した。横断する、沿って進む、という運動はどちらもラインによって示されるが、それらの性質は根本的に異なっている。何かに沿って進んでゆくラインは、クレーの言葉によれば、散歩に出かけるものである。それに対して、何かを横断して行くラインは連結器であり、二次元空間に配置された一連の点を結ぶものである。この違いを**徒歩旅行** ***wayfaring*** と**輸送** ***transport*** という移動のふたつの様相から捉えてみよう。

徒歩旅行は絶えず動いている状態にある。いわば、旅行者は動きそのものである。先に示したイヌイットの例のように、徒歩旅行者は、世界のなかで旅する一本のラインとなる。クラウディオ・アポルタはイグルーリックの村落で民族学のフィールドワークを行った際に、現地のイヌイットの住民にとって「旅は……ひとつの場所から別の場所へ移動する行為ではなく、生きるための方法である。……ある特定の場所から、あるいはある特定の場所への旅という行為は、旅行者が誰なのかを定義する役割を果している」と報告している(Aporta 2004. 13)。この場合、旅行者と旅行者がしるすラインとはまったく同一である。それは、成長や発達や自己刷新といった進行中の過程を突き進むにつれて、その先端から延びてゆくラインである。この考え方を補強するために、世界の反対側からもうひとつの例を挙げてみよう。タック・ポ・ライによれば、マレーシアのパハン州に住むバテク族の女性は、食糧として採集される野生の塊茎の根は人間や動物のように「歩く」のだと言う(Lye 1997: 159)。もしこの考え方が奇妙に思われるとすれば、それは私たちには、歩行者とは自らの身体を使う旅客であり、自分の足でひとつの場所から別の場所へと移るものであるかのように考え、歩行という行為を場所移動の技術に還元してしまう傾向があるからである。だがバテク族にとって、歩行とは人がどんどん進みながら道を残すという事態である。そしてこのことはまさに根茎の根が行うことと同じなのである。根は成長するラインに沿ってどんどん伸びていき、土のなかで自らの道を糸のように伸ばす。徒歩旅行者がしるす**踏み跡** ***trail***《トレイリング》と、曲がりくねる根は同じ種類の現象である。両者は「散歩に出かけるライン」こそがラインであるというクレーの格言の具体例だ。

しかし徒歩旅行者は、歩を進めながら、道に沿って開けてくる土地と積極的にかかわることによって知覚的にも物質的にも自らを維持していかなければならない。ライが観察するように、「踏み跡を歩きながらバテク族の人々はそれを注意深く監視していて」、摘みとるべき有用な植物がないか、動物の臭跡や足跡がないか気をつけている(Lye 2004: 64)。ジェームス・ウェイナーによれば、パプアニューギニアのフォイ族のあいだでも同様に、徒歩で旅することは「単にひとつの場所からもうひとつの場所に到着することではない」。果実をつけた木々、上等なラタン、食べられる幼虫にいつも注意しながら、フォイ族は彼らの小道をこしらえるのであり、小道を「活動が刻み込まれたルート」に変えるのである(Weiner 1991: 38)。外部の人間にとって、それらの小道は、よく踏まれたものでない限り見分けることが難しいだろう。密生した熱帯雨林のなかでは、道をゆく人が茂みをかきわけた背後にたちまち茂みが覆いかぶさりその人の姿を消してしまう。北極圏の広大なツンドラや海氷の上では、軌跡は即座に降雪や吹雪によって埋められるだろう。氷が溶けてイヌイットがカヤックや捕鯨ボートに乗り移るとき、彼らが残した道は直ちに水のなかに消えていく。だがそうした陸上や水上の軌跡がどんなに幽かで儚いものであろうと、それらの道は、それらを辿る人々の記憶のなかに刻みつけられている(Aporta 2004: 15)。アポルタが観察するように、イヌイットにとって「人生は旅を通して生じる。〔そのあいだに〕他の旅人と出会い、子供が生まれ、狩りや釣りやその他の生きるための営みが行われる」(ibid.: 13)。

海上旅行者でさえ、見えないラインに沿って進む。絶えず風向きや天候、波のうねりや潮流、鳥の飛翔やその他の多くの兆候に気を配りながら、経験を積んだ船乗りは、海図や計器に頼ることなく船をもっとも水深の深いところに導くことができる。サミュエル・ジョンソンは「ライン」という単語の十七のうちの三番目の意味(「あらゆる活動を導く張り渡された糸」)を、ジョン・ドライデンの歴史詩「驚異の年」(一六六六)の一節とともに示した。詩人はそこに、イギリス艦隊とオランダ艦隊の迫真の戦闘描写を中断し、海運と航海術の歴史を差し挟んでいる。

潮の干満現象がひめた神秘も
やがて学術的に解明されるだろう。
大洋に引かれた緯度《ライン》によって、
陸上と同じ路が船舶にわかるだろう。[2]

(Dryden 1958: 81)

ドライデンがここで祝福するのは、祖先のように陸地に執着するのではなく、広大な海に活路を見出そうとするイギリスの海上旅行者の比類なき力量である。

しかし、徒歩旅行と海上旅行とのあいだにこうしたある程度の類似性が認められるとは言っても、海上旅行が生きる道である船乗りの経験と、本国の港と海外領土とを結びつけて貿易と入植地と帝国を地球規模に拡大しようとする海軍司令官の視点とのあいだには、世界の違いがある。その根本的な違いとは、海上旅行のラインと海運業のラインとの違い、海での生活と海を横断する航路との違いである。帝国の野望に駆られて、英国海軍は船団を地理座標系のなかに位置づけられた目的地へ迅速に派遣しようとした。そこでは伝統的な海上旅行の技能は疎んじられ、点から点へ航海するための計器による計測が採用される。司令官にとって、船は海上旅行の器官《オルガン》ではなく、輸送の容器であった。

徒歩旅行や海上旅行と違って、輸送は目的地指向である。それは生活の道に沿って成長することではなく、ある位置から別の位置へ横断して人や物資をその基本的性質が変化することのないように運搬することである。もちろん徒歩旅行者であっても、船乗りが港から港へ渡るように場所から場所へ渡る。休息のためどこかに定期的に留まらなければならず、そのため何度も同じ居留地や停泊所に戻ることさえある。しかしそうした停留は緊張の一瞬——息を止めるように——であって、それが長引けば長引くほど、より緊張が増し次第に耐えがたいものとなっていく。実際、徒歩旅行者や海上旅行者は最終目的地を持たない。というのも、どこに行こうとも、人生が続く限り、彼にはさらに次なる場所が待っているからである。それとは対照的に、輸送される旅行者と彼の荷物にとって、すべての目的地はみな終着点であって、すべての港は、海を渡るあいだ一時的に追放されていた世界に再登録する地点である。この地点は緊張ではなく成就の瞬間をしるす。こうした対照を明らかにする例をもうひとつ挙げてみよう。そこにはふたつの旅の様相が微妙なバランスをとって隣接する様子が示されている。

ロシア極東、サハリン中央部から北部にかけて住むオロチョン族は野生のトナカイ狩りによって生計を立てている。ところが彼らは飼い慣らした同じトナカイの背に鞍をつけ、それに跨って狩に出かけ、仕留めた獲物をトナカイに引かせた橇に乗せて戻ってくる。鞍に跨った乗り手のとる小道は、文化人類学者へオニック・クォンによれば、「腸のように曲がりくねり、いたるところで鋭角に折れ曲がり迂回している」。

狩人たちは前進しながら、道筋に沿って広がる風景と辺りに住む動物たちに絶えず注意を払う。あちこちで獲物が仕留められる。仕留められた動物はその場に置き去りにされ、後で、道が蛇行しながら最後にキャンプ地に戻るまでのあいだに回収される。しかし狩人は獲物を回収すると、その屠殺体が換金される場所へとまっすぐ橇を走らせる。その橇道は「ほぼ一直線であり、キャンプと目的地の最短距離を結んでいる」とクォンは報告している（Kwon 1998: 118）。橇道は鞍に乗って行く道からははっきり区別されるだけではなく、その二つの道はそれぞれキャンプの反対側から出発し、決して交わることがない。生が営まれるのは鞍に乗って行く道に沿ってである。始点も終点ももたず、果てしなく続くその道は地上旅行者のラインである。それに対して、橇道は輸送ラインである。それは始点と終点をもち、両者を結びつける。橇の上で、動物の死体は、それが殺された場所からそれが流通し消費される場所へ運搬される。やがて狩人が死ぬとき、その橇はまた、森のなかで彼が最後に辿り着く埋葬場所へその身体を運搬するだろう。

　この例が示すように、徒歩旅行から輸送への変化は、単に人間の身体を超える動力源を利用することによるものではない。オロチョン族の狩人はトナカイに跨っても徒歩旅行者であるし、ヨーロッパの船乗りは帆を揚げても海上旅行者である。前者は動物の力に頼り、後者は風力に頼るが、ともに道に沿ってあらわれる環境を知覚によって監視し、旅行者の動き――方向と速度――は、絶えずそれに反応する。彼は前進しながら凝視し、耳を澄ませ、肌で感じ、彼の全身は、その振る舞いを周囲に合わせよと促し続ける無数のわずかな合図にも敏感になる。今日の徒歩旅行者は、オートバイ、四輪バギー、スノーモービルといった機械の力を借りることもあるだろう、家畜を持つサーミ人がトナカイを追い込むときそうするように。オーストラリア西部の砂漠では、アボリジニは自動車を徒歩旅行の器官に変えてしまった。ダイアナ・ヤングが説明するように、ブッシュのなかで彷徨する自動車は身体の動きのように操られる。運転手は岩や切り株やウサギの穴のまわりを巧みに通り抜け、徒歩で旅する人々の足跡と同じように理解され解読される轍を残す。すなわち「車の通過が土地につけるしるしは運転手の身体動作だと考えられる」(Young 2001: 45)。

したがって輸送とは、機械的手段を使用するかしないかではなく、徒歩旅行にみられる移動と知覚との親密なつながりの消失によって区別される。輸送される旅人は乗客となり、自分では動かず、場所から場所へと動かされる。その通過のあいだに彼に近づいてくる風景や音や感覚は、彼を運ぶ動きにまったく関係がない。メトロノーム並の正確さで足音を響かせながら視線を右に向けるパレード中の兵士にとって、行進は輸送である。行進を逍遥する歩行と比較して、歴史地理学者のケネス・オルウィグは、行進とは「開かれた」場所なき空間――すなわちユートピアを前提としている、と主張する。行進はその後に残す場所を完全に破壊する。それに対して、逍遥する歩行は、場所に立つ《トピアン》。それは「太鼓の確固たる拍子に合わせて私たちを一直線に行進させるものではなく、螺旋状の和声進行のように、私たちに糧を与えてくれる場所に私たちを連れ戻したり、そうした場所を蘇らせたりする」(Olwig 2002: 23)。徒歩による輸送のひとつとして、行進は、場所から場所へと巡るのではなく、ひとつの行程から次の行程へと進んでゆく進行《プログレス》という意味を示している (ibid.: 41-2)。こうした意味の進行は、十七世紀を通じて普通に使用されるようになり、乗合馬車による旅行にも適応された。旅行中、旅行者は客室内に閉じ込められ、用意してきた食糧で飢えをしのぎ、通りがかりの人々や宿泊するさまざまな場所との直接的接触をできるだけ避けようとする。というのは、彼が旅を企てるのは、旅そのもののため、あるいは旅が与えてくれる経験のためではなく、目的地にひろがる風景を目撃するというただひとつの目的のためだからである (Wallace 1993: 39)。周遊旅行《ツアー》は目的地の連鎖から成り立つ。各々の停留地に到着し、彼を運んできた乗り物が一時停止すると、ようやく旅行者は動き始める。

徒歩旅行者が休息のために立ち止まる場所は、輸送される乗客にとってはまさに活動の拠点である。だがその活動はひとつの場所の内部に封じ込められ、ひとつの観光地点に集中する。拠点と拠点のあいだでは、乗客は、世界の表面をまったく跳び越すことはないとしても、かろうじて飛ばし読みする程度であり、通過の軌跡や旅の記憶さえもとどめることはない。いやそれどころかツーリストは、自分が見物する対象の評価に偏見や悪影響をおよぼさぬように、そこに到着するまでの経験を、それがどんなに苦労と波乱に満ちたものであろうと記憶から抹殺せよと忠告されているかのようだ。輸送が実施されるとき、事実上あらゆる踏み跡はいわば点線へと変換される。私が点線を書くとき鉛筆を紙に近づけてその場所で鉛筆の先を動かすのと同じように、ツーリストはその旅程のすべての目的地で乗り物を降り、自分が立っている場所のまわりをうろつき、次の場所へと出発する。連続する目的地を結ぶラインは、点を結ぶラインと同じように、運動の軌跡ではなく点と点をつなぐ連結器である。それらは輸送ラインである。連結器と身体動作がしるす軌跡とが異なっているのとまったく同様に、輸送ラインは徒歩旅行のラインと異なっている。輸送ラインは踏み跡ではなく**路線** ***route*** である。

フリーハンドで描くとき、私は私のラインを散歩させる。ぶらぶら歩く徒歩旅行者も同じように足跡や小道や通過形跡といった踏み跡を地面に残す。オーストラリア中央砂漠のアボリジニ、ワルビリ族について記述しているとき、ロイ・ワグナーは「人の人生とはその人がしるす足跡の総計であり、その人が刻みこむ移動全体であり、地面に沿って辿られるものである」と注釈している（Wagner 1986: 21）。隣接するピチャンジャラ族のあいだでヤングが気づいたように、車で旅行するときでも何ら違いはない。その人間が狩人であるかどうかは彼らのとる道によってわかるのだが、道の歴史は人々が「それに沿って進んだ」ときにだけ語られる（Young 2001: 46、強調は著者による）。沿って進むことは、世界の表面を横断して点から点へと路線《ルート》をなぞることではなく、世界を通って自らの道を糸《スレッド》のように伸ばすことである。実のところ、徒歩旅行者にとって、あるがままの世界に表面などない。もちろん彼は多様な表面――硬い地面、水、植物など――に遭遇する。それどころかそうしたさまざまな表面が光や音や接触の圧力に反応するからこそ、彼は世界を自分のやり方で知覚できる。だがそれらは世界の中にある表面であって、世界の表面ではない（Ingold 2000: 241）。まさにそうした表面の織地のなかに、したがってその土地そのもののなかに織り込まれるものとして、そこに住む者たちの成長と運動のラインはある。それぞれのラインはひとつの生き方に等しい。

　ブルース・チャトウィンが書くように、オーストラリアのアボリジニは自分たちの領土を、いくつかの区画に分割できるような表面的領域としてではなく、ラインあるいは「通り道」の「絡みあう網目」として思い浮かべる。「我々の言語では〝領土〟と〝道《ライン》〟を同じことばで表します」と、あるアボリジニはチャトウィンに語る*2（Chatwin 1987: 62）。それらは「夢見のとき」に、歌うことで世界を生み出した祖先たちが辿ったラインであり、現代に生まれ変わった祖先たちが歌ったり語ったり行き来することで再び辿り直される。全体を見渡せば、それらのラインは織り合わされ複雑にもつれた紐の錯綜体である。ところでその錯綜体は本当にチャトウィンの言うように〈網目《ネットワーク》〉なのだろうか？　確かにそれは、絡みあわせた糸や綱でできた透かし模様の布地という本来の意味での網のようなものではある。たとえば、ゴットフリード・ゼンパーは――前章でふれた一八六〇年の試論のなかで――原始民族における「網目の発明」について書いていたが、彼らは漁や狩りのために網目をつくり出し、それを用いていた（Semper 1989: 218）。しかしその用語が近代的輸送やコミュニケーション、とりわけ情報技術の領域へと比喩的に拡大して用いられるようになってから、「網《ネット》」の意味は変化してしまった。いまや私たちはネットを、織り合わされたラインというよりも相互に連結した点の複合体であると考えるようになった。だから私には、チャトウィンの説明は微妙に舵を切り損なっているように思えるのだ。それは網目というよりむしろ網細工というべきである。

私は哲学者アンリ・ルフェーブルから「網細工《メッシュワーク》」という用語を借りている。ルフェーブルは「野生動物あるいは家畜が残す網状の型、またひとびとが（村や小都市の家屋の中のひとびとであれ、その家屋の周囲のひとびとであれ、また近郊のひとびとであれ）残す網状の型」について語るのだが、その網状の型は、建築的というよりもむしろ「原–織物的」な環境を作り上げる[*3]（Lefebvre 1991: 117-8）。ベンジャミン・オルロヴはペルー・アンデスのチチカカ湖周辺の生活と土地の研究のなかで、きわめて原–組織的な網細工――アルティプラノを覆う[*4]「土地に張り巡らされたラインのクモの巣」――について鮮やかに叙述している。オルロヴいわく、こうしたラインのほとんどは、

やっと一メートルほどの幅で、動物や男や女や子供の足で踏みつけられ、踏み固められている。子供たちは三才か四才で、親戚の家までの短い散歩であれ、遠く離れた牧草地や市場への半日がかりのハイキングであれ、大人に遅れまいとして文句も言わずに小走りでついていく。そうしたラインのいくつかは、つるはしやシャベルを用いて作業する村人たちによって実際に地面に引かれている。なかには五メートルほどの幅をもつラインもあり、時折、車やトラックがそこを通って行く。

（Orlove 2002: 210）

現代的な意味では、網目《ネットワーク》のラインとは点を結び合わせるものだ。それは連結器である。しかしオルロヴが右の一節で描写するラインは、交差し合う路線のネットワークというよりも織り合わされた踏み跡である。網細工《メッシュワーク》のラインは、それに沿って生活が営まれる踏み跡である。そして図3－1で図式的に示すように、網の目《メッシュ》が形成されるのはラインの絡み合いにおいてであって、点の連結においてではない。

　徒歩旅行は、人間であれ動物であれすべての生き物が地球に居住するためのもっとも基本的な様式であろう。**居住** ***habitation*** という言葉で私は、そこに住むためにやって来る人間集団があらかじめ用意された世界のある場所を占める行為を示すつもりはない。居住者とはむしろ、世界の連続的生成プロセスそのものにもぐりこみ、生の踏み跡をしるすことによって世界を織り出し組織することに貢献する者である。そのラインはたいてい曲がりくねり不規則であるが、全体が絡み合って緊密な織物となる。文化人類学者レナート・ロサルドはフィリピンのイロンゴ族について次のように書いている。「イロンゴの民は彼らの

図3-1　絡み合ったラインの網細工（上）と連結された点のネットワーク（下）。

過去の生を説明するときに、川の流れのように曲がりくねる彼らの生の道筋を、予測もつかぬやり方で語る」(Rosaldo 1993: 257)。彼らには究極的な目的地も、たどり着くべき最終的地点もない。それは、オロチョン族のトナカイ狩猟者の例のように、居住者が輸送にかかわることを拒絶するものではない。ただ輸送ラインは、どちらの場合も、徒歩旅行の動きによって構成される世界のなかのいくつかの点を結びつけるものだ。オロチョン族の橇道は網の目の内部にあるが、鞍のついたトナカイが軌跡を描く生活の道と交錯することは決してない。

しかし帝国的な権力は、これまで事あるごとに人々が住む世界を占拠しようとしてきた。彼らは自分たちの目には踏み跡の織物ではなく空虚な表面としか見えないものに、連結のネットワークをかぶせる。その連結は**占拠** ***occupation*** のラインである。占拠のラインは入植および資源採取用地への人員や設備の投入と、そこからもたらされる富の回収を促進する。徒歩旅行の実践によってできあがってゆく小道とは違って、そうしたラインは、ラインを往来する交通に先立って調査され作られる。それらは概して直線的で規則的であり、力の結節点においてのみ交わる。土地を横断して引かれるので、それらは土地に織りなされている居住地のラインを踏みにじり、ずたずたにしてしまう。たとえば幹線道路や鉄道やパイプラインが、それらの周辺に住む人間や動物が利用する脇道を寸断するように(図3―2)。占拠のラインは連結するだけではない。それらは分割し、占拠された表面を区画された土地へと切り分ける。移動を促進するというよりも制限するために設けられる国境線もまた、居住者がしるす踏み跡を無造作に横切り、居住者の生活を分断する。小説家ジョルジュ・ペレックが観察したように、国境線とは「何百万人もの人々がそのために命を落とした」ラインである(Paasi 2004: 176 に引用)。

ここまでの考察をまとめると次のようになる。私は、徒歩旅行と輸送という旅のふたつの様相を対比し

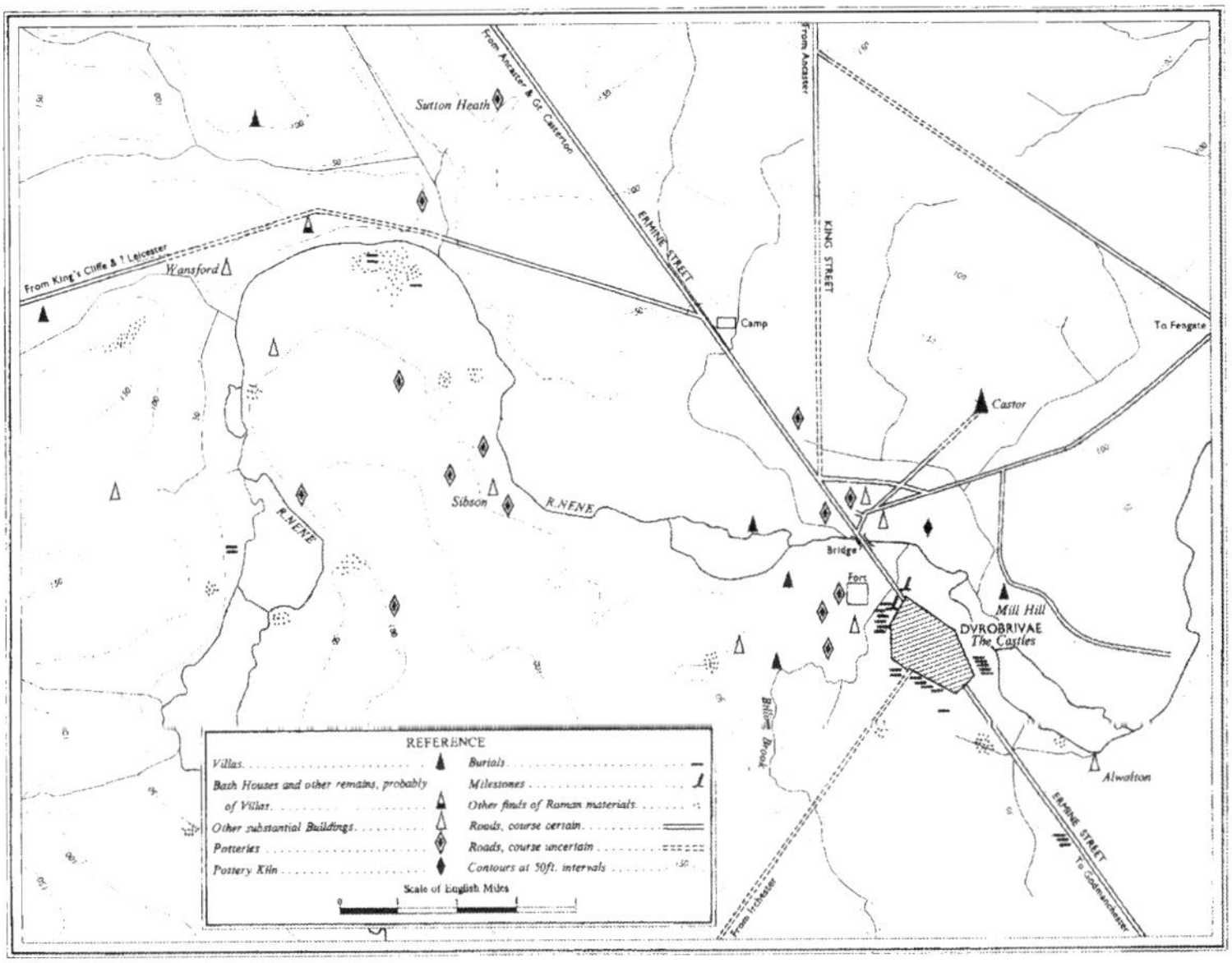

図3-2　占拠のライン。古代ローマによるイギリス占領期における重要な産業中心地のひとつ、ドゥロブリヴァエの町を走る道路［英国政府陸地測量部『ローマ時代のブリテン島地図』（第3版）1956年］。© Crown Copyright 2006. Ordnance Survey Licence Number 100014649.

てみた。散歩に出かけるラインのように、徒歩旅行者の小道はあちらこちらに進んでゆく。方々で中断してからまた先に進むこともある。その小道には始点も終点もない。道の途中において、彼は常にどこかの場所にいる。しかしすべての「どこか」は、別のどこかへ行く途中にある。住まわれた世界とはそうした踏み跡の入り組んだ網細工であり、生がそれらの踏み跡に沿って進んでゆくにつれて絶え間なく織られ続けるものである。それに対して、輸送は特定の場所に結びつく。すべての移動は人や人の財産を別の場所に移すためのものであり、特定の目的地に向かう。旅行者はある場所から出発して別の場所に到着するが、そのふたつの場所のあいだのどこにも存在しない。全体としてみると、輸送ラインは点と点を連結するネットワークを形成する。占領という植民地主義計画においては、かつては生の陰に隠れ生活の道によって抑え込まれていたそのネットワークが優勢となり、領土全体に広がり居住者の錯綜した踏み跡を蹂躙する。これから私はさらに議論を進め、歩行と連結器の区別が、移動の力学ばかりか知の統合の仕方にどれほど根本的な差異をもたらすのかを示してみたい。まずはラインが地図上に引かれる方法について考えてみよう。

地図づくりと知の方法

人間はこれまでたくさんの地図を描いてきたが、それらが描かれた時より後まで残ることはほとんどない。地図を描くとき、人々はそこで自らが行った旅、あるいは伝説や神話の登場人物によって行われた旅を物語るのであり、他の人々が同じ道筋を辿っていけるように方向を提示しようとする場合も多い。物語を語りながら自らの行程を辿り直すときに、手や指などの身ぶり《ジェスチャー》を交えることもあるし、その身ぶりによってさらなるラインが［地図上に］書き加えられることもある。こうしたラインはまったく束の間のものであり、砂や泥や雪の上に指や簡単な道具で引っかかれたり、あらかじめ準備された樹皮や紙の表面、あるいは手の甲にスケッチされた軌跡でできている。たいてい、それらは描かれるとすぐに拭き消され、洗い流され、しわくちゃに丸められ、投げ捨てられる（Wood 1993: 83）。たとえばあなたがはじめて私の家まで来るとしよう。あなたは道に迷わないように私が描いた**略図** ***sketch map*** を失くさぬように気をつけるだろう。でもそれはあなたが私の家に到着するまでのことである。二度目に来るときには道を覚えているので、その略図はもうお払い箱だ。その地図はあなたにさまざまな事物の位置を示すわけではなく、あなたが行きたいあらゆる場所へ案内してくれるものではない。それどころか、その略図上のラインは、以前に何度もそこを往復した経歴によってすでに熟知した場所から場所への、実際に行われた旅を［手の］身ぶりによって再現したものである。それらのラインの継ぎ目、分岐、合流点はあなたがどこに行きたいのかに応じて、どの道を辿ればいいのか、どれが間違った道なのかを示している。それらは運動するラインである。そのラインの「歩行」はその土地を通ってゆくあなた自身の「歩行」の軌跡を辿るものだ。

だから略図は枠や境界に囲まれていない（Belyea 1996: 6）ことが多い。それは何らかの領土を再現することも、その境界線内に含まれるさまざまな特徴の空間的位置を示すこともない。重要なのはラインであって、ラインを取り巻く空間ではない。徒歩旅行者が通過する土地が旅の道筋の網細工によって形成されるのとまったく同様に、略図はそれを構成するラインから——それ以上でもそれ以下でもなく——つくられている。それらのラインは、［描く手の］身ぶりが進むにつれて、それらが辿る表面を横断するのではなく、表面に沿って引かれていく。実のところ、そもそも略図のラインが何らかの表面上に軌跡をしるすとは限らない。手の身ぶりで線図ではなく綾とりのようなものをつくって描くように示されることもある。かつてオーストラリアのアボリジニは、「紐」すなわち「夢見のとき」に祖先が通った通過形跡を描くために、ひも状の物を用いた（Rose 2000: 52）。一方ミクロネシアの海上旅行者たちは、大波のうねりが交差する道筋を地図にするために、ココナツの葉の葉脈を用いた（Turnbull 1991: 24、Ingold 2000: 241 を参照）。だが、現代の**刊行地図** ***cartographic map*** では全く様子が異なる。そうした地図には常に、地図が表示を引き受ける内側の空間を、地図が関与しない外側の空間から区別する境界線が引かれている。地図上にはたくさんのラインがあり、道路や鉄道や行政区分などが表示されている。刊行地図の表面を横断して引かれているそれらのラインは、占拠を意味するものであって居住を意味するものではない。それらのラインは、空間を収奪するものとして、それらが連結する地点や——もしそれらが国境であるならば——それらが囲い込む地点を包囲することを示している。

略図のラインと刊行地図のラインの違いは、それぞれの地図の上に描き込む私たちの習慣にもっとも明瞭にあらわれる（Orlove 1993: 29-30）。略図への描き込みは、すでにある身ぶりの軌跡にさらなる身ぶりの軌跡を付け加えることに過ぎない。その地図は多くの手による会話的な産物であり、そこに参加する者は、自分たちのさまざまな旅を描きながらかわるがわるラインを描き加えるだろう。会話が進行するようにその地図は一本ずつラインを成長させるが、これで完成だといえるような地点は存在しない。というのも、バーバラ・ベリアが述べるように、どんな介入であれ「その身ぶり《ジェスチャー》は地図の一部となる」（Belyea 1996: 11）からである。しかし刊行地図への描き込みはまったく別の事態である。航海士は、鉛筆と定規を使って海図に自分の航路を記入するが、定規で引かれたラインは海図の一部ではなく、その航海が終了したら直ちに消されるべきものである。もし私がペンを手にとって——ある旅の物語を話しながら——海図の表面いっぱいに私の辿った道の軌跡をインクで描き込んだとしたら、印刷された本のページに書き込みをしたのと同じ違反を犯したことになってしまう！ 後でもう一度、地図と書物との比較を試みよう。というのも記述のラインは——後で述べるように——地図上に描かれるラインとまったく同じ歴史的変容を経たからだ。ここでの論点は、身体《ジェスチャー》の軌跡、あるいは散歩に出かけるラインは、地図製作の領域に無関係だということである。地図の一部になるどころか、そうしたラインは除去されるべき邪魔ものだとみなされる（Ingold 2000: 234）。なぜなら、刊行地図のラインは身ぶりの軌跡ではなく、それを読む視線も、身ぶりを追うようにそのラインを追うことはないからだ。そのラインは軌跡ではなく連結器である。

ミシェル・ド・セルトーは、なされた旅とその途上での記憶すべき出会いを語る絵入りの物語だった中世の地図が、近代初期の歴史のなかで地球表面の空間表象へと取って代わられていった経緯を指摘した（Certeau 1984: 120-1）。その過程で、元の物語は破壊され図像の断片となり、さらにその断片は、地名とともに特定の場所をしるしづける項目のひとつに過ぎない装飾物に変化した。語りの断片化、そして個々の断片がしるしづけられた位置に圧縮されて押し込められた経緯は、従来の徒歩旅行から目的地指向の輸送への衝撃的変化と驚くほど似ている。旅と同じように地図づくりにおいても、身体の軌跡として残された踏み跡は、それに相当する点線に転換される。刊行地図のうえにラインを引くことは、点を結ぶ作業に似ている。そうしたラインは、海図や航空路線図上のラインがそうであるように、点と点を連結するネットワークを形成する。それらのラインによって、旅行しようと思う者は連結の鎖として旅程を組み立て、それによって事実上出発以前に目的地に到着することが可能になる。頭の中だけで人工的に組み立てられる旅行計画は「現実の」旅が成立する前に存在する。

　同じ原理は地図の作成自体にもあてはまる。たとえば川の流れを地図にしようとすれば、あなたは多くの地点で測量された川の両岸の位置を示すデータを用いるだろう。点や十字形でそれぞれの地点に印をつけると、次にあなたはそれらをつなぐだろう。図3－3は一九二〇年の国境を概観した地図帳に収録されている、ドイツとデンマークとの国境の一部をなすスケルベッケン川の地図からとられたものだ。地図上では小川の流れは結ばれた点が示す一本の鎖として再構成されている。それらの鎖は大体平行しており、川岸を示している。スケルベッケン川の水は海に向かって先へ先へ《アロング》と流れていくのだが、その川が軌跡をしるす道筋は地図の平面を横切って《アクロス》切る二本の境界線になり、厳然たる国境を形成する。地図では真ん中の空間がその両側にある領土の接合を示している一方で――ジル・ドゥルーズとフェリックス・ガタリが言うように――この中央部は正確には「事物が速度を増す場所」である。現実の小川は領土の接合と直交する方向へ「両岸を浸食し真ん中で速度を増し」ながら進行する（Deleuze and Guattari 1983: 58）。[*5]

もうひとつの例は、チャールズ・グッドウィンが報告する、考古学者による地図作成の実践である。こ

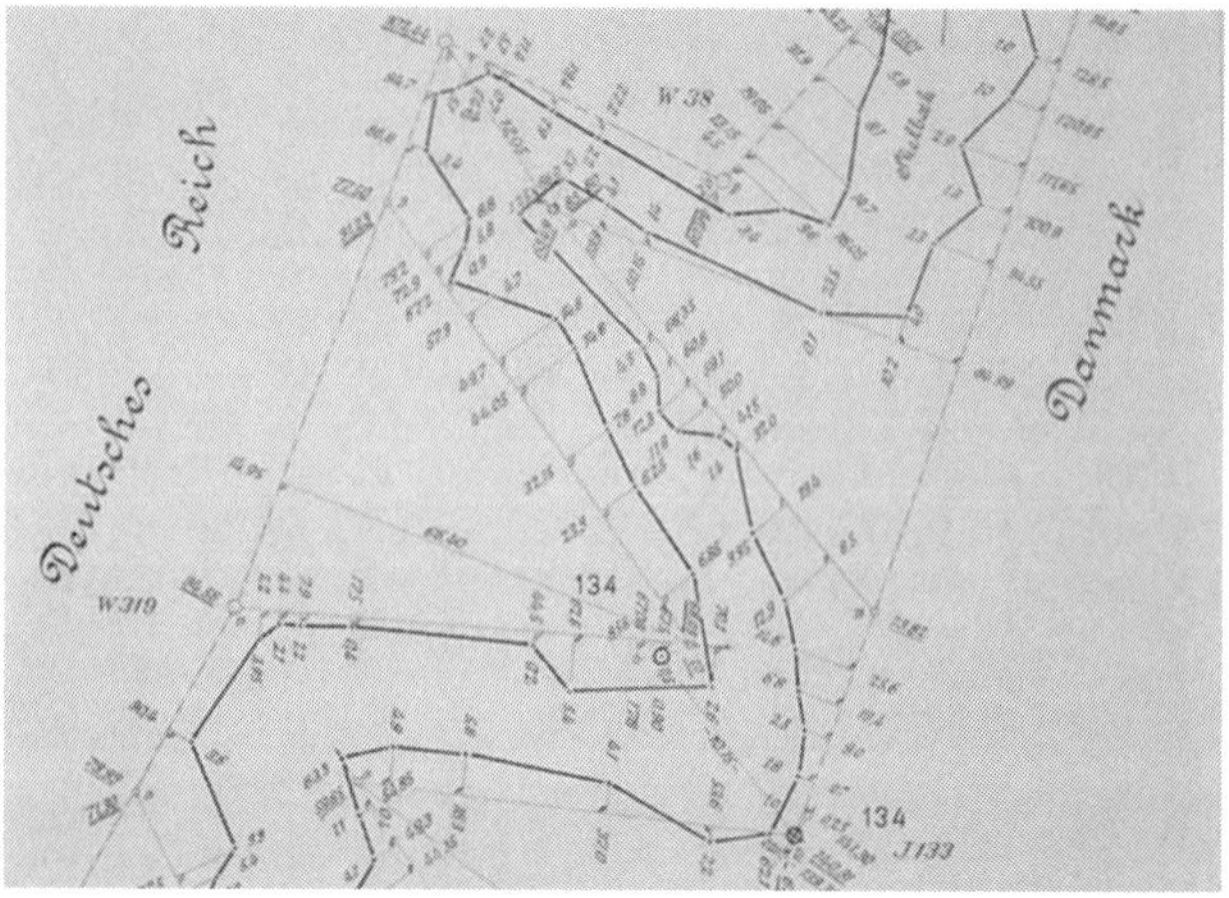

図3-3　デンマーク・ドイツ国境のスケルベッケンの川の地図［『グランドアトラス』1920年］。

の場合、地図とは断面図——発掘現場で地面を掘削した縦断面——である。以下に引用した一節でグッドウィンはその作成手順を述べている。

> 異なったふたつの土壌層であると考古学者が判断するものを区分するために、こてを使ってそれらのあいだに一本の線が引かれる。次に、その線と線の上方の地表が一枚のグラフ用紙に転写される。これには二人の人間がかかわる。一人が定規と巻尺を使って測量されるべき地点の丈の長さと深さの座標を測定する。彼らはその測定値を「四〇プラス一一・五」などと一対の数字として報告する。……もう一人の考古学者は測定者から提供された数字を一枚のグラフ用紙に転写する。一連の地点を座標で示したあとで、それらの間にラインを引いて地図をつくる。
> (Goodwin 1994: 612)

こてを使って地中に引かれたラインは、風景のなかに小川によって刻まれたラインと同じような運動の軌跡で

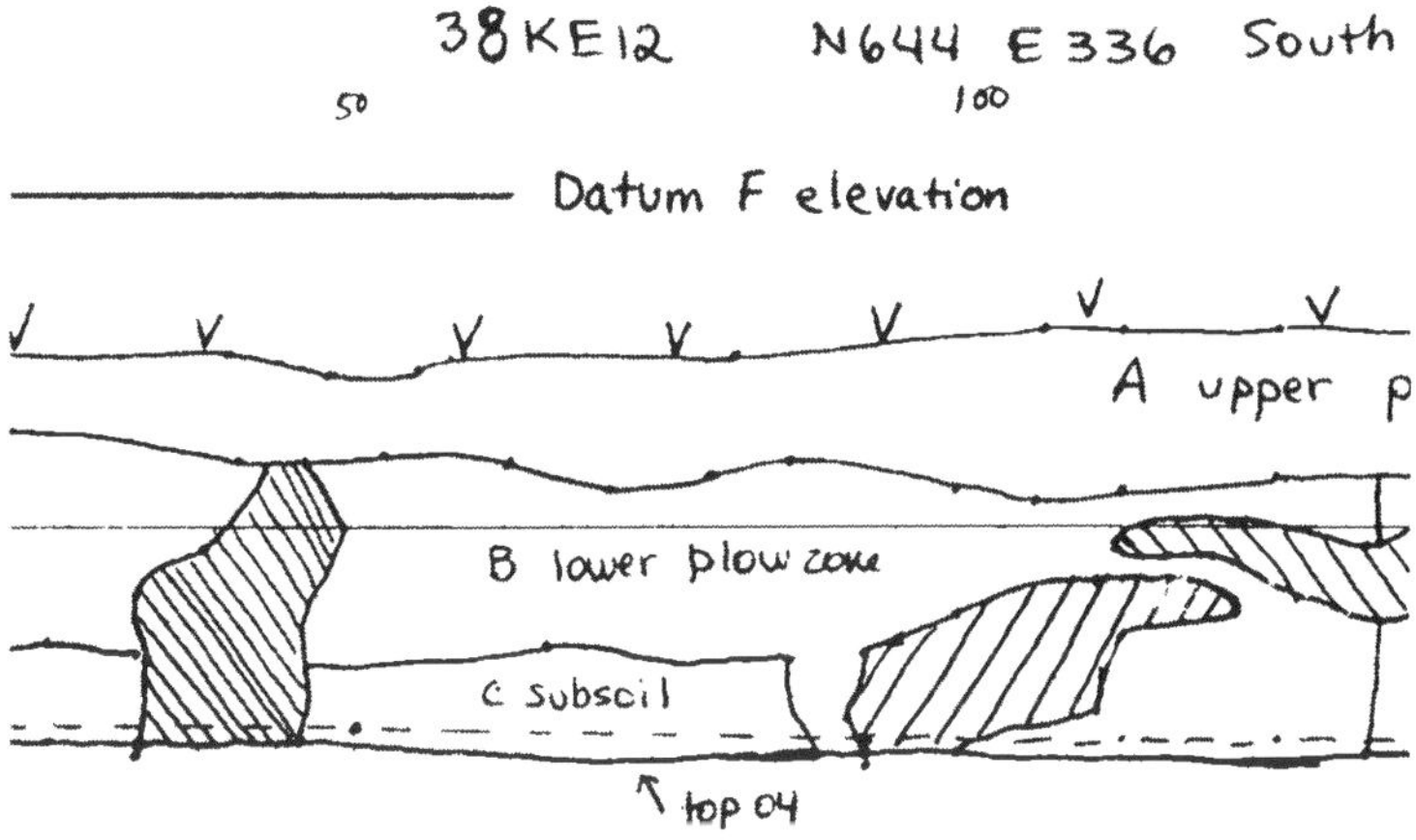

図3-4 考古学遺跡の発掘において掘られた方形の穴の側面に露出した土壌層の断面図［Goodwin（1994: 611）］。©1994, American Anthropological Association.

あることは言うまでもない。しかしグラフ用紙上のラインは点と点を連結した鎖である（図3－4）。ふたつのラインは区別されるべきものだ。まさに本章冒頭で、ロレンス・スターンが伍長の振り回す指揮杖の軌跡を描いたものと、私がそれを「点の連鎖」によって再構成したものとが区別されたように。どちらのラインの形成過程にも、知の方法が具体的にあらわれており、その方法は、根本的に異なっている。

友人のために略図を描いてそのラインを散歩させるとき、私は「描く手の」身ぶりによって、私が田舎でおこなった、地面に踏み跡を残したあの歩行を辿り直す。略図を描きながらその行程を語るとき、私は話題から話題へと彷徨する語りの糸を織り出す。散歩のときに場所から場所へと彷徨していたように。その物語は人生という果てしない旅のほんの一章を語る。そして、私たちが自分たちの世界を知るようになるのはまさにこの旅──湾曲したり折れ曲がったりする旅──を通じてなのだ。ジェームズ・ギブソンが生態学的心理学を立ち上げる際に論じたように、私たちは「観察経路」に沿って世界を認識する[*6]（Gibson 1979: 197）。私たちが自分の道を進むにつれて、さまざまなものが視界に入り込みまた視界から出てゆき、新しい眺望が開けるとともに他の眺望が消える。眼に届く一連の反射光のこうした変調によって、私たちを取り巻く環境の構造は次第に開示されていく。原理的にみて、触覚や聴覚についても何ら違いはない。というのも、視覚とともにそれらの感覚は、身体適応の総合的システムの一部に他ならないからだ。つまり、私たちが周囲の環境についてもつ知は、環境のなかを私たちが移動する行路そのもののなかで、場所から場所への推移とその道筋に沿って変化する展望とともにつくり出される（Ingold 2000: 227）。私たちは徒歩旅行者として、ロビン・ジャーヴィスが「現実の進行的配列」（Jarvis 1997: 69）あるいは旅の道筋に沿った知の統合と呼んだものを経験するのである。

　だが、近代的思考の支配的な枠組のなかでは物事はそのように理解されない。そこでは、たくさんの固定された地点でなされた観察をつなぎ合わせて一枚の完全な絵にすることによって知が組み立てられる。私たちが見てきたように、それは測量士が地図の作成を推し進める方法である。多くの地理学者と心理学者が主張してきたように、私たちはみな日々の生活において測量士であり、彼らが器具を使用するのと同じように私たちは自分の身体を使用して多様な観察地点からデータを取り、そのデータは精神に伝送され、精神はそのデータから世界の包括的表象——いわゆる認知地図——を組み立てる。心理学者キース・オートリーが述べるように、「知覚の問題」とは、「感覚器官への断片的で不安定な一連の二次元的刺激から出発して、それがそのまま外界に存在するような……ひとつの表象を、私たちの精神のなかにつくることを可能にする」プロセスを理解することである（Oatley 1978: 167）。この見解によれば、知とは何かに沿って進むことによってではなく、築き**上げる** *up* こと、すなわち特定の場所のさまざまな断片をより高次の包括性を示す構造へはめ込んでいくことによって統合されることになる。実際、測量士の歩行は（彼が乗り物を使わずに本当に歩行をおこなうとして）寸断されて、点線という地理的対応物に変形されてしまっている。ちょうど点線を描くときにペン先がひとつの点から次の点へと移らなければならないように、データを得るために測量士は計測場所から計測場所へと送り届けられなければならない。前者における手の横断的な運動が刻印プロセスのなかで副次的なものだとすれば、後者における測量士の移動もまた、観察プロセスのなかで副次的である。その移動は、ただ測量を行う者と彼の装備——あるいは精神と肉体——をひとつの静止した観察地点から別の地点へと移すだけであり、得られる情報の統合にまったく関与しない。

何よりも徒歩旅行を行うことで人間は世界に住むのだ、と私は主張してきた。そしてまた居住者の知の方法は前に進んでゆくものであり上に向かうものではない。居住者の知は、いわば沿って進むように統合される。たとえば地名の知識について考えてみよう。パプアニューギニアのカルリ族にとってすべての場所は道（トク）に沿ってある。したがって、場所を名づけることは、それらの場所がそれに沿っているトクの旅を、語りか歌によって記憶することだとスティーヴン・フェルドは説明している（Feld 1996:103）。クララ・ケリーとハリス・フランシスによれば、アメリカ合衆国南西部のナヴァホ族のあいだでは、目立った目印になる地名は連続して告げられて、人々が辿るべき旅のラインを描写する物語あるいは「言葉の地図」を形成する（Kelly and Francis 2005）。ただしそれらは地面につけられた実際の踏み跡ではなく、道案内であった。実際の踏み跡は、天然資源の分布や突発的な事情に応じて、「言葉の地図の道案内に沿いながらあちこちを迂回するものだった」（ibid.: 99）。ヌチオ・マズロは、フィンランド北東部イナリ自治区域のサーミ人の研究において、名前が、個々の旅のあいだに、あるいは語りのなかで列挙されながら、どのように割り当てられ、想起され、呼び出されるかを説明している（Mazzullo 2005: 173）。一つひとつの名前はそれらが語られる状況において意味を帯びる。たとえば、ある川に沿っているところにはあらゆる湾曲や屈曲、水たまりや早瀬に対する名前がある。ところが名前は川の特定の位置に貼り付けられているのではなく、上流へ向かう旅――その川岸に住む人々が習慣的におこなう旅――のある瞬間を意味する。それらの名前を挙げてゆくことはその旅全体の物語を語ることなのである。

そうした名前はそれだけでは何も意味しないし、刊行地図にはまずあらわれない。なぜなら測量は居住ではなく占拠の一様態だからだ。測量士が見出す地名はその場所を他から区別するために貼り付けられるのであり、どうやって人がそこに辿りつくのかは無視される。それらの名づけられた位置は、より大きな全体へと組み立てられる部品である。占拠者の知とは、要するに、上方に向かって統合されるものなのだ。こうして私たちは、居住と占拠というふたつの知のシステムの差異の核心部にたどり着く。最初のシステムでは、知の方法とは世界を貫く運動の道である。徒歩旅行者は旅のラインに沿って《アロング》文字通り「進みながら知る」（Ingold 2000: 229-30）。それに対して二番目のシステムでは、知の方法は運動のメカニズムと知の編成、あるいは位置の移動と認知という二つのカテゴリーに基づいている。前者のカテゴリーは点から点へと世界を横断して《アクロス》切り取り、後者のカテゴリーは点の配列とそこから集められた素材を統合された集合体へと築き上げ《アップ》る。

ストーリーラインと筋書き

略図のラインを引くことは物語を語ることによく似ている。実際、両者は同じひとつの行為を補い合うものとして協力しつつ進行する。**ストーリーライン** ***storyline*** は、地図上のラインのように、先へ先へ《アロング》と進んでゆく。物語が語る出来事は、言ってみれば、存在するというよりも出現するのであり、それぞれの出来事は進行してゆく活動のひとつの瞬間である。それらは、一言でいえば、モノではなくトピック［場所・話題」である。作用と反応の合流点にあって、それぞれのトピックは、そこに至る道を準備した出来事、目下それと同時に起きている出来事、世界のなかでそれに続いて起こる出来事、といったものどもとの関係によって把握される。ここでの「関係」の意味はまったく語義どおりに理解されるべきものである。すなわち関係とは、すでにどこかの場所に置かれてある存在どうしの連結ではなく、生きられる経験の土地に軌跡をしるす道である。すべての関係は、ネットワーク上の点を連結することではなく、それぞれが交錯する踏み跡の網細工《メッシュワーク》のなかの一本のラインとなるのである。物語を語ることは、語りの中で過去の出来事を〈関係づけて語る《リレイト》〉ことであり、他者が過去の生のさまざまな糸を何度も手繰りながら自分自身の生の糸を紡ぎ出そうとするときに従う、世界を貫く一本の小道を辿り直すことである。だがさらに言えば、ルーピングや編み物の場合のように、いま紡がれつつある糸と過去から手繰られた糸は、両方とも同じ織り糸である。物語が終了する地点、生が始まる地点は存在しない。このように。

ロシアの文化人類学者ナタリア・ノヴィコヴァが最近の講演会で発表した西シベリアのハンティ族における自己同一性の意味についての論文によると、年老いたハンティ族の語り部《ストーリーテラー》は他の全員が寝てしまうまで話し続け、その結果、その話が本当に終わったのかどうか誰にもわからなくなるという（Novikova 2002: 83）。通常「物語」*story* と訳されるハンティ語の言葉の文字どおりの意味は道 *way* である――それは伝統によって認可された行動規範という意味ではなく、辿られるべき道筋という意味であり、それに沿うことで人は行き詰ることも永遠に反復するループに陥ることもなく語り続けることができる（Kurttila and Ingold 2001: 192）。同じように、毎晩野営地に戻ってくるオロチョン族の狩人によって語られる物語が獲物の死で締めくくられることはめったになく、踏み跡に沿って彼らが見たり出会ったりしたあらゆることがらが詳しく語られる。オロチョン族にとって、生が終わるべきものではないように、物語も終わるべきものではない。物語は、鞍に乗った人とトナカイが一体となって森を貫く道を縫《スレッド》うように進む限り、続いていく。そして鞍が引き継がれることによって、次の世代が前の世代の物語を引き受け、語り続ける（Kwon 1998: 118-21）。散歩にでかけるラインのように、生においても物語においても、いつのときも、さらに進んでいく場所がある。そしてストーリーテリングであれ徒歩旅行であれ、知が統合されるのは、場所から場所――話題から話題――への運動のさなかなのだ。

さて次に、物語が声によってではなく記述で語られる状況を考えてみよう。音声の流れのかわりに、手書きのテクストのラインがある。このラインもまた歩行を始め、物語が進行するにつれてその先端からどんどん前進していくのではないのか？　レベッカ・ソルニットは歩行と物語記述を並行的に考えていて、その類似を次のように述べる。

書くことは想像力の土地を貫く新しい小道を切り開くこと、あるいはおなじみの路線に新しい相貌を示してやることである。読むことは著者を案内役としてその土地を旅することである。……私は、自分の文章が一本の線のように書き出されて遠くまで走っていって、文が道であり読書が旅であることがはっきりわかるようになるといいなと思うことがよくあった。

(Solnit 2001: 72)

後で示すようにソルニットの願いは、記述が文から構成されていると彼女自身が考えていること、ページ上の記述が分離した文字と均等間隔に並ぶ単語というタイプ打ち文書の形態をとっていることから、十分にかなえられるものではない。しかし中世ヨーロッパの読者にとっては、読書と旅の類比は、手写本のラインが一本の連続的な道ではなく列ごとに進行するものであったにせよ、自明のものであっただろう。

第一章でみたように中世以来の注釈者は、読書を徒歩旅行に、ページの表面を人が住む風景に繰り返しなぞらえていた。旅することがその道筋を記憶することであるように、また物語を語ることがその進行を記憶することであるように、読むことは読むという方法においてテクストを通って踏み跡を辿り直すことであった。人は物語や旅を記憶するのとまったく同じ方法でテクストを記憶した。要するに、ストーリーテラーが話題から話題へ、旅人が場所から場所へと進むように、読者は言葉から言葉へと進みながら、ページの世界に住んでいたのだ。居住者にとって、歩行のラインは知の方法であり、記述のラインは記憶の方法である。両者ともに、知は運動の道筋に沿って統合される。この点において、手書き写本と、発話や歌として発声される物語とのあいだに原理的に違いはない。だが、私がこれから示すように、書かれたり声で示されたりするラインと、タイプされ印刷された現代の文章のラインとのあいだには根本的な違いがある。その違いをもたらすのは記述自体ではない。写本の流れる文字のラインが、あらかじめ作られた筋書き*plot*を連結するラインにとって代わられたとき記述に生じたことが、その違いをもたらすのである。

現代では記述という行為は、刻印やライン制作をおこなうことではない。写本筆写者の技とはほぼ無関係である。第一章でド・セルトーを参照したとおり、現在、何かを記述する者は、彼一人がその作者となる文章をそこに組付けてくれるのを待ち受ける空虚な空間としての白いページに出会う（Certeau 1984: 134）。彼はこの空間にことばの断片——文字、単語、文——を並べる。それらの断片はきっちりと階層化され統合された、完璧な構成物である。彼の行為は、世界のさまざまな対象の位置をしるしづけるために紙の表面に図像の断片を配置する地図製作者の行為と何ら変わるところはない。本のページであれ地図の表面であれ、そうした分離され圧縮されたしるし以外に作者の身体動作の痕跡は何も残らない。それらのしるしはすべて、写本や略図にもともと引かれていたラインの残骸である。ページを構成する要素は想像力のなかで結び合わされて、筋書き——科学者にとってのグラフ、あるいは旅行者にとっての路線地図にあたる文学的等価物——を形成する。しかし筋書きのラインは、読者によってテクストのなかを進んでゆくように辿られるわけではない。筋書きのラインは読者の旅が始まる以前にすでにレイアウト済みであるとみなされている。それらのラインは連結器である。アンドレ・ルロワ=グーランが理解していたように、それらを読むことは、踏み跡を辿るというよりも図面を吟味する作業である（1993: 261）。中世の読者——インクの軌跡に目を皿のように近付けてその軌跡に巻き込まれていたページの居住者——とは違って、現代の読者は遥かな高みから見下ろすようにページを測量する。外洋を行く英国海軍のように点から点へとページの航路を進みながら、読者は領域という観点によって移動する。そうしながら彼はページを占拠し、ページを支配したと主張する。だが彼はページに住んではいないのだ。

私は近代の幕開けとともに生じた記述の変質についてのド・セルトーの報告からインスピレーションを

得たのだが、彼はひとつだけ間違いを犯している。近代の著述家はページの空間を渡るさまざまな地点に言葉の断片を配置しつつ「徐々に進んでゆく規則的な移動の実践すなわち〝歩行〟」を行うのだと彼は言う[*7]（1984: 134）。だが、歩行がその後に断片を残すことは絶対にない。つまり断片を配置するような記述実践は歩くことと同じではないのだ。たしかに歩行者は足裏全部を地につけ、連続する筋ではなく不連続な足跡を地面に刻みつける。ジョン・バージャーが強調したように、ストーリーテラーもまったく同様である。彼によると、どんな物語も、

> 道路にずっと接触している車輪をもつ乗り物のようなものではない。物語は動物や人間と同じように歩行する。そして物語の足取りは語られる事柄と事柄のあいだにではなく、文と文、ときには単語と単語のあいだにしるされる。個々の足取りは言われていないものをまたぐ歩幅をもつ。
>
> （Berger 1982: 284-5）

写本を手で写す作業についても同じことが言えるだろう。筆記体を用いるにせよ、著者はときどき、単語と単語のあいだ、あるいは文字と文字のあいだで、手に持つペンを紙の表面から持ち上げなければならない。

しかし筆写者のしるす軌跡が不連続で、時として点のようなものであったとしても、それらの軌跡が生み出す動きは、いかなる中断も許さぬ連続した運動なのである。私たちは中世の学者たちがこの運動に言及したことを第一章から思い出してもいいだろう。彼らは、〈運び《ドゥクトゥス》〉――書くときの手の動きに関して古文書学者が今でも使用する概念――によって、その運動を徒歩旅行になぞらえた。ロズマリー・サスーン

が説明するように、筆写の際の〈運び〉は「ペンが紙上にあるあいだの手の動きの目に見える軌跡と、ペンが紙に接触していないときの動きの目に見えない軌跡」とを結びつける（Sassoon 2000: 39）。筆写する者の動作は、串縫いする刺繍者、ボートを漕ぐ者、あるいは歩行者と同じようなものだ。刺繍する者が縫う糸は、布地の表面にあらわれる部分が等間隔に打たれたダッシュのようであるのにもかかわらず連続しているし、ボートを漕ぐ者はオールを水から引き上げるときでも漕ぎ続けているのだし、歩行者は地面から交互に足を離すときでも歩くことを中断するわけではない。足跡が断片ではないように、手書きの文字や言葉も断片ではない。それらは運動のラインからちぎり取られたものではなく、そのラインに沿って埋め込まれているものなのだ。

私が言いたいのは、著述者の言葉が断片化してばらばらになるのは、著述者が歩行に相当する行動を中止したときだ、ということである。ウェンディ・ガンは歩行、運動および知覚についての論文（Gunn 1996）のなかで、次のような問いを投げかける。「砂の上の足跡は歩行解析の器具で測定される歩行記録とどこが違うのか？」　科学的な歩行研究は歩行を機械的な場所移動のプロセスとして扱い、選択された関節の位置を一定間隔で座標化しその座標点を結んでグラフをつくることによって被験者の身体運動を記録する。運動の結果生じるラインは連続的であるのに、それらのラインは連結器であり、それゆえ運動を欠いている。それらは場所移動《ロコモーション》のラインであって運動《ムーヴメント》のラインではなく、歩行者自身の生命がしるす道の軌跡に沿ってではなく点から点へと横断して進む。ガンが観察するように、こうした場所移動のラインをすべて結び合わせたものよりも、たったひとつの足跡のほうに、たとえそれが不連続な連なりのひとつであろうとも、より多くの運動がある（ibid.: 37-8）。同様に、印刷されたテクストの全ページよりも、筆写されたたったひとつの軌跡のほうに、より多くの運動がある。筆写が歩行に似ているとすれば、印刷された（等間隔の文字を結びつける）ラインは歩行解析の（等距離の測定点を結びつける）記録に似ている。

今日私たちが印刷されたページに目を向けるとき、そこに見えるのは圧縮され自己完結した文字記号の列また列である。印刷を模倣する——役所の書式に記入するときに求められるような——筆写において、ラインはどこにも進行しない。それはひとつの点において小さいピルエット［バレエなどで行うつま先を軸にした旋回］を演じ、それからペンは持ち上げられ、少し右にずらされ、そこで再び同じ動きをする。その横断的運動は記述行為の一部ではない。点から点へとペンを移動させるためだけの運動だ。タイプライターもまさに同じ原理で作動する。指で打たれるキーは既製の字体をページに送り出すが、機械が水平方向に印字をずらしてゆく。ここでは手の動作とそれが生み出す文字の軌跡とのあいだにもともとあったつながりは決定的に断ち切られている。なぜならキー上の点を打つ指の運動は、キーにしるされた文字記号にもキーがページ上に印字する文字記号にもまったく結びついていないからだ。タイプあるいは印刷されたテクストにおいて、個々の文字や句読点はそれ自体の場所で孤立し、右や左に隣接する文字や句読点とは完全に引き離されている。つまり印刷やタイプ原稿の文字ラインは散歩にでかけることがない。それは外出することなく、その最初の地点に閉じこもったままなのだ。

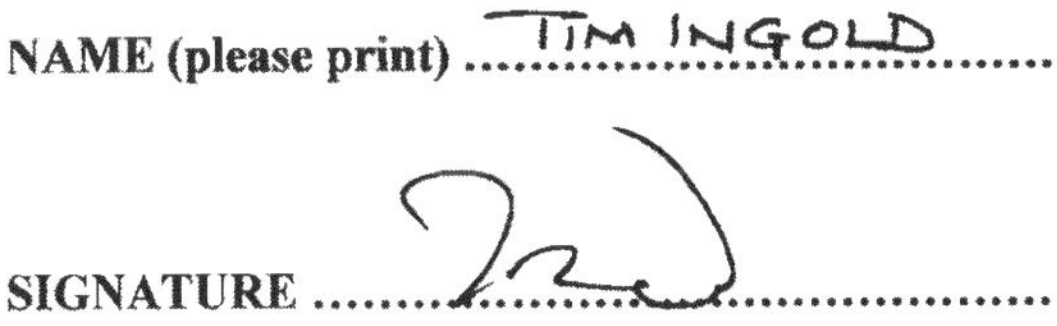

図3-5　点線上の、作者の活字体の名前と署名

現代のお役所主義の象徴ともいえる、書類にひかれた点線、そこにはまったく同じ原理が極限まで押し進められている。ラインならぬこのライン上で、牛の運動は瞬間の連鎖へと寸断される。生気のない無気力な点線は動くことも喋ることもない。それはいかなる個性も備えていない。点線はその上に書かれる署名の完全な否定であると

言えるかもしれない。常に広がり続ける踏み跡の総計として自らの存在を大地の上に記す徒歩旅行者や、常に延び続ける文字の列としてページ上に自らの存在を記す写本筆写者と違って、現代の著述家は、非常に切り詰められ濃縮され、運動記憶のなかに深く沈澱した身ぶりの軌跡で自分の作品に署名し、どこに行くときにも自分の唯一不変のアイデンティティのしるしとして自分の署名の筆跡を持ち歩く。それは筆跡学者H・J・ジャコビーが述べるように、彼の「心理的な名刺」(Sassoon 2000: 76に引用)である。点線上に署名する行為は、踏み跡を残すことではなく、継続的占領地で取得され占有されるべき事物に対してそのしるしを行使することである(図3―5)。現代の社会構造の核心にある、個人の特有性と社会秩序の規定とがぶつかり合う姿を、これ以上見事に示す例はない。

さて、現代の著述者が踏み跡を残さないならば、現代の読者もまた踏み跡を辿ることはない。ページをスキャンする現代の読者の認知的課題は、発見した断片を再構成して、より大きな全体を――文字から単語へ、単語から文へ、文から文章全体へと――組み立てることである。ページのラインに沿ってではなくラインを横断して読みつつ、読者は統合レベルの階層制度を通じてページの表面に分布する構成要素を結び上げる(図3―6)。その手順は、ベルトコンベアーの横断的運行によって製品完成に至るまで決められた間隔で次々に部品が取り付けられる工業生産の組み立てラインの手順と形式的に同じである(Ong 1982: 118)。統合は、どちらの手順においても、何かに沿うようにではなく、上方へ向かって進行する。一本の連続する線に沿って書きたいというソルニットの願いを思い出してみると、彼女の夢の実現が、テクストは文で構成されるという前提によってどうしても挫折してしまう理由がここにある。なぜなら文とは、私たちが「文法」と呼ぶあの組み立て規則に従って構成された言語細工だからだ。個々の文は単語から成り立つ。しかし単語は、文の建築用ブロックとして――すなわち、組み立て部品として――取り扱われた途

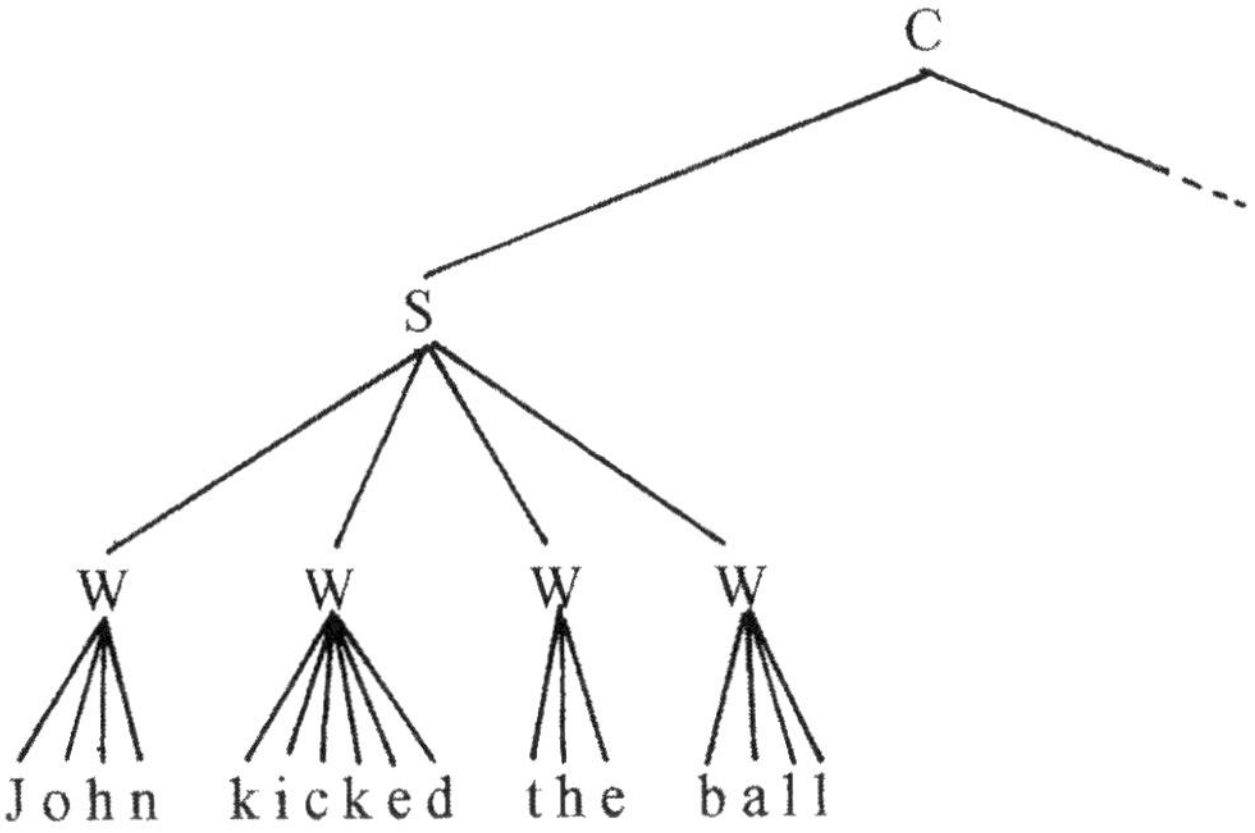

図3-6　現代の印刷テクストにおける統合レベルの階層制度。文字は単語（W）に、単語は文（S）に、文は文章全体（C）へと組み立てられる。

端に、もはやストーリーテラーや写本筆写者に対して小道に沿うさまざまな場所に出現するのではなく、ページの空間に位置づけられた離散的実体として存在するものだと知覚されるようになる。単語もまたその要素、すなわち個々の文字から成り立つ。だからソルニットのラインは文字の紐のように見えても、あちこちでスペースや句読点によって中断されていて、走り出すことすらできない。それは一本の小道に沿う運動ではなく、連結器の不動の鎖なのだ。

　この議論を締めくくるために、第一章で登場したアリストテレスの弟子、タレントゥムの短気なアリストクセノスを思い出してみよう。アリストクセノスは発話と歌における声の抑揚を、場所（トポス）から場所への運動として説明した。しかし話すときの声［のピッチ］が絶えずふらつき一瞬たりともどこかに落ち着くことはないのに対して、歌手の声は、できるだけ長い間ひとつの場所にとどまってから次の場所に軽やかに滑って行きそこでまた平衡を保つという具合に動く、と彼は考えた。歩行者のさ迷うような足取りと舞踏者の軽快な動作も、同じ角度から比較できるだろう。その後ギリシャ語のテクストが演説の実行や吟唱のために「マーキング」されたとき、旋律ラインの運動と静止の力動性は、アクセントや句読記号で示された。特に句読法には、演説者がどこで息継ぎをすればいいのかを示す目的があった。しかし注意すべきは、アクセントや句読記号とは、ひとつの場所から別の場所へ向かう道の途上でひと息つくために立ち止まるような、持続する流れのなかでの休止点であったということだ。この流れが中世初期の著述家によって〈運び〉という概念で、文章を貫く道として理解されるようになった経緯を私たちは見てきた。「〈運び〉という修辞学上の概念は、あらゆる文章構成を、一つひとつが独自の流れであるさまざまな行程が結びついた束を貫く旅として組織化することによって、道を発見しやすくするものである」とメアリー・カラザースは説明している（Carruthers 1998: 80）。

　ここでの流れとは、小道に沿って進むにつれてさまざまな表情を示す表面が視界に入っては出ていくときの、土地の輪郭の変化のようなものである。つまり、文章の「行程」とは前進する行進の一歩一歩の歩幅にではなく、ゴールへ向かう道に沿って次々に開けてくる展望に比較されるべきものである。ひとつの行程から次の行程へ進むことは、ひとつの角を曲がるようなものであり、前方に新しい視野が開けることである（Ingold 2000: 238）。しかし筆写が印刷に道を譲り、ページが声を失い、読者の仕事が徒歩旅行から航海――筋書き《プロット》の部品をつなげる作業――に変化したとき、〈運び〉の流れは止まり、その場所に無数の小さな断片を残したのだった。そのとき句読法の役目は、もはや読者がその流れを調節するのを支援するものではなく、読者がテクストの要素を組み立て直すのを助けるものとなる。句読点は、かつては歩行の方向を転換する地点や道沿いの休息地点を示していたのだが、今や組み立て作業の継ぎ目になり、垂直に統合される統辞構造の切片を区切る。それは行動《パフォーマンス》との関係を失い、もっぱら認知にかかわるものとなる。

場所をめぐって

これまで述べてきた運動、知、描写のラインの断片化、そして小さな点へのラインの圧縮によって大きな被害を被ったのは、**場所**の概念である。かつて運動の道筋に沿った休止の地点であった場所は、近代になってあらゆる生活、成長、活動がそこに包括される中枢として再構成された。そのようなものとして考えられた場所と場所とのあいだには連結部しかない。刊行地図上で、個々の場所は慣習的に点でしるされる。だが、そこが占拠されていることを表わすためには、その場所を白い丸印として描き、そこを占拠するさまざまなもの——そこに見出される人間と事物——を小さな点でその内部に示してみてもいいだろう。こんなふうに。

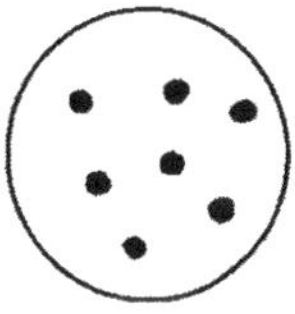

場所を占拠しているのが誰であれ何であれ、それらは、それらが今いる場所やそこにたどりついた経路とはまったく関係がない。この絵は、盤上を横断してある陣地から別の陣地に駒を移動させて競うゲームを思い出させる（図3―7）。ひとつひとつの駒の個性はゲームが始まる前から定まっていて、何度移動しようともまったく変化しない。それと同様、私たちが見てきたように、人々と物資の実質的なアイデンティティ——それら固有の性質を決定する特徴——は、ある拠点から別の拠点に輸送される場合、原理的に

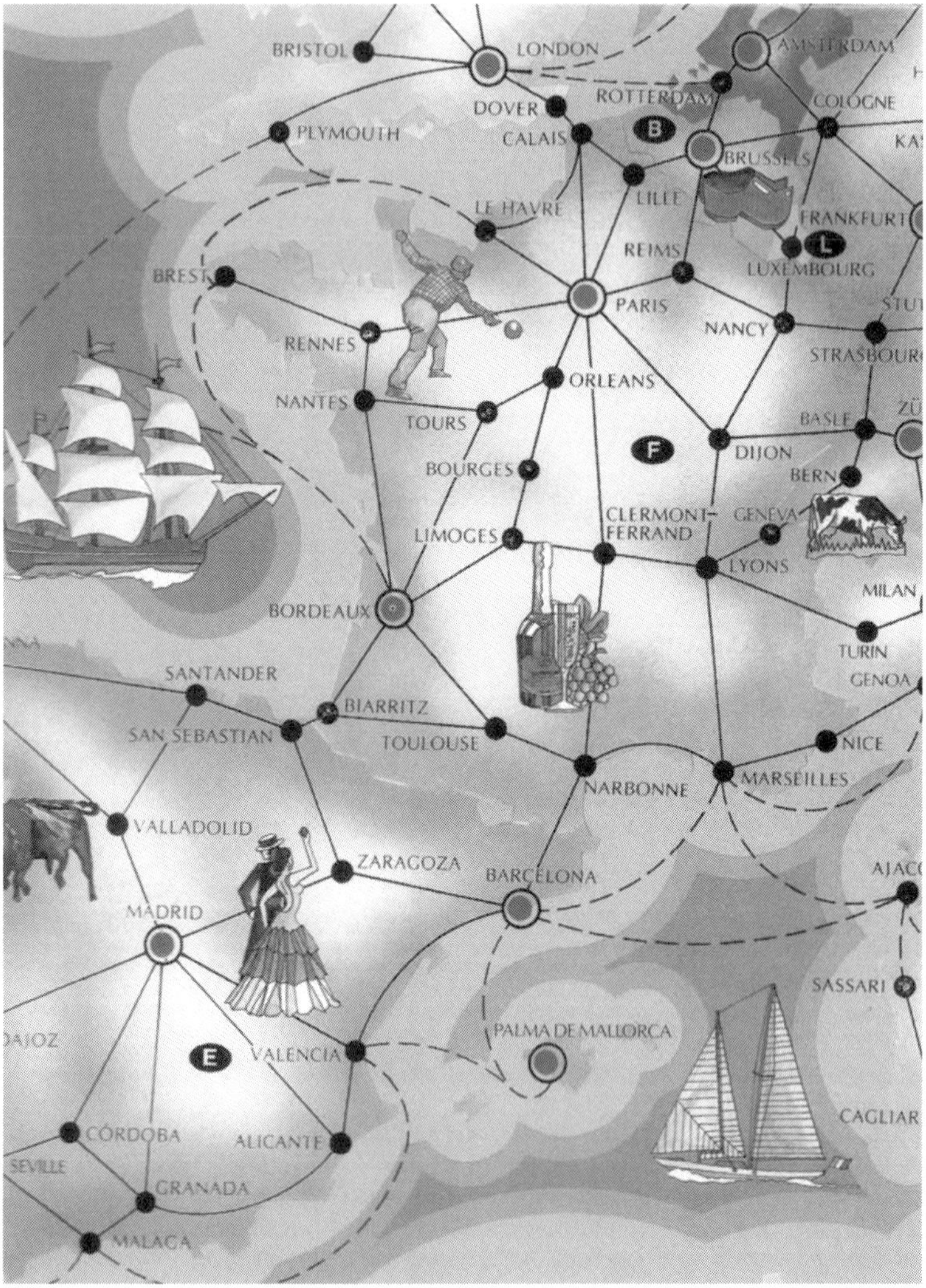

図3-7　『ヨーロッパ旅行ゲーム』のゲーム盤の一部。プレイヤーは配られたカードに従って、振られたサイコロの目の数だけ、示されたラインだけを経由してひとつの都市から別の都市へと駒を移動させる。

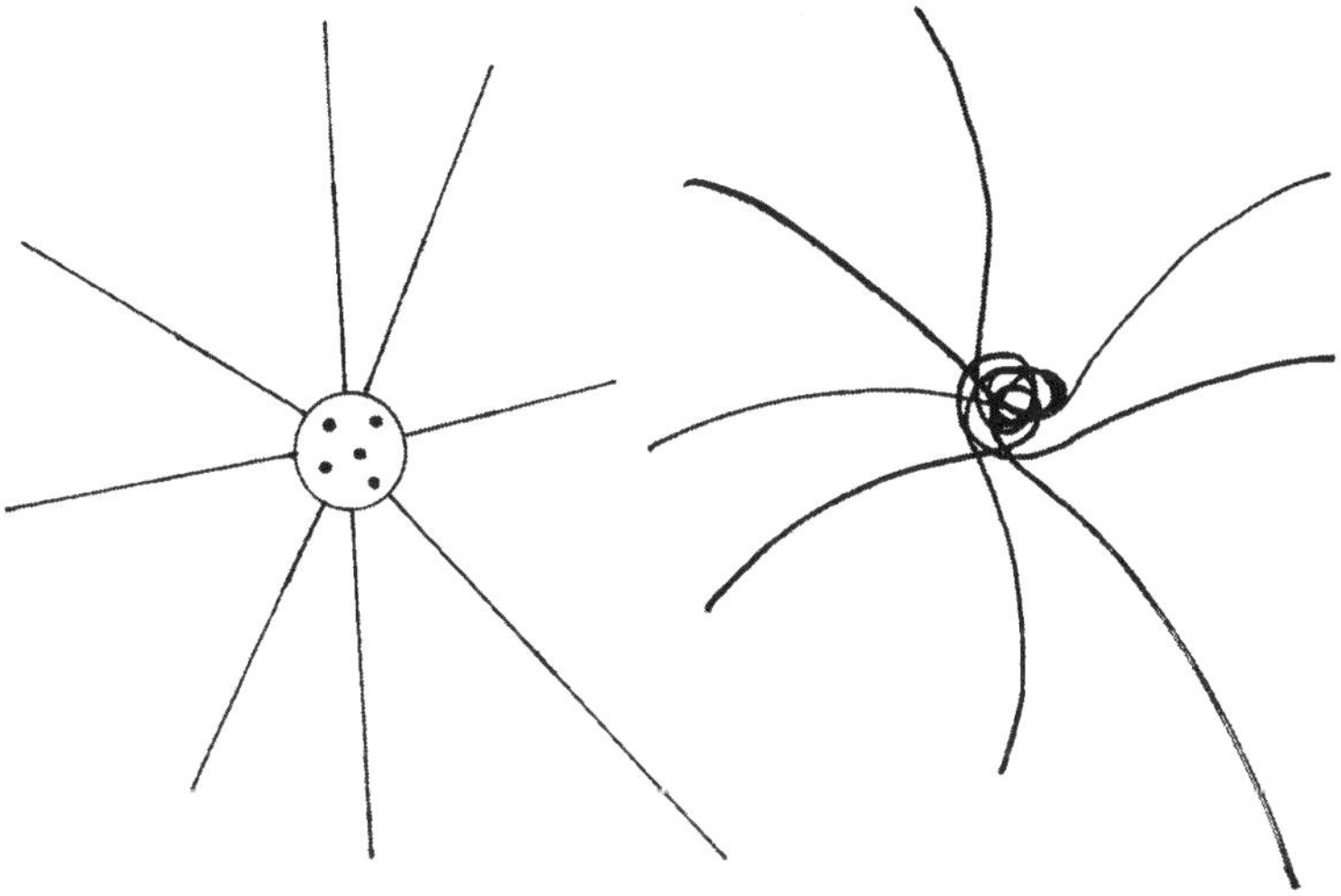

図3-8　絡みあう生のラインの結び目としての場所（右）と比較された、場所のハブ・スポーク・モデル（左）。左の図形では、円は場所を表わし、点はそこで生活する占拠者であり、直線は輸送ネットワークの連結器を示す。右の線図では、ラインは生きた居住者であり、中央の結び目は場所である。

何の影響も被らないことになっている。逆にいえば、ゲーム盤上のさまざまな陣地がプレイに先だって決められているのと同じように、［地図上の］それぞれの場所の位置的アイデンティティは、そこにおよそ一時的にしか滞在しない占拠者のアイデンティティとは独立して示される。地図上でもゲーム盤上でも、位置や陣地は可能な移動を示すラインによって結ばれている。これらのラインは、いうまでもなく点と点をつなぐ静的な連結器である。それらが寄り集まると、ひとつひとつの場所がハブとなり連結線がそこから車輪のスポークのように扇状に広がるネットワークを形成する（図3―8左を参照）。

さて、こうした図柄とオーストラリア中央部のワルビリ族が描く模様とは、一見したところ実によく似ている。彼らは「夢見のとき」に祖先がおこなった大地形成の旅について語るとき、しばしば指で砂の上に模様を描く。祖先が出現した場所や旅の途中で通過したそこを通って旅した場所は、

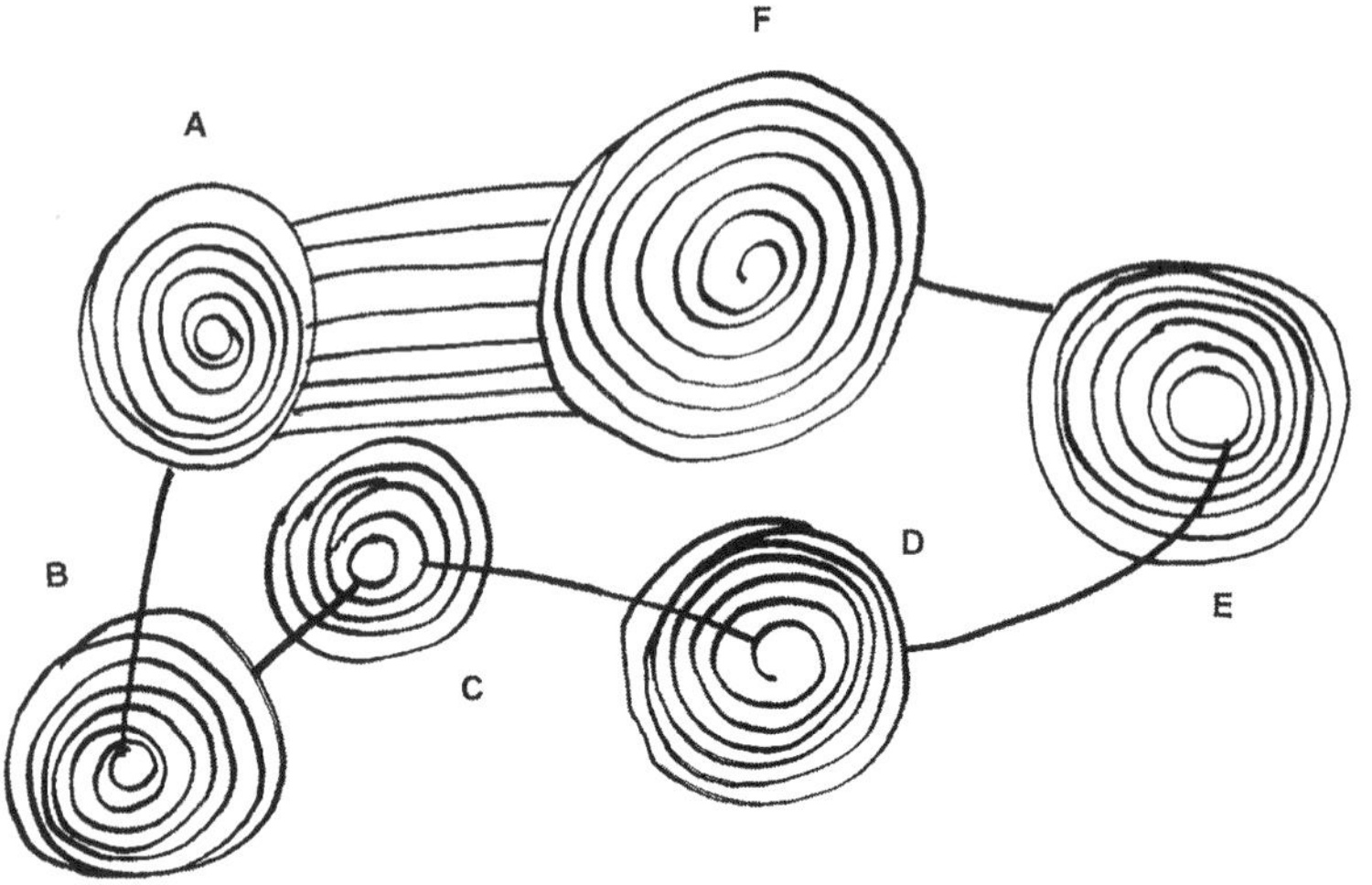

図3-9　一人のワルビリ族が描いた紙上の線描画から、場所と道の図［Munn (1973a: 194)］。

いくつかの円で図示され、それらのあいだにある小道は連結線で図示される。図3－9に示した、紙に描かれた線描画の例では、祖先はA地点で地面に現れ、すぐ近くのB地点を通って、さらにC、D、E地点を通過し、F地点を経てA地点で地中に戻っている。それぞれの場所は、私たちには――ワルビリ族を研究対象とする民族学者ナンシー・マンにとっても――ネットワークの結び目として他の場所に結びつく生の容器であるようにみえる（Munn 1973a: 213-15）。しかしその外観に欺かれてはならない。重要な鍵は、この図例にみられるように、場所がどれもひとつの円ではなく、一連の同心円の環あるいは中心に向かって巻きつく螺旋として示されている点にある。マンによれば、同心円の環と螺旋とは同等の形態として扱われている（1973a: 202）。それらの形態は静態的ではなく、何かを囲い込むものでもまったくない。それらはそれ自体以外の何ものも包囲しない。それらが描くものは、生がそのなかに収容される境界線ではなく、ひとつの焦点のまわりを旋回する生の流れそのものなのである。ワルビリ族の思考において、場所とは渦巻のようなものである。環や螺旋とそれらのあいだの線を別々の筆運びで描くことが慣例であり、その結果それらは交差するようにみえるとしても、それらが伝えようとする運動は連続している。重要地点において地面から現れた祖先は「歩きまわって」キャンプをし、常に広がっていく螺旋を描き、やがてまっすぐにどこかへ向かってゆく。戻ってくるとき、彼は逆方向に同じ運動を見せる。こんなふうだ。

ワルビリ族の線描画に見られる円環的ラインが何かを収容するものではないように、その直線は何かを連結するものではない。円環と直線のラインは両方とも刻印する手の身体動作がしるす軌跡であり、その手は祖先が最初の道を辿った動きを再現している。マンによれば、そうした道はすべて「生のライン」であり（1973a: 214）、「外に出る」、「中に入る」という交互の動きが連続する軌跡となる。外に出るとき、旋回的運動は放射的運動に変わり、中に入るとき、どこかを目指す運動は旋回的運動に変わる。しかしながらその場所のまさに中心点では、渦巻の目のように、何も動かない。ワルビリ族の考えでは、それは絶対的な休止地点であり、祖先がそこから現れた地面のなかに沈み戻って行く場所である。しかしその帰還は最終的なものではない。その場所に生命を吹き込む祖先の潜在的な力は、その力が生み出す何世代もの人間たちのあいだ

に繰り返し肉体化されるからである。彼らは生まれるとき地面から現れ、死ぬとき地面のなかに帰って行く。自分たちを生み出した場所の居住者として、人々は何世代にもわたって、日々の活動のなかで、スケールこそ祖先に及ばないが祖先が巡回した軌跡を辿り直し、祖先が動脈のように太い軌跡を残したところに毛細血管のような無数の踏み跡を広げる。彼らにとってもまた、人生はどこかの場所に向かい、そこから離れ、さまざまな場所**をめぐって**《アラウンド》進行する。あなたはキャンプするときそのまわりを歩く。ひとつのキャンプ地から別のキャンプ地へ導く小道に沿って狩猟し採集しながらあなたとあなたの道連れの者たちを養うのだ。だが死ぬときにはどこかの場所の中に入っていくしかない。

　ワルビリ族の人生は、徒歩旅行についてこれまで議論してきたように、その人間がしるす踏み跡の総計として地面の上に繰り広げられる。さて、いま仮に一人の人間の踏み跡を一本だけ描き、彼がひとつの場所にやって来て、しばらくそのまわりをうろうろして、再び出発した様子を示すとしよう。それはこんなふうになるだろう。

　もちろん彼はその場所で過ごすたった一人の人間ではない。彼はそこでいろいろな人たちと出会うだろう。彼らは異なった踏み跡に沿ってそこに到着したかも知れず、またそこから別々の道に出発するのだろ

う。彼らの踏み跡をこの絵に付け加えるならば、それはものすごく込み入ったものになる。今やその場所は複雑な結び目のようだ。さて、その結び目を無理にほどこうとはせず、その結び目を先に示したハブ・スポーク・モデル（図3−8）と比較することにしよう。このモデルでは、生の容器としてのハブは、それが収容している個人――それぞれが動く点として表象される――、およびネットワーク上の別のハブに接続するラインから、はっきりと区別される。それに対して、結び目は、そのなかに生を収容するものではなく、それに沿って生が営まれるラインそのものから形成されている。これらのラインは結び目のかたちに結ばれあっているが、結び目によって結ばれているわけではない。それどころか、ラインたちは結び目を超えて踏み跡を延ばし、かならず他の結び目のなかで他のラインといっしょになる。こうしたライン全体を私は網細工と呼びたいのである。一つひとつの場所は網細工の結び目であり、そこから延びる糸は徒歩旅行のラインである。

　私が地元民ではなく居住者としての徒歩旅行者に、そして地元民の知ではなく居住者の知を問題にしようとするのはなぜか。それは、ある人々がある特定の場所に閉じ込められているとか、彼らの経験はその場所だけで生きられる人生の限られた視界によって制限されている、などと考えることがおそらくまったく間違っているからである。同時に、徒歩旅行者は地球の表面をあてもなくさ迷い、いかなる居住地ももたないと考えることもまたまったく間違っているだろう。居住の経験は、定住民と遊牧民といった紋切り型の対比では理解できない。なぜならその対比自体が占拠についての一対の見方に基づいているからである。すなわち、定住民は場所を占拠し、遊牧民は占拠しそこなうという見方である。しかし徒歩旅行者は、占拠に失敗した者でも不本意な占拠者でもなく、成功した居住者である。彼らは確かに広い旅行経験があり、場所から場所へと――しばしば信じ難い距離を――移動し、そうした移動を通じて、彼らが通過する場所のひとつひとつを連続的に組織化することに貢献する。つまり徒歩旅行とは、場所なきものでも場所に縛られたものでもなく、場所をつくるものである。それは、つながった場所を通って進行する流れのラインとして、このように描かれるだろう。

さてここであのもうひとつのラインに戻ってみよう。クレーが、いくつもの会合の約束を果たさねばならない場合として描くラインである。厳密にいえば、それは、約束を果たすラインではなく点である。それは、一続きの連結点を追いながら、あらかじめ決められたひとつの位置から別の位置へとぴょんぴょん跳んでいく。こんなふうに。

この点が慌しいスケジュールを抱える個人を表していると考えてみよう。ひとつの会合から次の会合へと移っていくとき、彼は常に急いでいる。いったいどうしてそうなのか？

散歩に出かけるラインを描く徒歩旅行者にとって、スピードは問題ではない。人生のスピードを問うことに意味がないように、徒歩旅行のスピードを問うことに意味はない。重要なのは距離と経過時間の比率からみてどれだけ速く運動するかではなく、その運動が、人が住む世界のなかで他の現象が示すさまざまな運動と相関し調和することである。「どのくらい時間がかかりますか？」という質問は、旅の時間が決められた目的地に向けて設定されている場合にのみ意味を持つにすぎない。だが目的地を目指す輸送のように、運動の力動性がいったん機械的な場所移動に変質してしまうと、旅行のスピードが最も重視されるようになる。お目当ての活動が一連の途中下車地点で行われる旅行者は、自分の時間をそれらの場所のあいだではなく、それらのなかで使いたいと考える。移動するあいだ、彼には何もすることがない。輸送の歴史の大半は、より速い機械的手段を考案することによって、ぼんやりした間隙の時間帯を減少させようとする試みに費やされてきた。原理的には、輸送のスピードは際限なく増大する。もしも完璧なシステムが完成したら旅行者は瞬時に目的地に到着できるだろう。しかし現実には、同時にいくつもの場所にいることは不可能なのだから、完璧な輸送はあり得ない。システムには必ず摩擦が存在する。かくして時間といい、ともに運動する徒歩旅行者とは違って、輸送される旅行者は時間にいいいい、逆らって急ぐ。その経路のなかで彼に見えるものは成長への有機的潜在力ではなく、自分の乗っている移動装置の機械的限界である。なんとかすれば今ある連結のネットワーク全体のあらゆる場所に同時に到着できるはずなのに……。実現不可能な理想に駆り立てられているからこそ、現代人はひとつの地点から別の地点へと急ぎ、あらゆる場所に同時に到着しようと試み、当然のことながら挫折する。所要時間とはいらだちを測る尺度である。

つまり純粋な輸送が可能だと考えるのは幻想である。私たちはある位置から別の位置へと飛び移ってゆくことなどできないし、旅行者がある場所に到着したとき出発時とまったく同じ状態にあるはずもない。まさに完全な輸送など不可能であるから――あらゆる旅は現実の時間のなかの運動であるから――こそ、それぞれの場所はただの空間内の位置ではなく、歴史をもつのである。さらに、同時にあらゆる場所に立つことなど誰にもできない以上、水平方向と垂直方向、横断と上行といった垂直に交わる二本の座標軸のうえに運動の力動性が示されるかのごとく考えて知の配置から運動の力動性を取り去ることはまったく無理な話なのだ。実際、精神が世界の表面から上方へと離脱するかたわらで、肉体は世界を横断して動きまわり、精神が客観的な知の構造へと組み立てるためのデータをただ収集するなどということはあり得ない。純粋な客観性も、純粋な輸送と同様に幻想である。その幻想は、生や成長や知識に本来備わっている場所から場所への運動という肉体を伴った経験を抑圧するときに生まれる。測量士でさえ、自分の仕事のために歩きまわりながら、現代の読者がページを繰りながら印刷されたテクストの上で目をさ迷わせるように、風景に対して必ず目をさ迷わせるはずだ。測量士であれ読者であれ、観察をおこなうときに運動の経験が必ず割り込んでくる。知とは、現実には誰にとっても、何かを横断しながら築き上げられるものではなく、何かに沿って前進しながら育つものである。

おそらく、近代の大都市に住む人々の困難を真に特徴づけているのは、明らかに占拠の目的で計画され築かれた環境に居住することを強いられる点である。大都市では、建築物および公共空間は包囲し収容する。道路とハイウェイは連結する。今日の輸送システムは、目的地から目的地へと結ぶ巨大なネットワークで地球全体を覆いつくす。座席にくくりつけられた乗客にとって、旅行とはもはや行動と知覚とが密接に結びついた運動の経験ではなく、動かないことを強いられ、知覚が剥奪される経験になってしまった。旅行者は、到達すると直ちにその束縛から解き放たれるが、自分の運動の自由が訪問地の境界内に限られていることにすぐに気づかされる。とはいえ、人を制限し、誘導し、収容するさまざまな構造は永遠不滅なものではない。それらは居住者の巧みな動きによって絶えず侵食される。居住者の「さまようライン」あるいは「有効な放浪」——ド・セルトーの言葉[*8]（1984: xviii）——は、社会の建築を請け負う者たちが築いた戦略的設計を蝕み、次第にすり減らし、崩壊させる。居住者のなかには、ゲームの規則を時には破る人間たちだけではなく、人間以外の見向きもされない存在も含まれている。規則的、線条的に整備された占拠世界の至るところで、空を飛び、地を這い、身をくねらせ、穴を掘りながら、すべての生物は、ばらばらになった断片を自分の生の道のなかに再び受け入れ、再編成する。

実のところ、居住という網細工《メッシュワーク》の触手を逃れられるものはない。どこまでも広がろうとするそのラインが、これから広がり進行するかも知れないあらゆる亀裂や裂け目に探りを入れているのだ。生は何かに収まろうとせず、自分と関係する無数のラインに沿って世界を貫く道を糸《スレッド》のように延ばしていく。もし生が境界線のなかに押し込められないものだとしたら、それは囲われるものでもないだろう。では、環境という概念はどうなってしまうのか？　文字通りの意味では、環境とは囲うものである。だが居住者にとって環境とは、境界を設置されるという状況から成り立つものではなく、自分の使ういくつかの細道がしっかりと絡み合った領域から成り立っているものだ。この絡み合いの領域——織り合わされたラインの網細工——には内部も外部もない。在るのはただ隙間や通り抜ける道だけである。結局のところ生命の生態学は、交点と連結器ではなく、糸と軌跡の生態学でなければならない。その研究は、生物とその外的環境のあいだの関係ではなく、網細工状に組み込まれた生物それぞれの生活の道に沿ったさまざまな関係を扱うものでなければならない。生態学とは、要するに生命のラインの研究なのである。

原注

［1］この観察はベアトリス・コリニョン（Collignon 1996: 98）によって確認された。彼女はコパー・イヌイットが自分たちの領土を、旅程の総体、「人や獲物がそれに沿って移動するラインのネットワーク」（Apora 2004: 12 に引用）として捉えていることを指摘している。

［2］『辞典』のなかで、ジョンソンはこの節の後半の二行だけを "We as by line upon the ocean go / Whose paths shall be as familiar as the land." と引用したが、そこには若干の引用ミスが認められる。
［訳注］インゴルドはジョンソンのミスを修正して本文中に "And as by Line upon the Ocean go / Whose paths shall be as familiar as the Land" と引用している。瑣末なことだが、その際インゴルド自身にも若干の引用ミスが見られる。インゴルドが参照したドライデンのテクストにおいて、該当部分は "Whose paths be familiar as the Land." となっている。尚、訳文は「驚異の年」（加納秀夫訳、『世界名詩集大成　九』、平凡社、一九五九年）一四〇頁による。

訳注

＊1　『トリストラム・シャンディ（下）』（朱牟田夏雄訳、岩波文庫、一九七五年）二二〇頁。一六九五年ナミュールの戦いで負傷したトウビー叔父に仕える従卒トリム伍長が、ウォドマン夫人の恋の手管に籠絡される主人に向かって宗教裁判で投獄された兄のエピソードを語り、生涯捕らわれの身になる悲しさを説く場面。

＊2　アボリジニである元カトリック神父ダン・フリンが語り手ブルース・チャトウィンに語るせりふ。『ソングライン』（北田絵里子訳、英治出版、二〇〇九年）九四頁。

＊3　『空間の生産』（斉藤日出治訳、青木書店、二〇〇〇年）一八八－一八九頁。

＊4　アンデス山脈中の高原。

＊5　『千のプラトー』（宇野邦一、小沢秋広、田中敏彦、豊崎光一、宮林寛、守中高明訳、河出書房新社、一九九四年）三九頁。

＊6　『生態学的視覚論』（古崎敬、古崎愛子、辻敬一郎、村瀬旻訳、サイエンス社、一九八五年）二一二頁。

＊7　『日常的実践のポイエティーク』（山田登世子訳、国文社、一九八七年）二七五頁。引用に際して若干訳語を変更した。

＊8　同書二一四－二一五頁。引用に際して訳語を変更した。

これまで論じてきたように、生はいくつかの地点の内部に閉じ込められるものではなく、ラインに沿って展開されるものである。ところで生命は成長するのだろうか、それとも流れるのだろうか？　生の運動は、風景に切れ目を入れながら海へと向かう小川や河川の水の動きに例えるべきなのだろうか。それとも光に向かって上に伸びていく植物の茎になぞらえるべきなのだろうか。このふたつの観点はおそらく両立せぬものではないだろう。樹木の成長はその生命を支える樹皮の内側を流れる樹液に頼っているが、それは川が土手に沿った土地に栄養や肥沃さを運んでいくようなものだ。しかし西洋の歴史をふりかえると、ギリシャ・ローマ時代から現代に至るまで、生命の比喩として水の流れと樹木の成長とは、ライバルとして覇権争いを続けてきた。いや、この上なく奇妙で信じがたい解決策によって妥協しようとしてきたというべきかもしれない。その状況がもっとも顕著にあらわれているのが、**系譜** ***genealogy*** の制作、つまり祖先という源泉ないし根元から現代の姿に至る人間の生の道筋を辿る行為である。本章では、短い間奏曲として、系譜的ラインに注意を向けてみよう。

〈ライン〉という言葉を社会人類学者に差し向けると、彼らが最初に思い浮かべるのは、おそらく親族関係あるいは系譜のつながりである。その他のラインは彼らの学問的想像力をそれほど刺激しない。人類学のノートや教科書のなかでもっとも頻繁にラインがあらわれるのは、やはり親族関係や家系の図表である。

だが私がここで問題にしたいのは、科学的方法の道具として採用される系譜的ラインは、ある重大な変容を経るということである。というのも、その図表ラインは成長することも流れることもなく、ただ連結するだけだからだ。また、図表ラインが連結するさまざまな生命はさまざまな地点に圧縮されるからだ。まずは手短に歴史をふりかえってみよう。それにあたり、クリスティアーヌ・クラピッシュ＝ツーバーの注目すべき論考（Klapisch-Zuber 1991）から大きな恩恵を受けたことを明記しておく。

さかさまの木

文献によれば、ローマ人は先祖の肖像を波打つラインやリボンで結びつけた装飾（系図表 *stemmata*）で自宅の広間を飾る習慣があった。それらの系譜は一族の始祖が鎮座する最上部から読み取られることになっていて、子孫の世代になるにつれて下がって来る。親子関係《フィリエイション》にあたるラテン語には「高い所にある共通の源泉から発して低い所にある個人の集団へと下降する流れ——血、財産、価値など——を暗示する隠喩」という意味がある（ibid.: 112）。末裔とは下降する者たち《ディセンダント》であり、家系とは坂を駆け下るものである。そのためローマの著述家は、系譜的に家系を描く手段として樹木という表象にはあまり関心を示さなかった。高貴なる先祖を明示することが目的であれば、樹木による描写は二重の意味で不適切である。まず子孫が置かれるべき下の部分に祖先が置かれてしまう。さらに直系継承の連続性を強調するよりも多様な枝分れの増殖を示すことになる。ローマ時代の系譜に関するテクストには時折「枝」***rami*** への言及が見られるものの、その語は系譜のラインではなく、肖像や名前を系図表《ステマータ》に関連づける支線を意味していた。

だが、ローマ法のなかに相続と婚姻禁止を規定する親等の定義の先例を捜していた中世初期の聖職者たちに対して、枝はまた別のイメージを喚起した。彼らの抽象的な親族の線図は、一般的に中心の支柱の上に固定された張り出す三角形のかたちをしていた。その中央、三角形の基部に位置するのが名目上の〈私〉という個人であり、〈私〉と関係のある親類縁者がその周囲に描かれることになっていた。彼の直系の祖先は頂点に、傍系親族は両側に、彼の直系の子孫は中心の支柱の下方に配置された。確かにこうした線図は樹木そっくりというわけではないし、たとえば身体や家といった樹木以外の外観をとることもできただろう（実際そのような例もあった）。だが九世紀以来、血縁関係の表は〈法の樹〉***arbores juris***と呼ばれ、中央の支柱を幹に、張り出す三角形を林冠に、頂点を梢にそれぞれ見立てた樹木としてイメージされるようになった。この表象において、枝は幹――直系の祖先と子孫を描いた――から両側の傍系の親族へとつながるものだった。ところが、〈法の樹〉が樹木のかたちをとる――線図と樹木がよく似た形で表される――慣習が定着するようになっても、当時のイラストレーターたちは、生きている樹木と、線図が表象しようとする血縁のラインとの類似を描くことに大きな抵抗感を示していた。その理由は簡単である。〈法の樹〉が現実にあったとしたら、それは頂点の祖先から一番下の子孫へとさかさまに成長しなければならないからだ！　図4－1はかなり時代が下った十八世紀の資料だが、そこにはまさにこの矛盾が示されている。

土地と特権の相続権を確実なものにすることに心血を注いだ中世後期の封建貴族は、系譜ラインを上から下まで読み上げる昔の慣行に従い続ける方を好んだ。そのラインは王家の血が流れ下る水路として描かれ、それに沿って小さな肖像画、紋章、メダルで表わされた王家の人々が配置された。羊皮紙の長い巻物に王家の歴史を記録する慣習には、樹木の比喩への抵抗感がより強くあらわれていた。巻物を一行一行読むことは、下に向かって読むことである。だが樹木は上に向かって成長する。したがって、樹木を上から下へと成長させることでもしない限り、系譜継承のテクストによる記述を樹木による描写に合致させることは不可能だった。イラストレーターのなかには太さが竹の茎のように変わらない幹や、上に向かって成

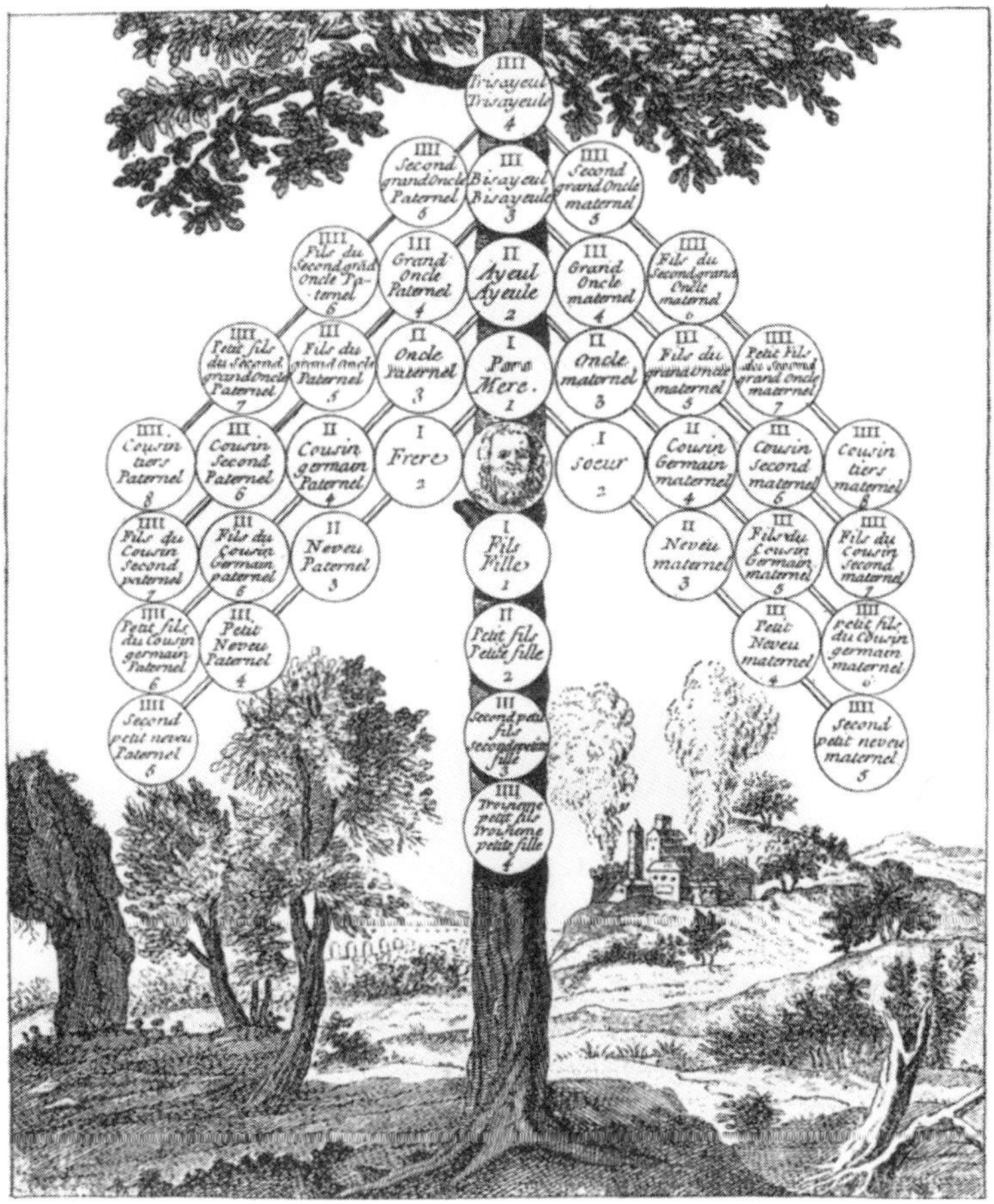

図4-1　18世紀フランスの〈血縁樹〉。幹を半分ほど上ったところに見える顔が〈私〉を示す。彼の下方、幹を下る向きに4世代の子孫が、上る向きに4世代の祖先が続く。父方の親族が左側、母方の親族が右側に配置されている。アラビア数字とローマ数字はそれぞれ、ローマ市民法とキリスト教宗規による親等を示す［Domat (1777, I: 405)］。

長するのか下に向かって成長するのか定かではないツタのような群葉を描いて、何とかその両者を合致させようと試みる者もいた（Klapisch-Zuber 1991: Fig. 15）。しかし系譜樹という表象が自立するためには、それがテクストから切り離され、付随する記述の助けを借りずに首尾よくすべてを表現できるようになる必要があった。そのための大きなはずみとなったのが、中世後期に広まった「エッサイの樹」の絵である。

その絵の源泉は「エッサイの株からひとつの芽が萌えいで、その根からひとつの若枝が育ち」という『イザヤ書』の預言[*1]（第十一章）についての独特な解釈にある。この解釈において、株（あるいは根）はエッサイの息子ダヴィデ王であり、芽（あるいは若枝）は聖母マリアへと至り、その懐胎によってキリストという花が蕾をつける（Bouquet 1996: 48-50）。エッサイの樹はしばしば横たわるエッサイの身体から幹が生えているように描かれた。エッサイは、頂点にいます救世主の姿に向かう数世代のあいだに何が起こり、何が進行するのかを夢想している。天を目指して樹を上行する推進力は、道徳と霊の完全性という理想を示唆していた。樹の表象の意義はもともとその理想にこそあったのであって、系譜関係や財産相続権を正確に図解することにあったわけではない。しかしその絵にそなわる力は、自らの神聖なる起源を主張しようともくろむ世俗の支配階級の家系にとっても依然として有効だった。ただ問題は、エッサイの樹が上に成長するイメージを、貴族の血筋が下に流れ伝わっていくイメージとどうやって結びつけるかということだった。彼らはそれを、それまで誰もが不可能だと思っていた芸当で解決した。すなわち、頂点の祖先から垂直あるいは斜め方向に下る系図ラインを示す〈法の樹〉を実物の生きている樹木として表わすのだが、その根は──地上に植えられている普通の樹木の根とは違って──実は天に下ろされていると表現したのだ。

最初の系譜樹はまさに逆立ちしていたのである。〈法の樹〉は〈さかさまの樹〉***arbor inversa*** となり、大地の力ではなく天の光で養われるものとなった。いくつかの絵の中では「哀れなエッサイ」さえもが

「さかさまになって居心地悪そうに、天地のひっくり返った風景のなかに横たわっていた」(Klapisch-Zuber 1991:124)。その樹の上下が正しい向きに直るためには、未来の世代は祖先の富をただ伝承するのではなく、より一層の充実に向かって成長して祖先の到達点を超える存在であり、未来は過去より優れたものであるという原理を受け入れる必要があった。正しく直立した姿で――エッサイの樹の面影を引きずりながらも――系譜樹は祖先の宣言と宿願の表明とを結びつけた（図4―2）。こうして近代の夜明けの時期に、その樹は進歩のイコンとなったのである。しかし上昇する成長と下降する流れの矛盾は完全に解決されたわけではなかった。その矛盾は今日、一族の絆を辿りたいという人々の飽くなき欲求に応えて商品化されているツリー状写真に見られるだろう。ツリー状写真では、注文客の多くの祖先を――一世代遡るごとに数は倍になる――林冠と葉の最上部に置く。その樹はさかさまになってはいないが、時間を遡って成長し、若枝が増えるごとに過去へと戻って行く。それは、現在が常に過去に優ると考え、過去を陰に追いやる近代的時間経験をまさに反転させている。

鶴の足から回路基板へ

二〇世紀の最初の十年間に、系譜的ラインを科学的表記法に改造する決定的な一歩をしるしたのはW・H・R・リヴァースである。リヴァースは自然科学を修め、医者になる教育を受けたのち感覚認識の生理学と心理学に傾倒した。文化人類学への関心が目覚めたのは一八九八年から九九年にかけてケンブリッジ大学トレス海峡調査隊に参加したときであった。彼は調査隊に内科医兼心理学者として同行したのだが、民族学的資料収集のための厳密な科学的手順を確立しようという決意に燃え、一九一〇年に出版された名高い論文において「人類学的調査における系譜的方法」と称する手法を練り上げるに至った。その方法の核心部には、土地のインフォーマントから情報収集を行う際には、インフォーマントの知識と記憶を総動員して彼らと親族のつながりを結んでいるすべての個人に当たるべし、という指示があった。まずインフォーマント自身の直接の親族から始まり、次にその親族一人ひとりの縁故を、世代を遡行あるいは下降しながら明るみに出していく作業を民族学者に求めたのだ。そうした情報を総合することによって、すべての個人どうしの正確な縁故関係を辿る完全なネットワークを構築することが可能なはずだとリヴァースは考えた。

興味深いことに、リヴァースは一九一〇年の論文の冒頭で「多くの民族が彼らの祖先の連綿とつづく系統の記録を維持しているという周知の事実」に着目している[*2](Rivers 1968: 97)。**系統** ***pedigree*** という概念は、彼の論文の主な読者である英国中流階級にとって馴染み深いものであったろうし、彼らに浸み込んだ上流気取りの気風にぴったりだっただろうが(Bouquet 1993: 38-39,188-189)、それは樹木の表象とはなんら本質的関係をもたなかった。その語はラテン語の ***pes***(足)と ***grus***(鶴)に由来しており、もともと鶴の足跡に似た矢印のような三本のラインをもつ線図を指し、その線図は初期ヨーロッパの系譜図において世代を下るラインを示すために使われていた。系統《ペディグリー》とは基本的には、分岐したラインの共通の根における結束というよりも、一本の線に沿った純粋な継承といった意味あいをもつ。その意味では古典ローマ期の〈系図〉***stemma*** ないしリボンにかなり近い。一五三二年の『オックスフォード英語辞典』に収録された語義のひとつとして、系統は「一続きとなった人々」と記述されている。自然界にその比喩を探すとしたら、植物界ではなく動物界に求められるだろう。なぜなら系統とは何よりもまず血の流れを管理し、継続される純粋性を保証するものに他ならないからであり、それは人間を育てる場合でも動物(馬や牛)を飼育する場合でも同じだからだ。そして系統は、成長ではなく流れとして、上昇せず駆け下ったのである。

図4-2　1350–1589年、ジャン2世からアンリ3世に至るフランス王家の系譜、シャンボール城。

リヴァースが自分の方法に従ってつくりあげた——そしてそれ以来ひろく人類学者たちがつくってきた——図表は、祖先を上に、子孫を下に配置した。家系樹の像をひっくり返すどころか、リヴァースはおそらく家系樹より遥か昔の伝統的なリボン状系図《ステマ》を求めていたのだ。一九一〇年の論文では「系統」と「系譜」というふたつの用語はある程度交換可能なものとして使われているものの、リヴァースの思考の背後には、人々が自分自身について語る物語と、体系的な法医学的調査によって彼らから収集した情報とのあいだに一線を画し区別しようとする意図があった (Bouquet 1993: 140)。その区別がはっきり正確に認識されるようになるのは五十年以上も後のことである。社会人類学者ジョン・バーンズは、一九六七年に発表された論文で再び系譜データを体系的に収集するための綿密な方法論を提示した際、リヴァースが最初に発表した方法には「改良すべき点はほとんどない」と認めている (Barnes 1967: 106)。ただ系統と系譜とは区別されるべきだと彼は主張したのである。「系統」は「当事者あるいはインフォーマントが口頭や概略図、あるいは記述によっておこなった、系譜に関する陳述」を指す場合に使用され、「系譜」は「民族学者がフィールド調査の記録や分析の一部としてつくった、系譜に関する陳述」を指す場合に採用されるべきものであった。両者のあいだにあるのは、まさに文化と科学の違いであった。「系統を構築する方法には当事者の文化的環境がその跡をとどめているが、系譜の記録方法を決定するのは科学的要求である」(ibid.: 103)。

人類学者たちは、民族が自らの起源と家系をあらわす「自家製のモデル」を客観的科学の記録から本当に区別できるのかという問題を飽くことなく議論してきた。バーンズでさえ、系統において記憶される系譜的つながりと、民族学者が描き出すものの当の民族にはやがて忘れ去られる系譜的つながりとのあいだに「明瞭な境界線を引くことはできない」ことを認めざるを得なかった。それでも彼は「その差は事実として存在する」と主張する（ibid.: 119)。また、系譜的方法自体がヨーロッパ文化の歴史に根を深く張った慣例に大いに寄りかかっている以上は、系統的意味あいを完全に払拭した系譜を確立したなどという科学的主張はいささか疑わしい、という批判もなされてきた（Bouquet 1996: 62)。それに関連して、系譜のつながりとは生物発生的現実であるのか、それとも自然的基盤から事実上「独立した」社会的ないし文化的構成物としてのみ存在するのかといった、これまた果てしない議論がある。こうした議論は仰々しくまた結論の出るものでもないので、ここでそれを再燃させるつもりはない。私の関心は別のところにある。系統と系譜の違いは、そのラインで結ばれる民族の範囲、民族についての情報が得られる方法といったものにではなく、ラインそれ自体の性質にあるのではないだろうか？

バーンズの論文が現れたとき、私はケンブリッジ大学で社会人類学の勉強を始めたばかりで、親族理論について最初の教えを受けていた。[?]そこでまず叩きこまれたことのひとつは、親族とは決して「血のつながりをもつ者《ブラッド・リレイションズ》」ではないということだった。親族は「血縁のある者《コンサングイン》」として理解されるべきことになっていた。それはゲルマン語起源の単語とラテン語起源の単語でそれぞれまったく同じことを言い換えているだけではないのか、といった異議は即座に却下された。教師たちにとってそこにはあきらかに重大な区別があった。だが私のような新米にとって、それが何なのかを理解することは難しかった。ここで前章の議論を思い出してみれば、おそらく事情がはっきりするだろう。血は人々の血管を脈打って流れる物質であり、親から子へと受け継がれると考えられていた。それとは対照的に、血縁性とはひとつの抽象概念である——少なくとも親族理論の文脈においては。第二章で、幾何学的ラインとは現実の軌跡ないし糸の「幽霊」である、と考えてみたが、それとまったく同様に、血縁的親族関係とは現実のものと主張される血のつながり《ブラッド・ライン》の幽霊である。それは、点線が身ぶりの軌跡から導き出された手順とほぼ同じ手順に

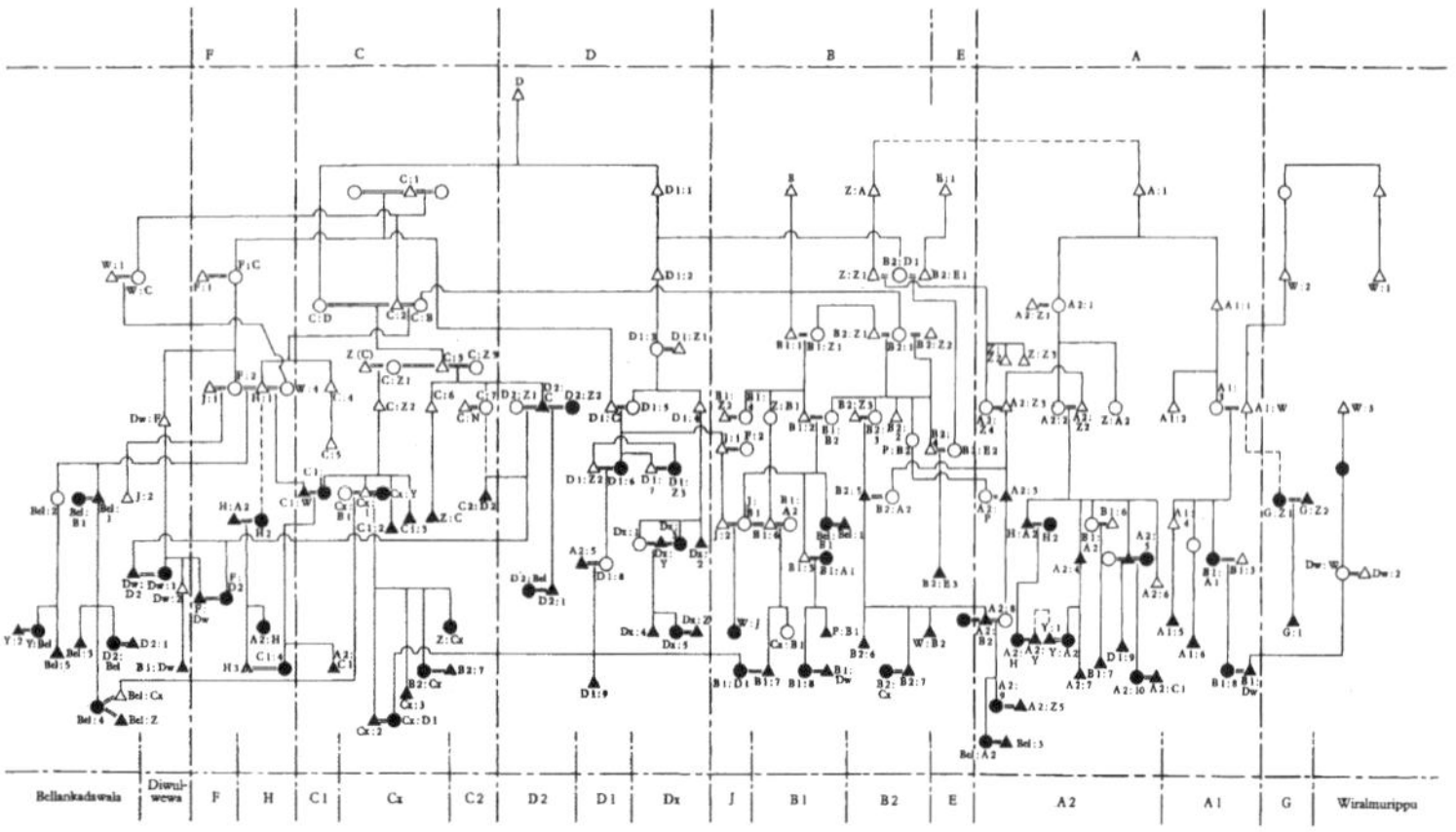

図4-3　回路基板のような親族の線図。エドマンド・リーチが1950年代後半に記録したセイロン（現スリランカ）のプル・エリア村における系譜のつながりを示す図表［Leach (1961)］。

よって生み出される。要約すればこうだ。ある運動が描いた一本のラインを選ぶ。それを切片に切り分ける。それぞれの切片を点のなかに堅く巻きとる。最後に点を結ぶ。まさにこのようにして、「科学的」系譜は系統の糸から引き出される。血縁のラインは糸でも軌跡でもなく、連結器なのである。

　さらに、第三章で示した議論をふまえたさまざまな対比が導かれるだろう。系譜の線図は点を結ぶラインからなる図表のかたちをとる。出発前であってもひとつの目的地から別の目的地（あるいはその逆）へとルートを示すことができる地図のように、系譜図表は――ピエール・ブルデューが最初に気づいたように――「一目で直ちに見て取ることができ、どの地点からどの方向へも読み取ることができる」ものであり、それによって「何世代にもわたる親族関係者の完全なネットワークを……同時に存在する総体として」提示する（Bourdieu 1977: 38）。系統の軌跡がしるす優美な模様や装飾を剥ぎ取られて、系譜図表は電気回路基板のような殺伐とした厳格さを示すようになる。事実、多くの系譜図表は配線図に実によく似ている（図4－3）。系譜図表のラインが軌跡ではなく糸の幽霊であることは、結び合わされない線同士が交差する箇所では電気技師が回路図の記述に用いる小さな半円を描くべし、というバーンズの忠告（1967: 122）に明らかである。バーンズはまた、慣例的に垂直軸上に継続する世代の人物の、水平軸上に同一世代の人物が配置されるが、より一層見やすくするために世代の推移を示す軸を水平にそろえるようにと忠告する（ibid.: 114）。このように連結線の集合体として構築されて、図表はより一層観念的なものになってゆく。バーンズのふたつの忠告は広く受け入れられた。

系譜図表のラインは、伝統的な系統のラインのように散歩にでかけることはない。ひとつの系統を読むとき、私たちは略図や道しるべのラインを辿るように、子孫の方へ「流れを下り」、祖先の方へ「流れを遡り」つつその道筋を辿る。途上で出会う人物は、川沿いに位置する場所のようである。次々に語られる地名がそれらの位置する道筋に沿った旅を物語るように、順を追って列挙される人名もまたそのラインの物語を語る。人物一人ひとりが物語の主題《トピック》＝場所である。それに対して系譜図表のラインは、それに沿って進むのではなくそれを上昇し横断するように読まれる。図表を読む行為は、ストーリーラインを追いかけることではなく、筋書き《プロット》を再構成することである。図表を読む者が認知すべき課題は、印刷されたテクストの事例ですでに考察したように、記憶の風景を貫く道を発見することではなく、白いページの表面に分布した断片を首尾一貫した構造体へと組み立てることである。それらの断片は慣例的に小さな三角と丸で表示され、それぞれ男性と女性を象徴的にあらわしている。しかしそれらの記号で示された人物たちは、祖先から物語を受け取り子孫に向けてそれを伝えるどころか、ひとつの点に固定され、彼らの生全体は系譜格子のなかのたったひとつの位置に押し込められ、そこから脱出することはできない。

系譜的モデル

系統という紐ないし糸状ラインを系譜という点と点の連結器へと変形する論理——すなわち点線の論理——は、リヴァースが一九一〇年の論文を書くはるか以前からすでに科学的思考の一部として確立していた。とはいえこの二種類のラインは、たとえば一九世紀後半から二〇世紀初頭にかけて吹き荒れた生命進化をめぐる論争を見てもわかるように、ぎくしゃくした共存を続けた。一九世紀になる頃すでに生物学の創設者ジャン=バティスト・ラマルクは、生物形態の進化——あるいは彼が「変移」と呼ぶもの——のうちに、あらゆる生物が自然の段階を上昇しつつあり、先祖が累積的に獲得してきたものを引き継ぎさらに強化して後代に伝えている紛れもない形跡を見抜いていた (Ingold 1986: 130)。つまりあらゆる生物の生命は、祖先が子孫になる過程を通じて漸進的に成長あるいは刷新される。一本の尺度の表象が枝分かれした樹木の表象に置き換えられたのは、主にチャールズ・ダーウィンの功績であった——すでに見たように、樹木には聖書的主題を図示した多くの先例がある。『種の起源』においてダーウィン自身、樹木の成長という比喩を用いることに反対ではなく、大小の枝を豊かに張り蕾をつける樹木の伸長に生命の進化を例えた (Darwin 1950: 112-13)。また彼は、個々の生物が一世代のあいだに獲得する特質が子孫に伝達されるという可能性も否定しなかった。

だがダーウィンはその一方で、世代を下るラインに沿った個体の変容を説明できると主張した自然淘汰による多様化の理論のもとでは、ライン上の各個体はそれ自身のためだけに在り、自らの生命の範囲内に限られた計画を実行するためだけに存在するのだとも表明しなければならなかった。各個体は祖先の生命の方向を継承することも、子孫の生命の方向を先取りすることもない。というのは、個体が生殖作用を通じて未来に伝えるものはその個体の生命ではなく、他の個体のために別の計画が組織されるときに再び結合され組み立て直される一連の遺伝形質だからだ。ダーウィンの概念では、進化とは絶対に生命過程ではない。進化は世代を超えて生じるが、生命は各世代のなかで費やされる——次の世代で生命を再稼働させるべく、今日では遺伝子として知られる遺伝可能な構成要素を伝達する仕事のために。科学史学者のチャールズ・ギレスピーが的確に指摘したように、この主張が示す論理は、進化過程についてのラマルク的見解とダーウィン的見解を分かつものである。なぜなら、ダーウィンが行ったことは「それまで生成だと見なされていた自然の全領域を存在の問題として、時を遡る一連の無限の客観的状況として扱うこと」だったからである（Gillespie 1959: 291）。その結果、進化の連続性は、生成の現実的連続性ではなく、系譜連鎖のなかで先行者からも後継者からもわずかに異なる不連続な個体間に再構成される連続性となる。私が以前の著作で述べたように、「各個体の生命はただひとつの点に凝縮される。点と点のあいだに連結ラインを引き、それぞれを連続的過程の瞬間として捉えるのはわれわれなのである」（Ingold 1986: 8）。

図4－4は『種の起源』よりダーウィンの線図を掲載したものである——実はこれがその著作に示される唯一の図解である。その線図では、それぞれの水平の帯が一千世代の間隔を示し、その間隔の系図ラインは一千の生物個体によって辿られ、それを辿った個体はそれを辿る以前の個体とはわずかに異なったものとなる。それにしてもダーウィンの線図におけるラインが、点線から成り立っている様子にどうか注目してほしい！　彼がラインをそのように描いたのはまったく適切だった——彼の理論がそれを要求したのだ。彼の線図は、彼がテクストのなかで雄弁をつくして語った生命の樹を描くどころか、その樹木の弱々しい亡霊である。かつては幹や枝が育ち「芽吹く緑の小枝」（Darwin 1950: 112にある表現）が広がっていたのに、ここに立っているのは命を失い人工的に再構成された点と連結器の骸骨である。生命の樹の本来の成長線は何千世代もの切片へと切り刻まれ、それぞれの切片はひとつの点に圧縮されてしまった。進化系統

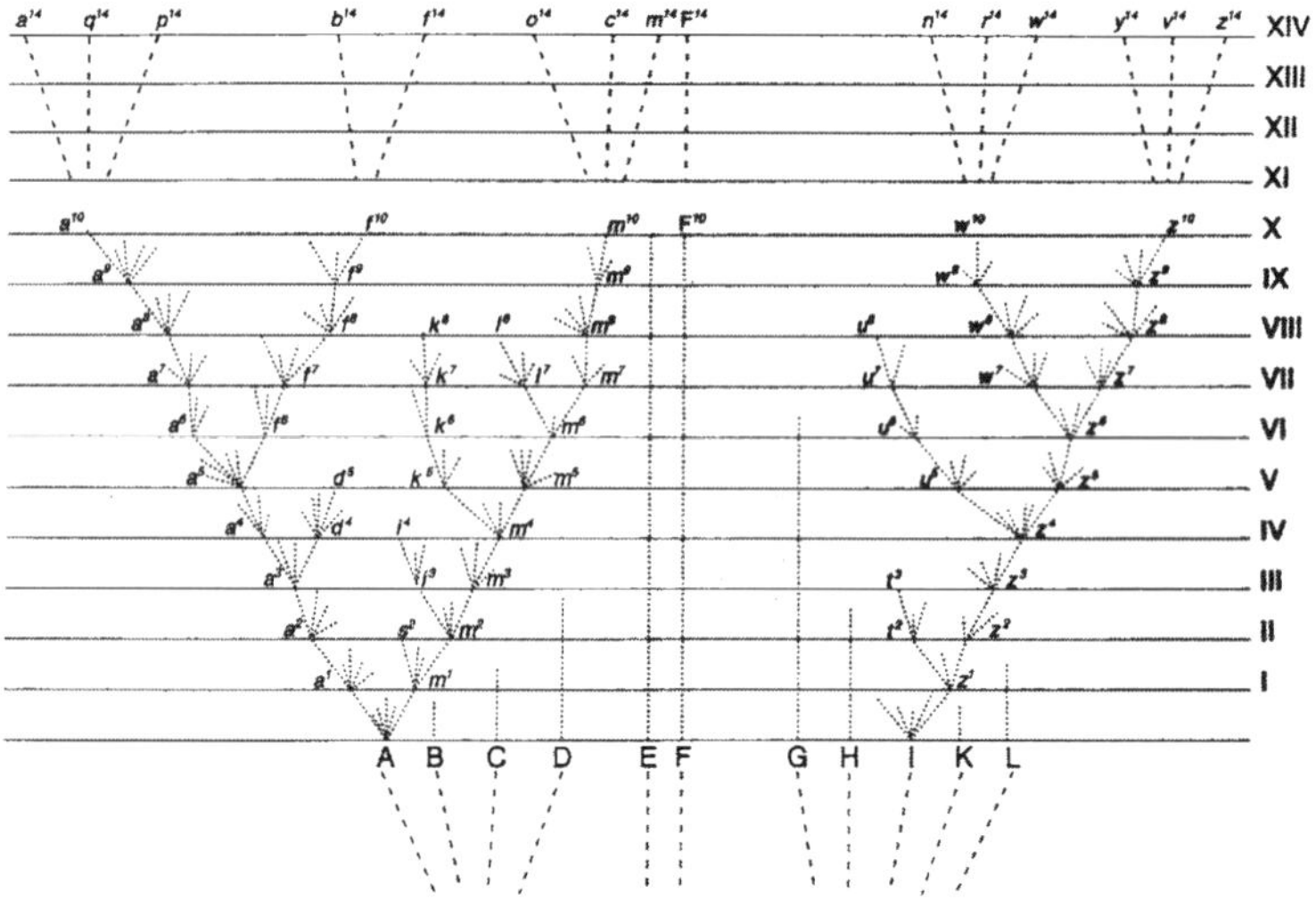

図4-4　自然淘汰による多様化が引き起こす、系図ラインに沿った種の変異と分化を示す線図。小文字ははっきり識別できる種差を示し、各の「分岐する点線の小さな扇形」(Darwin 1950:102)は変異した子孫をあらわす［Darwin (1950: 90-1)］。

発生の線図を描くことは、つまりは点を結ぶことでなのある。

文化人類学の系譜学的家系図に比べて膨大な世代を扱っているにもかかわらず、ダーウィン的系統発生ラインも、基本原理はまったく同じである。それは私が系譜的モデルと呼ぶものの原理的核心であり（Ingold 2000: 134-9）、生物や人間の個体は先行者からもろもろの属性――構造であれ性格であれアイデンティティであれ――を贈与されているので、環境内で成長し発達することとは無関係に、あるいはそれらに先だって、特定の生命形態を維持するために必要な仕様書を生まれながらに授かっているという前提に立っている。人間以外の生物の場合、仕様書は一般的に遺伝子であり、専門的に言えば遺伝子型なるものを構成すると考えられている。人間の場合、仕様書は文化的要素によって補足され、「遺伝子型に」類似した「文化型」（Richerson and Boyd 1978: 128）を構成している。系譜的モデルに従えば、どちらの場合も祖先と子孫を

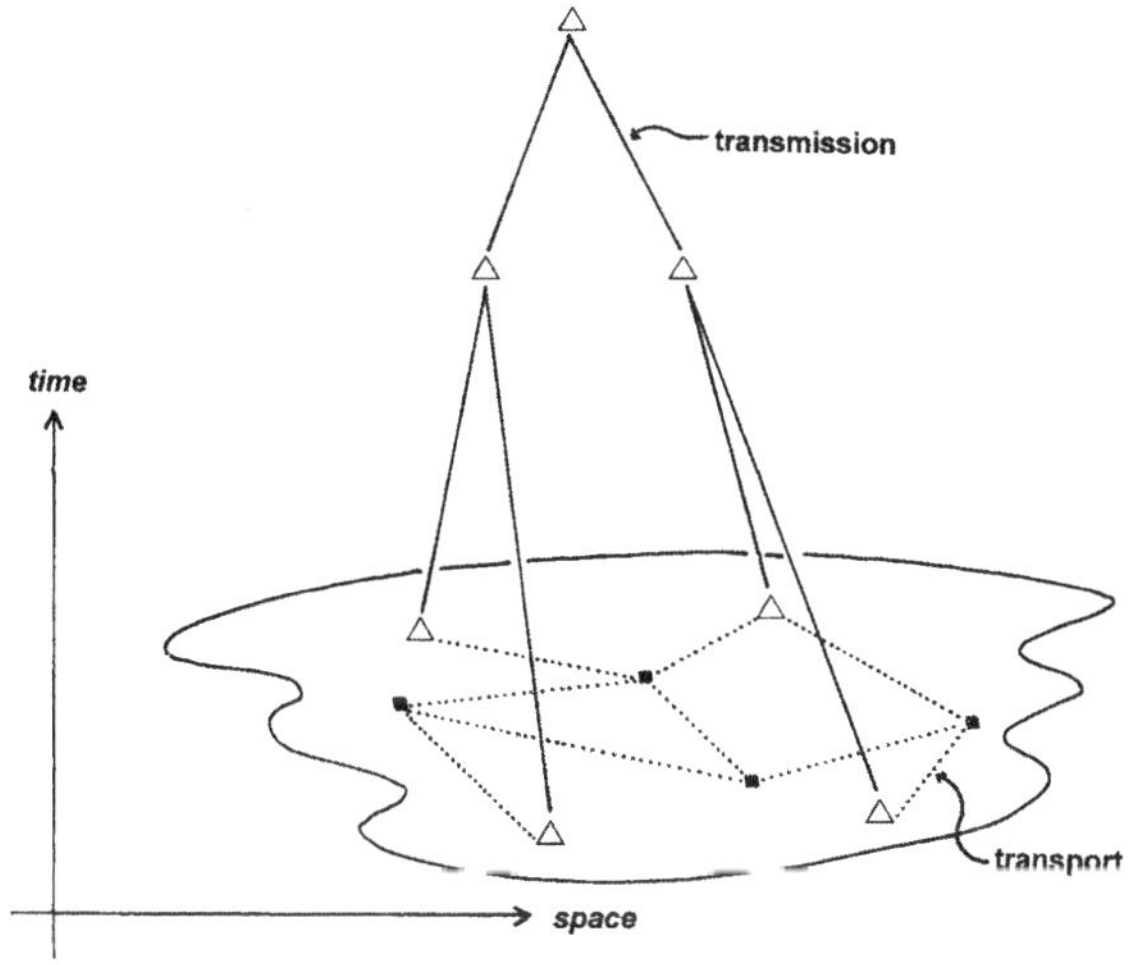

図4-5　伝達（トランスミッション）と輸送（トランスポート）のライン。輸送ラインは任意に境界づけられた領土の空間に記された地点を連結する。伝達ラインは祖先から子孫への通時的な連鎖において個体を連結し、個体の空間的位置を顧みない。

結ぶラインは伝達のラインであり、それを通って伝わるものは生の衝動ではなく、生を営むための遺伝的あるいは文化的情報である。そのモデルによれば、遺伝子型ないし文化型の諸属性の伝承は、そこから生じる表現型の発現から切り離されるため、伝達のラインは個体のライフサイクルのなかに示される行動のラインとは厳密に区別されなくてはならない。生命の周期が個々の世代の内部に限定される一方で、伝承はひとつの世代から次の世代へと一歩一歩連続的に進んでゆく。

　さて、行動のラインは点を連結する限りでは第三章で述べられた輸送のネットワーク・ラインに似ている。そうしたラインは、すでに示したように、持続を欠くことを理想とする。つまりラインは現在の平面上に個体の運動全体を図示する。それに対して伝達のラインは、情報提供者と情報受領者とを通時的連鎖でつなぐ。したがって、輸送と伝達は、図4－5で図式的に示したように共時性と通時性という別個の軸上に配置される。共時的平面において、個体はゲーム盤の駒のように表示され、表面を横断して点から点への一連の戦略的動きを見せるかのごとく描かれる。一方通時的に見られる場合、個体の軌道全体——その運動の総体——はたったひとつの点に圧縮される。しかし前章でみたように、純粋な輸送が実際には不可能であるとすれば、純粋な伝達もまた不可能なはずだ。個体は、同時にあらゆる場所に到達することが不可能であるのと同様に、生を営む以前に生の仕様書を受け取ることはできない。世界の住人として、人間であろうとなかろうとすべての生物は徒歩旅行者であり、徒歩旅行とはすでに完成された存在をひとつの位置から別の位置へと輸送することではなく、自己刷新ないし生成の運動である。世界というもつれを通って道を切り拓きつつ、徒歩旅行者は世界の織物の一部として成長し、自らの運動を通じて永遠に織られ続ける世界に参与する。このように考えることは、いままでの生物学的そして文化的伝達のモデルに示される系譜の考え方とはまったく対照的なやり方で進化を考えることである。こうして生は地点ではなくラインに沿って生きられるものだという基本的見解に私たちは連れ戻される。

生の組み紐

この見解の決定的発言を求めて、ダーウィンから目を転じて英仏海峡を渡ってみよう。二〇世紀を迎える頃、そこでは哲学者アンリ・ベルクソンが進化についてまったく異なった見方を提示しつつあった。一九一一年の『創造的進化』においてベルクソンは、すべての生物は流れに放り込まれた小さな渦巻のようなものだと主張した。だが生物は非常に巧みに不動を装うので、私たちはすぐに生物を「進歩よりはむしろ事物としてあつかい、その形態の恒久的なところすら運動を描いたものに他ならぬことを忘れてしまう」。実際、ベルクソンは「生物は何はともあれ、ひとつの通路である」と宣言した[*3]（Bergson 1911: 135）。

この通路に沿って生命の流れは進行し、「胚子からおとなの有機体を介してまた胚子へとすすむ」[*4](ibid.: 28)。したがって生物を物体に比較することは誤りであろう、とベルクソンは考えた。流れのなかの渦巻のように、そして私たちがすでに物語の話題や、ひとつの系統に名を連ねる人物について述べたように、生物は存在するというよりも出現するのである。

二〇世紀半ばまでに、生物がそれぞれの生活を営む通路の絡み合う網目細工、というベルクソンの進化観は徹底的に信用を失っていた。甦ったダーウィン主義が、生命のはずみ《エラン・ヴィタル》という中心概念は形而上学的妄想であり、ベルクソンが主張していたようにそれによって新しい形態の創造を説明することなど不可能だと却下した。生命のはずみのかわりにダーウィン主義が持ち出してきたのが、遺伝子というこちらもまた同様に形而上学的な概念である。遺伝子とは情報の詰まった微粒子であり、世界のなかで生が開始される以前に、生まれ来る生物個体のなかに魔法のように注入されているという。遺伝子という概念によって、科学は系譜的モデルの勝利を正当なものとして宣言した。流れつつ成長する系統のラインは、点と点を結ぶ連結器によって駆逐された。だがそれは完全に消滅したわけではない。ダーウィンではなくベルクソンの著作をひもといてみれば、系統のラインはおそらく再び輝き出すだろう。

ベルクソンとともに、すべての存在は世界のなかで固定化した実体ではなく、通路として、自らの運動や活動のラインに沿って具現化すると仮定してみよう。それは輸送のような「点から点への」水平移動ではなく、徒歩旅行のような持続的な「彷徨」ないし往来である。では、各の世代が「薄切り」にされた共時面の接続する連鎖として以前の世代の後に続くのではなく、ベルクソンが言うような(ibid.: 135)、身を乗り出して次の世代に接触するといった世代推移をどのように説明したらよいだろうか？ 図4－6には五世代にわたる系図ラインが描かれているが、左側は系譜的モデルの慣習に従ったものであり、右側は撚

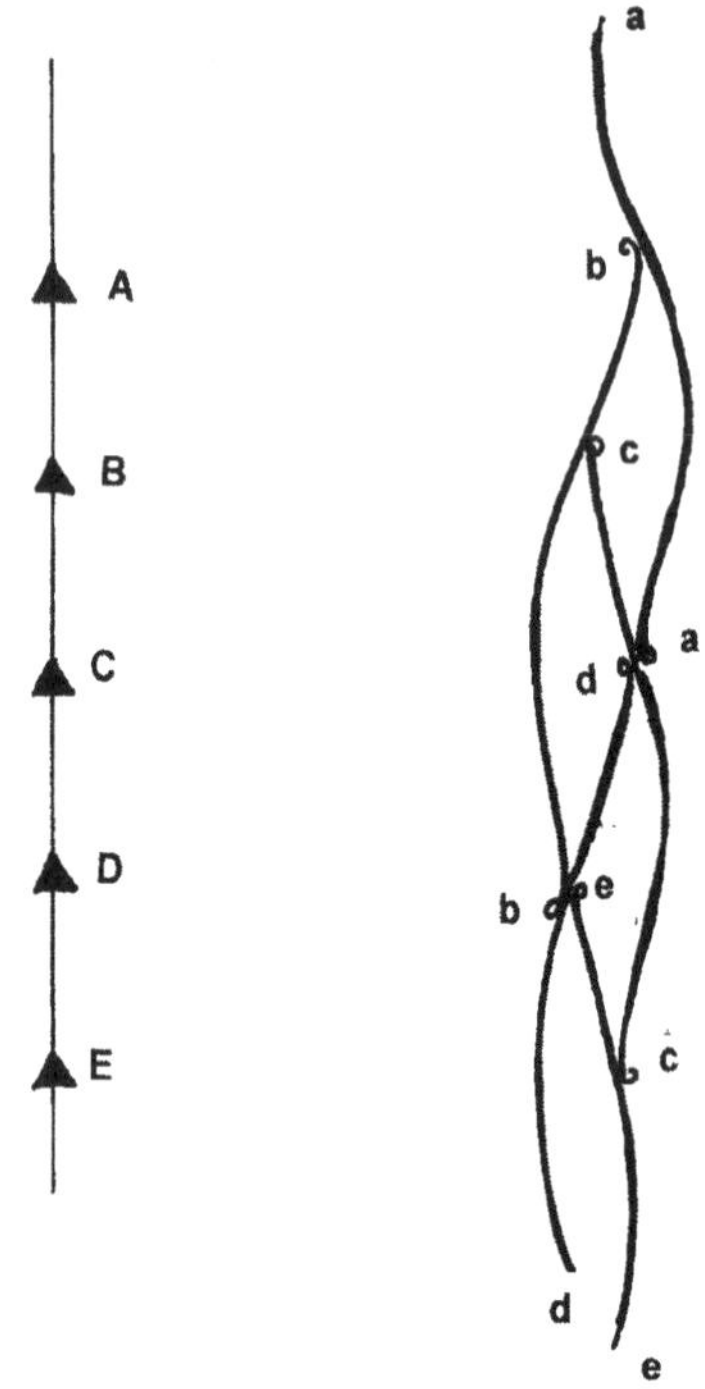

図4-6　図示された5世代の連鎖。一方は系譜的モデルの慣習に従ったもの。もう一方は撚り合わされ重なり合う踏み跡として示されるもの。

り合わさった踏み跡という私たちの考え方に従ったものである。世代Bは成熟するにつれて親世代Aから次第に分岐した道筋をとる。同様に世代Cは世代Bから分岐する。しかしCがさまざまな物語を学ぶのはAからであり、次にCは生涯それらを維持して特に子世代Dに伝える（Dは実は祖父母の名前を受け継ぎ、先祖にちなんで名づけられたと見なされているかもしれない）。同様にDの子世代EはBの歩みを引き継ぐ。こうして現れるのは、さまざまな生が進行するにつれて延びていくラインの組み紐である。

もちろんこの説明は極めて図式的であり、実際には遥かに複雑に入り組んだものに違いない。しかし、生命の歴史の考え方を拡張して、人々と人々の知識とが、そのなかで永遠の編成を続ける世代横断的流動であると考える可能性を示すには十分であろう。それはまた、家系の遡行と下降を記述する方法を与えてくれる。その記述方法は、人々がふつうに家系を語る方法——独自の自己完結した個体どうしが連結する筋書きではなく、現在と過去の生を織り合わせる語り方——を、より忠実に反映するものとなるだろう。またその記述方法は、過去と現在の関係について、したがって時の形式について抱く私たちの考え方を修正する。生の時間は線状的であるが、その線状性は独特なものである。生の線状性とは、空間内の各地点が共時的に配列されるように、通時的に配列される現在の瞬間の継起を結び合わせる点から点へ進むラインではない。それは成長するラインであり、伸び続ける先端から前進し、地下茎やつる植物のように土地を探索する。「私たちの持続とは」とベルクソンは書いた。

> つぎつぎに置きかわる瞬間ではない。であればどうしても現在しかないことになり、過去が現在に延びることも……なくなるであろう。持続とは過去が未来を囓ってすすみながらふくらんでいく連続的な進展である。[*5]（1911: 4-5）

要するに、過去とはいつも時のはるか後方に取り残された点の連続のように次第に消えていくものではない。そんなものは一度きりの事件の連なりとして、回顧的に再構築された歴史の幽霊に過ぎない。現実には、過去は私たちが未来に分け入るときに私たちとと
もにある。その切迫した状況において、記憶の作用は見出される。記憶の作用は意識の導き手であり、どんどん前進しながら道を思い出すのだ。さまざまな過去の生のラインを辿り直すことは、私たちが自らのラインに沿って進むための方法なのである。

原注

［1］ この点に関する私の解釈はメアリー・ブーケ（1996）の解釈とは異なる。その見事な論文のなかで惜しむらくは、リヴァースは系統を系譜に変形する際に家系樹の比喩に頼ったと主張している。

［2］ 私は博士課程の指導をして下さったジョン・バーンズ氏に特別の恩義を受けている。

訳注

＊1 訳文は新共同訳聖書による。引用に際して若干語句を変更した。

＊2 『親族と社会組織』（小川正恭訳、弘文堂、一九七八年）一三二頁。

＊3 『創造的進化』（真方敬道訳、岩波文庫、一九七九年）一六〇頁。引用に際して若干語句を変更した。

＊4 同書五〇頁。

＊5 同書二五頁。

第五章　線描・記述・カリグラフィー

本章では**線描**（画）***drawing*** と**記述** ***writing*** について考えてみよう。私たちはラインを描いたり書いたりするが、どちらのラインも手の動作の軌跡である。しかしそれらの身体動作の違いは何だろうか？　どこまでが線描で、どこからが記述なのか？　ラインの歴史において、記述が線描から次第に分化したのだとしたら、それは人間の手の能力や使い方のどのような変化の結果なのか？　これらの問いに答えるために、四つの視点から記述と線描の区別を考えてみよう。大胆にまとめるとそれらは次のような命題となる。第一に、記述は〈表記法《ノーテーション》〉のなかにあるが線描はそうではない。第二に、線描は〈芸術〉だが記述はそうではない。第三に、記述は〈技術〉だが線描はそうではない。第四に、記述は〈線状的《リニア》〉だが線描はそうではない。実のところ、これから明らかになるように、こうした区別はまったく信頼がおけないものである。だがそれらを吟味する価値はある。なぜならそこに多くの重要な問題が浮上するからである。

文字を描くこと

まず、［第一の命題を考えるために］最初の章で簡単に言及したままあえて留保してきた問いから始めたい。ネルソン・グッドマンが『芸術の言語』のなかで記述物《スクリプト》と楽譜をどうやって区別しようとしたか、思い出してみよう。グッドマンの主張によれば、記述物は作品であるが、楽譜の場合、作品は楽譜に従う一連の演奏において成立する。同様に、線描画は作品であるが、エッチングの場合、作品は版に従う一連の刷においてて成立する。しかしグッドマンによれば、線描画とエッチングはどちらも、記述物や楽譜とは異なっている。記述物や楽譜は表記法《ノーテーション》であるが、前者はそうではない（Goodman 1969: 210、また図1－2参照）。私は記述物と楽譜の区別にさらにこだわるつもりはない。また本書の射程を超える多くの技巧に関する問題を提起するエッチングについても、これ以上掘り下げて考察する準備はない。私の関心は、描かれたラインが表記法の範疇に入る場合、どのような基準を満たすのかという問題にある。というのも、グッドマンの図式において、その基準が線描画と記述との差異の要となっているからである。

図5－1に掲載した、A・A・ミルン作『プー横丁にたった家』のためにアーネスト・H・シェパードが描いたおなじみの挿絵を考えてみよう。年老いた灰色のロバ、イーヨーは地面に三本の枝を並べた。そのうち二本の片方の端は接触し、もう一方の端は離れて広がっていて、それらを横切るように三本目の枝が置かれていた。コブタが近づいて来る。「これが何だか知っとるか？」、イーヨーはコブタに尋ねる。コブタにはわからない。「これはAの字じゃ」、イーヨーは誇らしげに語る。では、その形象をAと認識することによってイーヨーが記述という人工物を制作したのだと私たちは考えていいものだろうか？　もちろんいいはずがない。イーヨーの行為は、どこかで見たもののかたちを写しただけである。彼がそれをAだと知っているのは、クリストファー・ロビンがAと呼んでいたものだからである。さらにイーヨーは、それを見てAだと認識することは「学習」と「教育」の本質に属することだと確信している。学校に通い始めたクリストファー・ロビンはそれほど愚かではない。彼はAが文字であり、アルファベットと呼ばれる一揃いの文字のなかのひとつであり、他の文字もみな名前を持っていて、順序正しくそれらを暗誦する仕方を習ったことを理解している。彼はまたそれらの文字の描き方も習っている。だが、いったいどの段階

図5-1　イーヨーの描くA［Milne (1928: 84)］。© The Estate of E.H. Shepard

から彼は文字を描く《ドロー》のを止め、文字を書き《ライト》始めるのだろうか？

偉大なるロシアの心理学者レフ・ヴィゴツキーは、幼年期の発達に関する研究のなかでこの問題に大いに頭を悩ませた。彼は、子供の最初の線描とは、たまたま筆記具をもった手の身ぶりを直接示す軌跡にすぎないことに気づいた。「子供たちは描くのではなく指し示すのであり、鉛筆は指示する身ぶりを固定しているに過ぎない」(Vygotsky 1978: 108)。しかしながら子供には、自分で紙の上にしるした符号が何かを描写していてその何かが名前を持っていることに気づく決定的瞬間がある。それ以後、その対象を名指す行為は、対象を描く行為に後続するのではなく先行する。こうして子供は、たとえば「Aを描く」ことができるようになる。しかしまだAを書いているわけではない。その行為が記述になるには、もう一歩進んで、文字は語を形成するために意味のある組み合わせのなかに配列されるのだということを発見する必要がある。その発見は読む能力の誕生のしるしである。まだ読むことのできない子供は、まず文字を形成する練習をしなければならない。そして読むことができるようになって初めて、その子供は真に書くことができると言われるのである(Ibid.: 110-115)。

以上のことは、言語学者ロイ・ハリスが力を込めて主張するように、〈表記法《ノーテーション》〉と〈記述物《スクリプト》〉とをはっきり区別すべきだということを示して

図5-2　文字Aのヴァリエーション［Kapr (1983: 273, Fig. 427)］。

いる。アルファベットの文字を描き、それらの形を認識し、区別を学ぶことは表記法の練習である。一方、綴るという行為は記述物の練習である。それは、特定のシステムに照らして意味を持つように表記法の諸要素を結びつけられるようにすることである（もちろん同じ要素が何種類もの異なるシステム内で使用される可能性もある）。該当するシステムのテクストの内部で、文字という要素は書かれた記号としての価値を帯びる（Harris 2000: 91）。こうして、その要素は記述物に属するものとなる。Aの文字が雄牛の頭部をあらわすエジプト象形文字から派生した経緯を示す図5－2は、表記法の形態史を私たちに教えてくれるが、記述については何も語らない。もうひとつの例を示してみよう。私たちはよく、一枚の絵は千の言葉に等しい［百聞は一見に如かず］と言う。だが絵は言葉と交換されるのであって、絵が記述される文字と交換されるわけではない。言葉と文字を混同することは、ふたたび記述物と表記法を混同することである。それは、品物の対価を貨幣ではなく貨幣に刻まれている図像——女王の頭部、ブリタニア像、数字など——で払うようなものである。それらの図像は貨幣の表記法を形づくっていて、それによって、英国通貨制度をよく知る私たちは金属の小円盤を一定の価値をもつしるしとして認識することができる。同様に、文字の形状は表記法を形づくっていて、それによって、ある程度熟達してそれらを綴ることができる誰もがページに刻まれたものを特定の意味をもつ言葉として認識することができると言えるだろう。その貨幣をまったく知らないならば、あるいはまったく綴り方を知らないならば、それらの表記法の要素は

——たとえそれらがなんであるか（文字、図像、等）がわかったとしても——何も意味しないだろう。それらはあなたが知る記述物には属していないのだ。

　こうした表記法と記述物との区別は理にかなっていると思われるが、そこには奇妙な結果が生まれる。あなたがアルファベットで書かれた、意味のわからない記述物の原文の一節を筆写するように頼まれたと仮定しよう。あなたは一字ずつ写していくことを余儀なくされ、それが一体何を意味するのか全く見当がつかぬまま眼の前にある手本を出来るだけ忠実に再現することになる。そのときあなたは書いているのか、それとも文字を描くことに戻ってしまったのか？　これはさほど非現実的な状況ではない。中世の写本筆写者はその技の専門家と見なされていたが、彼らは往々にして「自分の前にある手本の内容をほとんど理解していなかった」点に、歴史学者マイケル・クランシーは注意を促している（Clanchy 1979: 126）。彼らは文字を理解することはできた。彼らがページの上に写すことができたのは文字であった。では、彼らは結局のところ書いていたのではなく描いていたのだと結論すべきなのだろうか。その結論は、記述を何よりもまずことばの構成ではなく、ラインの制作として考えてみようとする本書のアプローチ全体の趣旨にはそぐわない。その上、その結論は写本筆写者たちの仕事に、彼らの経験の中に全く存在しない「書く／描くという」区別を無理やり持ち込むことになる。筆写者たちにとって、そこに何が書いてあるかを解読できるかどうかということは、書くという行為と何の関係もなかったのだ。

　この理由から、私は記述を線描にとって代わる実践とみなすことに躊躇する。記述はいまだに線描である。しかしそれは、描かれるものが表記法の要素を含む特別な線描なのである。たとえば図5－3に示した『想像されたHのなかに』というタイトルの線描画は、記述としてあらわされたともいえるし、そうでないともいえる。それは、その線描が、判読できる記述物または活字の字体においてHという名前で呼ばれる文字と何らかの関係があると私たちが考える否かにかかっている（この例では、線描は、Hという文字の独立した表記法要素としての発音エイチ[aitch]と、いま発音された[aitch]という単語を構成するhの発音とのあいだの奇妙な不一致について考えさせる）。問題となる表記法は文字から成り立つものに限らない。数字や五線譜の音符、あるいは中国の記述物のように表意文字から成り立つ場合もある。だが私が注意を向けたいのは、つまり、書く手は描くことをやめてないということである。手は自由に中断することなく動いて、記述行為をおこなったり記述行為の外に出て行ったりする。食事するときの手の動作にはおそらくそれと同じような動きが見られるだろう。手はあるときにはナイフとフォークを操作し、またあるときには会話にともなって空中でいろいろな合図を示す。この場合、食べる動作をする手は、線描する手が記述に移行するように、途切れることなく合図の身ぶりへと移る。

表記法の要素が明らかになにかを描写している場合もある。Aという文字の原型である雄牛頭部の象形文字が描写であることは、その象形文字と古代エジプトにおける雄牛自体の描かれ方とを比べてみると一目瞭然である（図5―4）。絵文字は、記述物のなかに組み込まれているにせよ、それ自体とは別の何かを描くものであると言っていいだろう。もうひとつのよく知られた例を最近の民族誌学から引こう。それはオーストラリア中央砂漠のアボリジニ、ワルビリ族についてのナンシー・マンによる名高い研究（1973b）であり、すでに第三章で僅かながら取り上げたものである。ワルビリ族の男性も女性も、物語を語り聞かせながら指で砂の上に模様を描く習慣をもっている。彼らが会話するときに、この線描行為は発話や身ぶりのように日常的で不可欠なものだ。描かれるさまざまな模様は規格に従っていて、図像的要素の語彙ともいえるものを形成しているが、その正確な意味はそれらの模様が現れる会話あるいはストーリーテリングの文脈に大きく依存している。飾り気のない一本の直線は（他のものたちの間で）槍になり、戦闘用ある

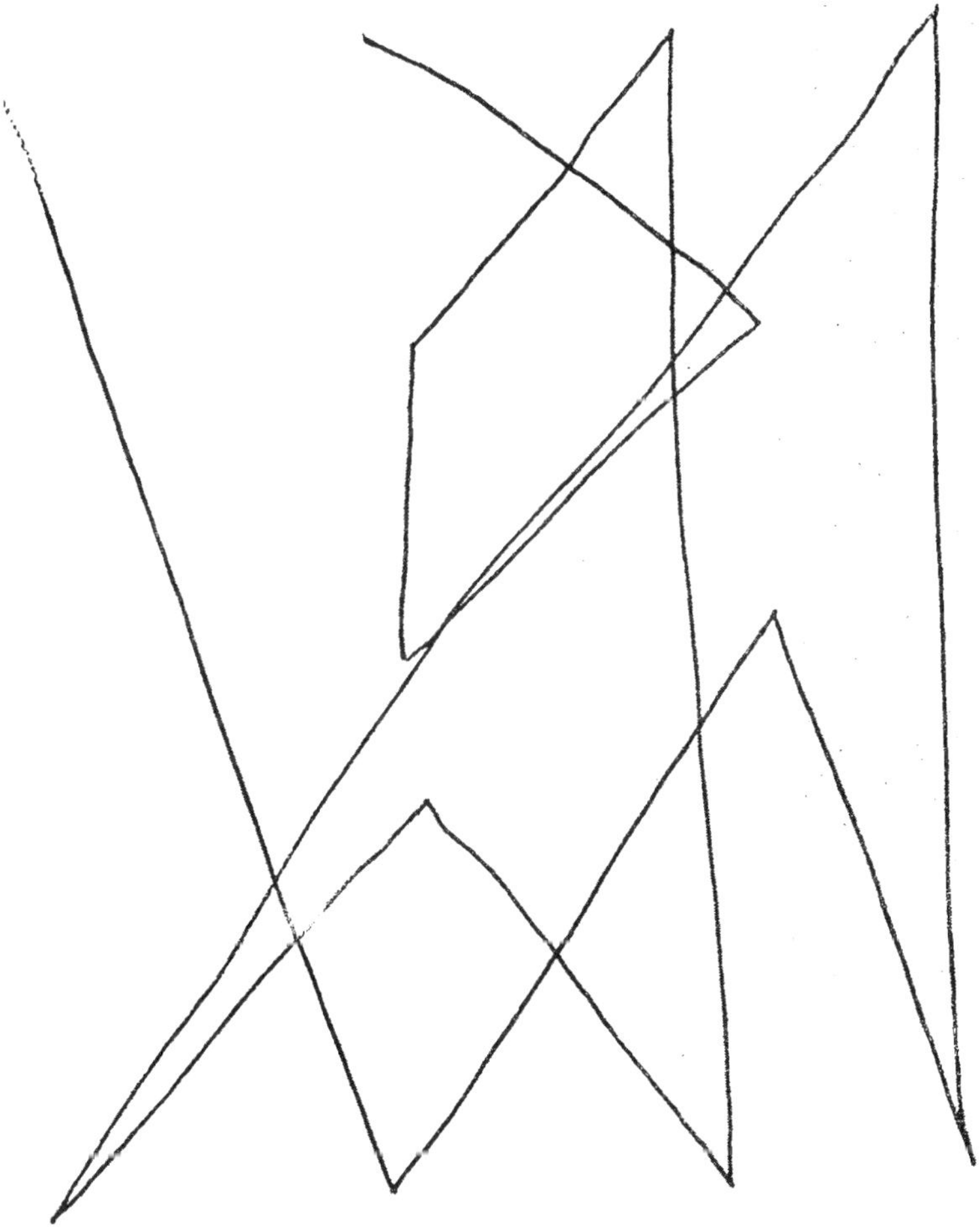

図5-3　カナダの作家であり詩人のP・P・ニコルの線描画『点から点へ、想像されたHのなかに』。Hひと文字の発音と単語の中のHの発音とが異なっているように、表記法の要素としてのHを描くことと単語の一部としてのHを描くこととが異なると考えるかどうかは、私たちの想像力による［Nichol(1993: 40)］。

図5-4　雄牛頭部の象形文字からラテン大文字に至る、文字Aの変遷。テーベのジャー礼拝堂内の農耕風景画の細部（下図）には、象形文字と古代エジプト人による雄牛描写に習慣的に見られる頭部の描き方とのあいだの明らかなイコン的類似がみとめられる。文字Aの横棒は、雄牛の角のラインに由来し、それが少しずつ回転して現在のかたちになった。

いは掘削用の棒になり、長々と寝そべる人物や動物になる。ひとつの円は巣になり、水溜りになり、樹木、丘、野営用のブリキの湯沸かし、卵になる。物語が進行するにつれて、それらの模様は小さな風景へと組み立てられ、次の模様を描くために消し去られる（Munn 1973b: 64-73）。

模様のレパートリーは限定されており、異なる風景を描くためにどのようにも結び合わされることから、それらを表記法に匹敵するものと考えてなんら不都合はないだろう。しかし各々の模様に割り当てられる意味は、文脈に依存するとはいえ、明らかに恣意性[*1]を示しているとは言い難い。たとえば直線と槍との間にはあきらかにイコン的な類似が認められる。まさにこの理由から、マンはワルビリ族の表記法を象徴的文字様式《イコノグラフィー》であると説明している（ibid.: 87-8）。こうしたケースにおいて、図像的要素が書かれているのか単に描かれているのかを問うことは意味をもたない。それらは同時に書かれかつ描かれるのであり、砂のなかのラインは（たとえば私がAの文字を描いてみるのと同じように）表記法の要素を描いていることもあれば、その要素が物語の特定の文脈において表現しているはずの対象を描いていることもある。両者のイコン的類似のために、砂のなかのラインはどちらにも解釈可能である。同じことは、そう、二ペンス硬貨の女王の頭部についても言えるだろう。一方でその頭像は明らかに君臨する君主の横顔をモデルにしており、肖像に例えられるだろう。しかしもう一方では、裏側に刻印されたそれ自身以外のなにも示さない数字の2と同じく、貨幣の表記法の要素である。

線描としての記述

次に、線描と記述の区別に関する四つの命題の二番目を考えてみよう。線描は〈芸術《アート》〉であるが記述はそうではないとよく言われる。この命題は、すぐ取り上げる三番目の命題——「線描とちがって記述は

〈技術《テクノロジー》〉である」――とともに、近代構築の内部に深く掘られた溝ともいうべき技術と芸術の二項対立から生まれたものである。その二項対立はたかだか三〇〇年を遡るに過ぎない。十七世紀後半まで、芸術家は職人と異なるものではないと考えられており、芸術家の仕事の方法も「技術的」であると説明されていた。十七世紀初頭、「技術」という言葉はそうした方法の体系的手順を示すために造られた (Williams 1976: 33-4; Ingold 2000: 349; Ross 2005:342)。「技術」は古代ギリシャ語の〈テクネー〉tekhne の語幹から形成されたものであり、〈テクネー〉には本来、人間の技能ないし職人技能という意味があった。「芸術」はラテン語の〈アルテム〉artem ないし〈アルス〉ars から派生した言葉であるが、ほぼ同じことを意味し、「あらゆる熟練した職人技能、仕事、専門的技量、諸技術、職業に対して極めて幅広く」用いられた (Mitchell 2005: 6)。

しかしその後、産業資本主義の進展につれて分業体制は変化し、技能はあらゆる領域で、創造的知性と想像力を用いるものと、型にはまった習慣的な身体技法を用いるものとに分断された。前者の技能のために芸術という概念が確保されるにつれて、後者の技能は「単なる」技術操作と今日みなされるようなものになっていった。身体の行使がいったん創造的衝動と「縁を切る」と、それまで身体が行っていたことをより速くより効率的に遂行する機械を作り出そうとする気運がうまれる。それとともに、技術の概念そのものが精神から機械へ、制作過程を体系的に追究する原理から、生産の機械設備に組み込まれた原理へと変化した。以降、ある制作物や行為《パフォーマンス》が技術的システムの束縛を逃れて作り手の才能を表現する場合に、それらは芸術作品であると考えられるようになった。反対に、技術の操作は、客観的で非個人的な生産システムの機械的実行に直結するものとなった。芸術は創造し、技術はただ複製する。かくして芸術家は職人から区別され、芸術作品は大量生産品から区別されるようになった。

私はすでに第一章で、言葉の組み立て《コンポジション》（作品制作）に従事する著者と、著者の作品の夥しいコピーを作成する印刷者との分業体制の例にふれておいた。著者が文字を用いる芸術家であるとすれば、印刷者は印刷術の職人である。レイモンド・ウィリアムズによれば、職人とは、知的で想像力あふれる創造性豊かな目的といったものをもたない肉体労働者であるという観念が根を下ろしたのは、十八世紀後半のイングランドだった。ここで注意してみたいのは、その考え方が版画術の置かれた状況の変化と密接な関係があるという点である。十七世紀後半から、芸術は着彩画、線描画、版画、彫刻を包括するものとされていた。しかし百年後、王立美術院は版画家の入会を許すべきではないという決定を下した。版画家は芸術家ではなく職人であり、その仕事は本来印刷業に近いものであると考えられたのである（Williams 1976: 33）。また、著述家が職業上ラインの制作者ではなくテクストの制作者として、すなわち筆写者ではなく著者としてみなされるようになったのもその時代であった。組み立てる者《コンポーザー》としての能力において、著述家は――相方である作曲家とともに――「芸術」の専門家階級に加わったのである。その後、十九世紀半ば頃から、テクスト制作に含まれるライン制作は技術領域へと格下げになった。他方、線描画は「美術」と呼ばれるようになった広大な領域の内部にあって、絵画や彫刻と基本的な親近性を保ち続けた。それは今日まで続いている。かくして私たちは、今日グラフィック・アーティストと著述家とのあいだに強固に制度化された奇妙な対照に辿りつく。前者は芸術実践としてラインを描くが、後者はそうではない。著述家はライン制作者ではなく、言葉細工師なのである。

実際に民族誌学者がページ上に何らかのラインをしるすことはまったくないにもかかわらず、クリフォード・ギアツのような現代の人類学者が、民族誌学者とは「社会的対話を〝書き込む《インスクライブ》〟のであり、それを書き留める」[*2]（Geertz1973: 19）などと言うのはこの言葉細工師という意味においてである。より最近では、ジェームズ・クリフォードは〈書き込み《インスクリプション》〉を、メモを取るといった日常行為のように、民族誌学のフィールドワークの最中に「記述にとりかかること」だと述べている。〈書き込み〉は、熟考、分析、解釈に基づく報告書の作成であり通常フィールドから離れた場所で行われる〈解説《ディスクリプション》〉から区別されるべきだとクリフォードは主張する（Clifford 1990: 51-2）。だが書き込みであれ、解説であれ、それらの用語はライン制作とは無関係である。どちらも観察された対象を記録あるいは伝達するための適切な言葉を見出すことが問題になっている。クリフォードは自らの分析法を「記述中心的」graphocentric と呼んでいるが（ibid.: 53）、彼が語っている書き込みや解説は、ペンでもタイプライターでも行うことができる。民族誌学者がペンで書こうがタイプライターを使おうが、彼の議論には関係がない[1]（ibid.: 63-4）。しかし私たちの立場からすると、その違いは決定的である。ペンで書くことはできてもタイプライターで描くことはできないからである。

記述とは言葉の組み立て《コンポジション》であるという現代の視点から、かつての筆写実践に目を向けるかぎり（前者を説明するために「書き込み」や「原稿《マニュスクリプト》」という後者に属する用語を私たちが用いようと）、記述の技とは少なくとも活版印刷に駆逐されるまではラインを描く作業だったという事実を私たちは見過ごしてしまう。過去の著述家にとって、感情や意見は［書く］手の動きに〈描き出され《ディスクライブド》〉、それが生み出す軌跡へと〈刻み込まれ《インスクライブド》〉ていた。大切なのは言葉の選択や意味内容ではなく——それらは典礼テクストのようにまったく型にはまったものである——、ラインそのものの質や調子や力動性だった。第二次世界大戦末期に筆記者としての訓練を受け、その技能を生かして当時需要のあった回想記筆記の職に就いたロズマリー・サスーンは、その技能は厳しく自己制御されたものであるにもかかわらず、筆記者であれば誰でも自分の書いた文字を見ただけでその文字をどんな気持ちで書いたのかがわかると述べている（Sassoon 2000: 12）。「文字のかたちとラインは、線描画のラインの特徴と同じように繊細で表情に富み、画家が色彩と光と影を表現するのと同じように個人的なものである」(ibid.: 179)。

現代の芸術家のなかでパウル・クレーは、線描と記述の根源的同一性を誰よりも理解していた。一九二一年秋のバウハウスでの講義用に準備したノートのなかで、クレーはラインについて「文明の黎明期、線描と記述が同一のものであったとき、ラインは基本要素であった」(Klee 1961: 103, Aichele 2002: 164も参照)と述べている。描かれるラインと歌のラインとの響き合いを彼は探求し続けた。歌のラインもまた、そこで言葉が発せられていても、繊細で表情に富んでいる。しかしながら筆跡学者のわずかな例外を除いて(Jacoby 1939)、西洋の学者が記述を一種の線描とみるケースは極めて稀であった。ニコレット・グレイはその稀な一人である。注目すべき著作『ドローイングとしてのレタリング』(1971)を世に問うたグレイは、記述と線描を結びつける自らのアプローチが奇抜であることを認めているが、その理由は記述と線描についての学問が欠落しているからではなく、学問がそれぞれ独立した活動を扱っており、別個の研究が求められるのが当然だと信じられ、記述と線描を総合する試みが抑圧されているからである。しかし記述と線描とのあいだに厳格な境界線は存在しない、なぜなら両方ともラインを媒体にしているからだ、と主張する。そして正当にも「書くときと同じ種類のラインが描くのだ」と述べている(Gray 1971: 1)。グレイが注目するのは**カリグラフィー** *calligraphy* という西洋的伝統である。それは現代において、美術の正統的形態としての認知を求めて戦わなければならなかった。一般的に、グラフィック・アートを専攻する学生はカリグラフィーの代わりにタイポグラフィ〔文字デザイン〕を学んでいる。しかしタイポグフフィのラインはその母体である刻印されたラインともども、自由に流れる筆記による記述物に描かれたフィンとは似ても似つかぬものである。描かれたラインとは、グレイの見解によれば、運動するラインである(ibid.: 9)。まったくのところ、運動を捉え、身ぶりによってその運動を辿り直すことは、線描《ドローイング》の実践にとって基本

図5-5　ジョン・ラスキンによる、ジェノヴァ付近セストリの岩山の崖端に生える松の根元の葉叢の線描画［Ruskin (1904: 88)、アバディーン大学キングスカレッジ歴史コレクション所蔵］。

である。造形作家アンディ・ゴールズワージーは、線描とは「本質的には、リズムの変化、表面や空間の質感を敏感に探るラインを」描くものだと述べている（Goldsworthy 1994: 82）。私は第二章で、ドローイングの二つの意味——糸を引っ張ること、軌跡を刻みつけること——が密接に連関していることを示した。ゴールズワージーによって描かれたラインは、軌跡と糸を含んでいる。軌跡は砂の上に棒を用いて、あるいは石の上に石を用いて引っ掻いて描かれたものであり、糸は端と端をつないだ草の茎を、地面や木の幹といった支持体にとげでピン留めしたものである。しかしどんな媒体を用いるにせよ、線描とは「息を吸うこと《ドローイング》、枝で自らが生長する空間をつくる《ドロー》ために栄養を根から吸い上げる《ドローイング》樹木、といったように、生命に結びついている。川は谷を描き、鮭は川を描く」(ibid.)。

かつてジョン・ラスキンは、一八五七年の論文『線描画の初歩[*3]』のなかで、絵を志す初心者に対して同じような言い方で助言を与えていた。初心者が把握すべきは、彼が〈主導線〉leading lines と呼ぶものであった。主導線とは、まさにその形成によって、ある事象の過去の歴史、現在の動き、未来の可能性を表現するものである。山のラインは山がどのように隆起し浸食されたのかを示し、樹木のラインは樹木がどのように森のなかの命の試練や痛めつける風と戦ってきたのかを示し、波や雲のラインは空気や水の流れによってそれらがどのように形づくられたのかを示す。芸術においても人生においても、英知とは「物事が進みゆく様を知ること」にある、とラスキンは明言する。

> 劣った者は、事物は動かずにジッとしているものと考えて、それをすべて固定したままで描く。優れた者はそれに変化や変わりゆく様子を見て、そのように描く。動く動物、成長する樹木、流れる雲、擦り減っていく山を描く。ある形態を見たら、その過去の運命に力を及ぼした線、その未来に力を及ぼす線を観るように心がけなさい。それは畏敬すべきラインである。他のどんなものを見逃そうとも、それだけは捉えるように[*4]。（Ruskin 1904: 91）

ラスキンは図5－5に示した線描画を用いて彼の論点を示している。その線描画は松の根元に成長する群葉を描写しており、投げられた石の衝撃で水しぶきが跳ね上がるように若木の群れが根元から外側に広がり、空に向かって再び伸び上がろうとしている（ibid.: 88, 91-2）。だが、これから見るように、ラスキンの［線描画の初心者に対する］忠告は、修行中の中国の書家に与えられたとしてもまったく違和感がないのである。

運動の芸術

ありていに言えば、書家《カリグラファー》とは書く人である。しかしユエ・ピン・エンが示したように、中国の書《カリグラフィー》は本質的に「リズミカルな運動の芸術」であり、個々の漢字を構成するラインは、独特な力と運動性を備えている（図5−6）。エンによれば、書家は「自然の観察を通じてあらゆる種類の運動とリズムの原理を観察し、書の筆法によってそれらを伝達しようとする」（Yen 2005: 84-5）。唐代のもっとも名高い書家のひとり孫過庭《そんかてい》（六四八−七〇三）は、ある重要な論文のなかで次のように書いた。

かの「懸針」（xuanzhen）と「垂露」（chuilu）の筆致の違いを考えよ。そして、轟く雷鳴と崩落する岩の驚異、飛行する雁と怯える獣の姿勢、舞う鳳凰とすくむ蛇の仕草、垂直の崖と崩壊する山頂の勢い、危機に立ち向かうものと朽ち果てた木にしがみつくものの形を考えよ。［それらの筆致は］ときに崩れそうな雲のごとく重く、ときに蝉の羽のごとく軽い。筆が動くとき泉から水が流れ出し、筆が止まるとき山が不動の姿で立つと考えよ。また、天涯にかかる新月のごとくこの上なく細々としたものと、天の川にちりばめられた無数の星のごとくこの上なく鮮やかなものを考えよ――それらは自然の繊細な神秘と同じである。ただ努力すれば極められるというものではない。（Yen 2005: 84 に引用）

吸水性のある紙の上に筆遣いの繊細な屈曲を留めるとき、書のラインはまさにラスキン的な意味で「畏敬すべき」ものとなる。一つひとつのラインは筆をもつ手の微妙な動作、すなわち周囲の世界のさまざまな運動を書家が綿密に観察することから生まれる身ぶりの軌跡である。

歴史を通じて、中国の書家はそうした観察からインスピレーションを得てきた。十三世紀のある大家

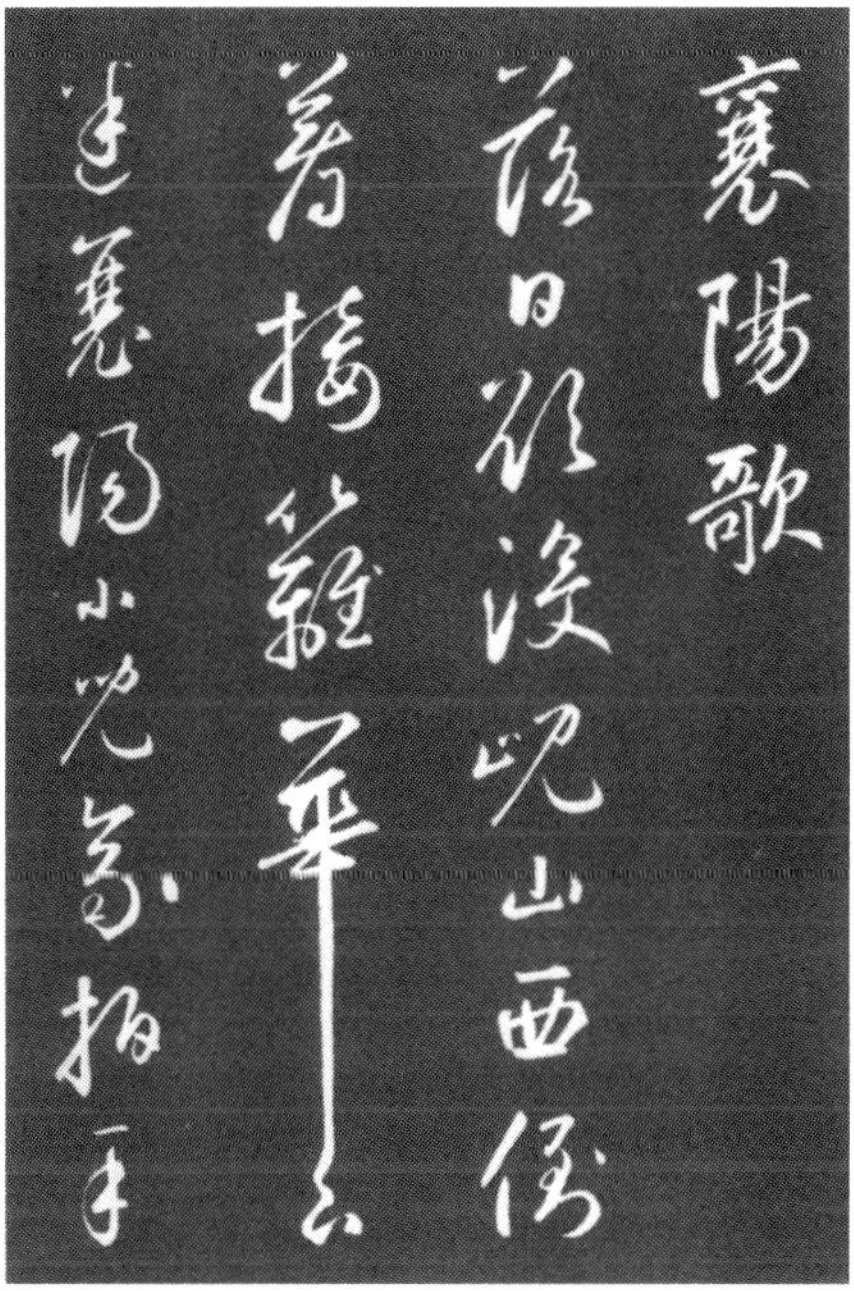

図5-6　元の時代、朝廷の官吏であった鮮于樞(1256-1301)が1300年に作成した「襄陽歌」［李白の詩］の臨書の一部［チェン・チ・メイ『中国の書家と芸術』(Ch'en 1966: 167)］。

は、起筆——書き始めるときに筆先が紙に接触する決定的瞬間——を「跳ねる兎と獲物にとびかかる鷹」に鮮やかに例えている*7（Billeter 1990: 163)。別の大家は〈子〉tzu と〈不〉pu の漢字を弁別する動きを捉えるために飛翔する鳥の運動をどうやって手で模倣しようと試みたのかを語る。〈為〉wei と〈如〉*8 ru の漢字については、彼は遊んでいるネズミの宙返りを空中の身ぶりで伝えようとした*9（ibid.: 185-6)。二世紀を遡り、宋代の書家雷簡夫《らいかんふ》は、滝の音を聞いて、水が逆巻いてほとばしり滝壺に流れ落ちる様子を想像したときのことを語った。「私は書こうとして立ちあがった。すると想像したすべてのことが私の筆のもとに現れた」と彼は振り返る（ibid.: 183)。同時期の絵画論には、三二一年に生まれ三七九年に没した王羲之《おうぎし》が雁を好んだ理由が解説されている。「それは漢字を描くために、彼は雁の首のしなやかさと筆を運ぶ腕のしなやかさとの類似から霊感を得たからである」（ibid.:184, 200, fn.65）。宋代のもう一人の書家、黄庭堅《こうていけん》はある運筆の身ぶりを習得するために長い間苦労していたが、晩年、長江の渓谷を船で渡っているときにその秘訣を見出した経緯を説明している。櫓を操る漕ぎ手たちが櫓を傾けて水に入れ一かきして引き上げる様子や、彼らの全身の使い方を観察しているときに、突然彼は筆をどうやって運べばよいのかを会得したのだ（ibid.: 183）。

以上の例はすべてジャン=フランソワ・ビュテの瞠目すべき『中国の書芸術』から取られたものであるが、それらによれば、書の大家たちが書くことを装いつつ実は観察するものを描いていたことは確実である。しかし彼らが表現しようと努めたものは、事物のかたちや輪郭ではなかった。彼らの目的は、世界のリズムや運動を彼らの身ぶりのうちに再生することであった。ユエ・ピン・エンが言うように、戦う蛇の攻撃や反撃から霊感を得た書のラインが実際に蛇に似ていると思う者はいないだろう。重要なのはラインが蛇のように動くことである（Yen 2005: 85）。だが中国の書がラインから構成されていると果たして言い切れるだろうか。たしかにペンを用いるように細筆でラインを生み出すことは技術的に可能である。〈工筆画〉という様式の中国絵画では、画家は着彩に先んじてそうしたラインを描くことから仕事をはじめる。そのラインは〈綫〉hsien と呼ばれ、文字通りには「糸」を意味する。ところがその用語は決して書には用いられないのである。そのかわりに、書の語彙は——〈筆〉pi や〈画〉hua といった用語も含めて——〈写意画〉というまったく異なった絵画様式と重なっている。〈写意画〉は絹や紙にいきなり墨をながすようにして生み出され、前もって何らかの線描が描かれることはない。

こうした事実からすれば、書家はラインなど描いていないと思われるかもしれない。用語法の問題を避けるために、ビュテは書かれる漢字を構成するものをすべて「要素」という中立的な用語で呼んでいる（Billeter 1990: 50-1）。しかしながら、私にはそんなにも慎重になる理由が見当たらない。第一章で示された分類法によれば、書家の筆の運び pi-hua は、連続的な運動によって表面にしるされた軌跡であり、ラインである資格を十分に備えている。したがって私としてはやはりそれをラインとして扱いたい。とはいえ、西洋の文字を書く者が使うペンと中国の書家の筆とがまったく異なった種類のラインを制作するという点は是非とも確認しておくべきである。筆は幅が自在に変化する軌跡を生み出すだけではなく、どんな方向にも自由に動いていくことができる。つまり書家は柔軟な筆先によって「筆を走らせる《プレイ》」ことができるのだが、軸にしっかり固定されたペン先ではとうてい無理である（Billeter 1990: 11-12,54）。ただし鉛筆を使えば話は別である。西洋の伝統に君臨する線描の道具として、鉛筆はペンよりもかなり大きな柔軟性を備えている。この点で鉛筆は筆とそう変わらない。実際、「鉛筆《ペンシル》」という語はフテン語の〈ペーニキルム〉**penicillum**（オコジョやクロテンなどの小さな尾）から派生し、もともと画家の細筆を指し、「ペン」（ラテン語の〈ペンナ〉penna すなわち羽から派生した語）とははっきり区別されていた。鉛筆とペンは言葉としては偶然に似ているが、道具としてはまったく異なっている。

　手書きで［西洋］の文字を書く者は、比較的限られた動きを反復させて、とぎれることのない文字のラインを描く。そのラインの揺れやループや筆跡はひとつの織地＝文章《テクスチュア》を生み出し、記述が進行するにつれて織り出された模様が出現する。第二章で取り上げたように、ここでテクストの比喩として持ち出されるのは織物である。ラインに沿ってそれぞれの文字は隣の文字にもたれかかり、接触し、腕を延ばして前の人の肩に手を置いて一列に並ぶ人々のラインのようにみえる。つまり読者は、列をなす人々が通り過ぎるのを眺めるように文字を横から眺めているような印象を抱く。それとは対照的に、中国の書では漢字は真正面から観察される。ポール・クローデルは「中国の文字はあなたに真正面から向き合うが、ラテン文字はその横顔を見せる」と書いている（Billeter 1990: 28 に引用）。眺める者の位置からすれば、漢字は一列に並んでいるというよりも、あたかも互いに積み重ねられているかのようである。だから次の漢字が現れるためには、ひとつひとつの漢字を「じっと見極める」ことが必要となる。そこには西洋の筆記体の文字ラインと比べられるものは何もない。中国語の記述は織物の技といかなる類縁性もない。類似はむしろ舞踏とのあいだに求められる（Billeter 1990: 163, 178, 220, Yen 2005:100）。

舞踏においても書においても、芸術家《パフォーマー》はエネルギーと感覚のすべてを集中させてひと続きの高度に制御された身体動作に向かう。両者は同様の準備と開始点を必要とするが、いったん［創作が］始まれば、迅速に中断されることなく進行する。全身が創作行為に関与する。書家は手だけで創作すると思われがちだが、実際、書家の手の動きは床に座す姿勢を保つ背中や上体の筋肉からもたらされ、肩や肘を介して手首に伝わる（Billeter 1990: 64）。舞踏と書との違いはある。舞踏は遠心的であり、舞踏家の活動する身体の中心から堰き止められたエネルギーが噴出することによって生命を得るのに対して、書は求心的であり、すべてのエネルギーは「検問所」——肩、肘、手首、指関節——を介して、無数の筆毛が紙に接触し、常に運動する筆先へと集中する（Yen 2005: 86）。そして当然のことながら、書の身ぶりは通常（必ずというわけではないが）軌跡を残すが、舞踏家の身ぶりはたいてい（時々例外はあるものの）軌跡を残さない。しかしながら、書の身ぶりは制作のあいだ、まるで振付けの身ぶりのように展開する。それは小さな舞台場面の連鎖であり、ひとつの場面が出来上がるや否や次の場面に移ってゆく。

書の身ぶりは日常会話が自然に伴う手ぶり、あるいは聾唖者の手話やオーケストラの指揮といったもう少し特殊な手ぶりと比較されることもできるだろう。第一章で示したように、手と手の働きに注意を向けることは、私たちが見るものは必ず静的事象であるという幻想を払拭することである。たとえば手話の沈黙した言葉は会話の発声される言葉と同様に活気に満ちている。手話の言葉を理解するためには、聞きとる場合と同じように積極的に相手に関わる——手話を行使する者とともに活動に加わるという意味で——視覚的集中が要求される。これまで見てきたように、中世ヨーロッパの読者は書かれた言葉を、あたかもそれらが話されたり歌われたりしているかのように聞きとることができた。では、手ぶりの言語に慣れた読者は書かれた言葉を、身体で合図されたもののように、さらには手の舞踏のようなものとして捉えることがあるのではないだろうか？　実はそれがあり得ることも、中国の書がまた証明している。「空中で書く」という奇妙な練習ほど——西洋の読者にとって奇妙というわけだが——中国語の記述における漢字が何よりもまず身ぶりの軌跡として理解されているという事実を雄弁に語るものはない。

　中国の子供たちは伝統的にこのようにして書き方を身につけてきた（Yen 2005: 109）。子供たちは腕と手をさっと動かす身ぶりで漢字をなぞることから学習を開始する。そして漢字の部首をひとつひとつ示しながら部首名を呼び、最後にその漢字を発音する。その身ぶりが身についたときにはじめてその漢字は書かれ、練習を重ねるにつれて字は次第に小さくなり書くスピードは上がってゆく（Billeter 1990: 85）。すなわち言葉は映像としてではなく身ぶりとして記憶されるのである。実のところまさにこうした理由で——それらの身ぶりが練習と訓練を通じて身体運用法のなかに組み込まれることによって——一人の人間があんなにも多くの漢字を記憶できるようになる（DeFrancis 1984: 163）。目が漢字の形姿を忘れても、手がその組み立て方を知っているのである。このことはまた、空中で字をなぞる身ぶりを「読む」ことは、紙に書かれる文字を読むことと同じように簡単だということを意味している。実際、［紙上の］物理的軌跡は二次的な副産物だといってもよいくらいである。重要なのはその軌跡を形成する運動の方だからである[2]。逆の見方をすれば、漢字の形姿にあまりにもこだわり過ぎると書く力が麻痺してしまう。中国語を読む者の多くは、ひとつの漢字を長い間見つめていると感覚が混乱し、その漢字が解体し、でたらめに配列された部品に見えてくると言う。再びその漢字を書けるようにするには、書き順を思い出すために何度か練習してみなくてはならない。そうすることで――エンが述べるように――「深海から水面に再浮上する潜水艦のように漢字が再び現れる」(Yen 2005: 110)。

見つめることは、見つめる対象を固定化する特別な観察――すなわち対象を釘づけにすることである。しかし書かれる漢字はそうした監視による刻印によって形成されるどころか損なわれる。なぜなら中国語では漢字の統一性はそれが書かれる運動にあるからだ。運動を停止させると漢字はばらばらになってしまう。西洋社会では、反対に、運動は明晰な形態の認識を妨げる「ノイズ」に等しい。洋の東西を問わず子供たちの出発点はたしかに同じである。ヴィゴツキーが確認したように、書き方を学びはじめる子供たちはほぼ例外なく、身ぶりが「空中で書く」ことであり、書かれた記号が「固定された身ぶり」に他ならないことを理解する(Vygotsky 1978: 107)。しかし西洋社会ではリテラシー教育が根本的に異なった方向をとった。西洋の子供たちは文字を書く年少期の訓練のなかで、文字を形成するのに必要な手の身ぶりを叩き込まれる。だがその訓練の到達点は身ぶりを反復できるようにすることではなく、ページ上にできるだけきれいに文字の形を複写することである。読み方を学ぶ場合にも同様に、子供たちに教えられるのは文字の形を認識することであって、文字を作る行為の前提となる身ぶりではない。読んだり紙の上に書いたりする行為に熟達するまでの間に、西洋の子供たちは書かれたものを空中で「紙から離れて」書いたり読んだりすることができなくなってしまう。

印刷と刻印

空中に字を書くという自由に描かれる軌跡から始まり、身ぶりとは無関係な既成の文字の再生産に到達する点で、西洋近代社会の子供たちのリテラシー教育には、長い文字生産の歴史が要約されている。だがその歴史はそもそも線描だけに限られるものではなく、線描と**刻印** ***engraving*** とを行き来してきた歴史である。第二章でふれたように、「記述」という言葉の語源は硬質な表面につけられた刻み目 incision であることを思い出そう。古代ギリシャにおいて「書く」にあたる〈グラフェイン〉graphein から〈グラフ〉graph という形態素を含む夥しい英語の言葉が派生しているが、グラフェインとはもともと「刻み込むこと、引っかくこと、擦ること」を意味していた点にロイ・ハリスもまた注意を促している (Harris 1986: 29)。ライン制作がどんな名称で呼ばれようと、その名称がどんな語源から派生したものであろうと、石のような抵抗の大きい素材に先端の尖った道具で切削的軌跡をしるす場合と、ペンや筆を用いてパピルスや羊皮紙や紙の上に付加的軌跡をしるす場合との実践および経験上の違いは、来るべき事態の先触れであった。千年の後、線描から切り離された構成《コンポジション》の技としての記述という現代の考え方にその遠い残響が聞こえる。

中国では、篆刻の制作と毛筆の書とが共存することによって、その区別がすでに早い時期から確立されていた (Billeter 1990: 165, 286-9)。篆刻の制作のために、篆刻家は鍛鋼の鑿《のみ》を使う。鉛筆を持つように右手に四十五度傾けて鑿を持ち、印章は左手に保持される。そしてかなりの力を加えながら、ひとつの方向のすべてのラインを一気に彫り、印章の向きを変えて別の方向を彫り、十分な深さの溝が得られるまで作業は繰り返される。曲線を彫るには左手に持つ印章をゆっくり回転させながら右手で彫り進める。その結果あらわれるものは、ラインを生み出した身ぶりを示すのではなく消去する字体である。創作の束の間の瞬間を記録し、絶対に修正や修復の効かない書の運筆とは正反対に（Yen 2005: 89）、鑿を使って何度も彫り直すことで得られる連続する切り口は、それを生み出す身ぶりの軌跡を消し去る。さらに言えば、彫られたラインは彫る道具を操る手の動きではなく、石を保持する手の動きの証しである。篆刻家は書家のように自由にラインの幅を変更することはできない。薄紙のうえに筆で漢字を描いてから印章の湿らせた表面に逆さまに貼り付けることもよく見られる。その場合、その軌跡をたどりつつ彫り込みがなされる。だがその結果現れる漢字は、刻印の身ぶりではなく、元の線描の身ぶりの証しである。彫り上がった印章の上に、漢字は、完成された制作物として、揺るぎなくそれ自体で完結した状態で屹立する（図5−7）。印を必要とするあらゆる文書に、押印という単純な行為を通じて、漢字はまさにその静的なかたちのまま転写される。

四世紀までに中国人は印刷に必要な材料をすべて揃えていた。すなわち文字の彫られた版面、紙、適切な濃度のインクである。彼らは八世紀までにその刻印技術を版木へと進化させ、十一世紀までには可動活字を試みていた。一方ヨーロッパでは、ローマ人が大文字書体——現代の大文字の先祖——を、とくに石に碑文を刻印する目的で開発していた。大文字から派生した小文字は、三世紀からローマ人の写本に現れるようになった。八世紀のカロリング改革運動期に、二種類のアルファベットは最終的にひとつの体系に統合された。製紙技術は中国からアラブ世界を経由してヨーロッパに輸入され、十一世紀までに到着していたが、可動活字による印刷が中国の先行例によらず、まったく独自にヨーロッパで発明されるにはさらに三百年を要した。その印刷術はすでに貨幣を鋳造するために古代より用いられていた金属加工技術——製版、鋳型、穿孔の技術——に支えられていた。[3] その後の印刷術の歴史および印刷術と筆写との関係を細部にわたって述べるにはあまりにも膨大な時間を要するだろう。さしあたって、ローマの大文字と小文字

図5-7　中国の著名な書家の手による印章。右の三つは清の書家・鄧石如(1743-1805)による。中央の四つは清の書家・趙之謙(1829-84)。左上は、清の書家・画家である呉昌碩(1844-1927)による。左の残りは現代の画家・齊璜［斉白石］による［Ch'en (1966: 249)］。

が現代まで伝承されてきたのは、印刷された文字——すなわち、現代の活版印刷でおなじみの大文字と小文字——としてであることを指摘するにとどめたい。

印刷される文字や漢字の形態が筆写ではなく、石や木や金属への刻印に起源をもつという事実は示唆に富んでいる。刻印される碑文では、職人の身ぶりは留められず消去される。私たちはすでに中国の印章の例を考察したが、古代ローマの碑文も同様である。四角、三角、円に基づいたローマ人の〈スクエア・キャピタル書体〉capitales quadrantae の文字形態は、ペンで書くには非常にやっかいなものだ。その書体は手の自由に流れる動きにまったく適していないからである。それが適しているのは鑿である（Gray 1971: 95）。鑿を使っても石にその書体を彫る行為が骨の折れる仕事であることに変わりはない。だが刻印される碑文には、それを制作した手の力のこもった動きの軌跡が残らない。中国の印章の漢字と同様に、ローマの大文字も実に静的である。続けて読まれても、一つひとつの文字はそのままで在り続ける。つまり前の文字からかたちが変わったり、後の文字になってかたちが変わったりすることがない。記念碑の表面に配置されるがゆえにそう呼ばれた大文字《キャピタル》は――必ずしもその名の通り円柱や支柱の頭部《キャピタル》に記されたというわけではないが（Avrin 1991: 177）――記念碑そのものの構造と合体した構成要素として組み立てられた。見物人を正面から無表情に見おろしながら、大文字は、記念碑が不朽不動であるというはっきり意図された圧倒的な印象を伝える（図5―8）。

つまり刻印という技法こそが、身ぶりと軌跡とのつながりを断ち切り、文字や漢字を不動のものとし、そうすることで、言葉とは技術によって組み立てられ配置されるが書き込まれるものではない、という今日の認識の礎を築いたのである。さてここで私たちは第一章の結論に戻ってみよう。その結論はウォルター・オング説への反論、すなわち、言葉を物象化したのは記述なのではなく、筆記から印刷への移行がもたらした、身体の動作とそれによる文字の書き込みとの断絶である、というものであった。今やこの結論をさらに過去へと投影し、石や硬木や金属に刻み込まれた古代の碑や印章の文字や漢字に、物象化された不動の言葉の先例を見出す立場をとろう。こうした人工物について考察するとき、記述が「言葉の技術化」を必然的に伴うというオング（1982）の主張を私たちはどう判断すべきだろうか？　この問題は、本章の最初で立てた四つの命題の三番目、すなわち記述は――線描とは違って――本質的に言語の技術であるという命題に私を導いていく。

オングによれば、記述は「人類のあらゆる技術的発明のなかでもっとも影響力の大きいものだったし、

図5-8　1世紀の墓碑に見られる古代ローマの大文字書体［Kapr(1983: 28, Fig.34)］。

いまもそうである」もので、私たちが生きている世界を完全に変えてしまった[*10]（Ong 1982: 85）。その影響はさまざまな文献で語られているが、根拠が求められることはめったにない。たとえば最近出版された表記体系の教科書のなかで、その分野の第一人者のひとりであるフロリアン・クルマスは、記述とは「数千年ものあいだ発展してきた技術」だと主張する（Coulmas 2003: 2）。では、こうした学者たちの目には、記述を技術にしているものは何だと映っているのだろうか？　なぜ記述は線描よりも遥かに技術に近いものだと考えなければならないのか？　可能な答えは三つありそうだ。第一に、記述は発明されなければならなかったからである。第二に、記述は道具の使用をともなうからである。第三に、記述は人工的なものだからである。ではこの三つの答えをそれぞれ吟味してみよう。

記述の発明

もし記述が発明だったとすると、その新しさは正確に言ってどこにあったのか？　記述は世界に、それまで存在していなかった何をもたらしたのか？　さらに言えば発明には発明家がいなければならない。表記体系の発案者は誰だったのか、そして彼らは自分たちが何をしていると考えていたのか？　彼らの正体を突き止められる例はほんのわずかにすぎない。たとえば名高いチェロキー・インディアン、シクウォイアである。彼は一九世紀初期に、長い時間をかけてチェロキー語のために八十五文字の完全な音節文字表を考案した（Rogers 2005: 237-8）。また韓国の王、世宗は一四四三年に「訓民正音」と題された文書において自らが考案した二十八文字の字母を公表した（Coulmas 2003: 156-66）。彼らはすでに識字の伝統に親しんでいた人間であり、だからこそ私たちは彼らの成果を証明する記録を手にしている。しかし、先史時代には個人が同定されない――資料が発見されないから――といって、そうした発明家がいなかったと思い込むべきではない。言語学者のジョン・デフランシスは、知られうる世界最古の表記体系だと考えられているシュメール語を発明した人物を、もう少しで確定できると述べている（DeFrancis 1989: 75）。その人物は紀元前三〇〇〇年頃、メソポタミアのジェムデト・ナスルの町の名もなき住人であった。彼は何を発明したのだろうか？

デフランシスによれば、答えは、〈判じ絵原理〉rebus principle――絵文字が事物ではなく、その事物を指すために発話される言葉の音声を表わすという原理――である（1989: 74）。たとえば、蜜蜂《ビー》の絵と葉《リーフ》の

図5-9　紀元前3000年頃、シュメール、ジェムデト・ナスルの石板の碑文［Vaiman (1974: 18)］。

絵を結合させることで「信仰《ビリーフ》」という言葉の音声表現を組み立てることができる (ibid.: 50)。ジェムデト・ナスルから出土した初期の石板において、左上隅の「葦」の絵は、「葦」を表わす言葉の音声を表示するが、それはたまたま「返済する」を表わす言葉と同音であった（図5－9）。筆写者は明らかに後者の意味を意図していた。その時期の多くの石板と同じく、この石板は土地の寺院の記録の一部であり、収入と支出を列挙していた。

さて、判じ絵の正確な意味は記述を扱う歴史家のあいだで議論の的になっている。私にはその問題について発言する資格はない。判じ絵原理が文字の表音化の過程おいて重大事件だったことはほぼ疑いないだろう。それによって図像記号は発話の音声を象徴するようになった。ただしデフランスのように、その段階が「人類の歴史上もっとも偉大な発明のひとつ」(1989:50) だと主張するのはまた別の話である。それは当人が知る由もなかった事後的な歴史の観点から遡及的に判断を下す行為である。ロイ・ハリスが述べるように、記述行為とその成果をすでに自らのうちに取り込んだ文明の視点からその起源の問題を論じようとすると、私たちはその問題を捉えそこねる（Harris 1986: 29）。学校で読み書きを学ぶ私たちは余りにも安易に、図像的要素を用いて音声を表わした最初の人物が、それが誰であれ、完全な文字社会といった未来の展望を抱いていたと考えてしまう傾向がある。絵文字記録から音節表記を経てアルファベットに向かう必然的な一直線の進歩という通俗的な考え方の根底にあるのは、記述の歴史に関するこうした目的論的観念である。

おそらく実際の事態はこういうことだったのではあるまいか。現代の学者によって最初の文字体系を発明したと見なされた名もなき個人――同じアイディアを別々に思いついた複数の人物がいたに違いない――は、まず最初に抽象的に考えてから目的に適った本格的な表記体系の制作にとりかかったわけではなかった。彼らは、私たちが現在考えるような記述の可能性など想像だにしなかった。彼らが行ったのは、帳簿をつける、固有名詞を記録する、所有者を登録する、運勢を占うといった作業のなかで生じるきわめて具体的で個別的な問題に対して便宜的な解決策を見つけることだった。その解決策とはいつも、誰にでもわかる判別可能な図形記号《アイコン》を、発話音声をあらわす新しい目的のために利用することだった。こうした便宜的方策が積み重ねられて、現代の歴史家がかなり大げさに「表記体系」writing systemと呼ぶものが出来上がっていったことは間違いないだろう。デフランシスがその積み重なりを「話される言葉を表象するために用意周到に構成された図式というよりも、熟達した読者が首尾一貫したメッセージに到達するために使う記憶補助のヒントを寄せ集めたバラック小屋」（DeFrancis 1989: 262）と呼ぶのは的を射ている。言ってみれば、それは技術としての記述という概念から私たちが期待するような見事な工学的デザインというよりも、ループ・ゴールドバーグの仕掛け*11にはるかに近いのだ[4]。

記述が技術的なものになるのは、道具や装備の使用をともなうからだという第二の答えについて考えてみよう。オングにとって、記述を技術と考える際にまず心に浮かんだのがこの点である（Ong 1982: 81-2）。同様にマイケル・クランチーは、十一世紀から十三世紀のイギリスにおける写本筆写者の仕事に関する研究のなかで、彼らの手仕事に必要な器具や材料を扱った章に「記述の技術」という題を与えた（Clanchy 1979: 114-44）。その器具や材料の数は夥しく多岐にわたっている。基本的な材料は、木材、ろう、羊皮紙であった。テクストは、草稿の段階では着色したろうで上塗りされた木製の書き板に尖筆で書かれ、そのあとで羊皮紙に複写された。筆写者の道具には、羊皮紙をこするためのナイフや剃刀、滑らかにするための軽石、表面を磨くためのイノシシの歯、そして罫線を引くための尖筆、鉛筆、定規、垂水糸、千枚通し、さらに記述するために使う羽ペン、ペンナイフ、角製インク入れ、さまざまな色のインクが含まれていた。もちろんその他にさまざまな調度品、ランプ照明、仕事部屋の道具類一式があった（ibid.: 116）。しかしそれは一例にすぎない。記述が、シュメール人の楔形文字のように湿った粘土の上に刻まれた記号から成り立つ場合、あるいは石に彫られたり、金属に刻印されたり、モザイクによって表現されたり、タペストリーのなかに刺繍や錦織であらわされたりする場合、記述に必要な装備や技法はそれぞれまったく異なるものであり、とくに記述と結びつかないものも数多く含まれていただろう。私たちはすでに、織物や版画の制作に結びついたそうした技法の幾つかを見てきた。ここでそれらをさらに詳しく説明する必要もないだろう。いま考えるべきは、単に道具を使用するだけで記述は技術になるのかという問題である。

なる、とオングは考えている。記述行為とはヴァイオリンやオルガンを弾くようなものだと彼は言う。どちらの楽器も、演奏者に、それなしには表現され得ない「心を打つ人間的な何かを表現する」ことを可能にする「機械仕掛け」だと考えられる。ただしそうした表現ができるようになるために、演奏者は、楽器の音響を生み出す諸原理を――厳しい訓練や規則正しい練習を通じて――第二の本性として自分の一部にする必要がある。オングの表現によれば、「技術を内面化」していなければならない。技術の内面化が器楽演奏にとって必須条件であるとすれば、それは記述の実践にとっても同じである、とオングは主張する[*12]（Ong 1982: 83）。さて、楽器のなかには機械のようであり、その構造自体に作動原理が内蔵されているものがたしかにある。オルガンはその意味で機械であろう。オルガンの鍵盤をひとつ押すと、あらかじめ決められた音が出てくる。同様に、タイプライターのキーを押すと、あらかじめ決められた書体の文字が紙の上に現れる。オルガン演奏とタイプ打ちとの間にはある種の平行関係がある。ところがヴァイオリンは機械ではない。身体以外の何の楽器をも使用しない歌唱行為と同じように、ヴァイオリン演奏はひとつの技《アート》である。歌手が自分の声を操作する者ではないように、ヴァイオリン奏者は自分の器具を操作する者ではない。そしてこの点において、ヴァイオリンを弾くことはオルガンを弾くことと異なり、同様に記述行為はタイプ打ちと異なっている。その相違は技術の内面化の程度の差ではない。楽音や文字形態が、器具に埋め込まれた作動原理によって入力に対する出力として関連づけられてはおらず、エネルギーに満ち経験を積んだ人間主体――すなわち演奏者ないし記述者――から直接発せられるところにある。

ヴァイオリン演奏について、カンディンスキーは「手が弓にかける圧力は、手が鉛筆にかける圧力に完全に対応している」と述べた（1982: 612）。しかし鉛筆だけが軌跡を残す。手書きされたページの表面に残されたラインはそれをしるした身体動作の証であり、ラインにあらわれる注意深さや感情にはそれが制作されたときの身体の動きの意図が体現される。一方タイプライターは注意することも感情を示すこともなく、打ち出される印刷記号は何ら人間の感性の軌跡をとどめるものではない。タイプ打ちもたしかに手を用いる操作である。それどころかオルガンのように両手の操作である――もっともオルガンは足まで動員されるが。またタイプ打ちには熟練も必要である。指の筋肉だけが駆動力であった初期のタイプライターは、キーを打つ衝撃力が紙面上にしるされる文字の濃淡やむらに影響する点で、オルガンよりもピアノに比較されるべきものであるのかもしれない。ところが現代の電気式のキーボードはこうした表現の可能性すら奪ってしまった。機械のメカニズムによって遮断され、手の〈運び《ドゥクトゥス》〉が紙面上にその形跡を残すことはない。熟練したタイピストの手はキーボードの空間で踊る。だが紙の上ではなく、そのしなやかな指が軌跡を残すことのない硬いキーの上で踊るのである。

私たちはすでに中国語の記述において、書家が自らの存在全体を賭け、身心一体となって書の行為に没頭する様子を見てきた。中国語の理解において、エンは「人格と筆跡とは相互生成的である」と述べる(Yen 2005: 66)。同じことは西洋の伝統における手稿についても、少なくとも羽ペンが——千年の栄華を誇った後——ついに金属のペン先にとってかわる十九世紀までは、当てはまっていたことだろう。今日私たちは、紙面上にペンを持った手を置いたまま、指でさまざまな作業を行う状態に慣れている。したがって記述がページを渡って進むあいだ、私たちの腕の動きだけが保持された手の位置を定期的に調整し、それ以外の身体部位はあまり活発に動くことがない。おそらくこうしたことから、記述する手は手が操る道具とともに精神の命令に従う一方で、自らの世界に住まう精神は自らが引き起こす手の行動には無関心である、といった霊魂と身体の分離の幻想が生まれるのだろう。エンが指摘するように、西洋の筆跡学では、手書きにおける身体の役割とは「精神と紙の表面とのパイプ役」を果たし一方から他方へとメッセージや内容を忠実に伝えることであるという考え方がこうした幻想を支えている(Yen 2005: 66)。

しかし、もしあなたが羽ペンで書くとしたらその幻想は完全に打ち砕かれてしまう。ペンは紙面に対してほぼ直角になるとき最も書きやすくなるから、その持ち方は先端が金属でできた後継品の場合とは全く異なっている。書く手はほとんど紙面と接触せず、すべての動きは腕から生じる（Hamel 1992: 37）。さらに、羊皮紙に記述する場合には両手の操作が必要であった。右手にはペンを、左手には弾力ある羊皮紙の表面を滑らかにするためのナイフを持つ。ナイフは羽ペンを削ったり、書き損じを消すためにも使われた。中世の写本筆写者は背筋をぴんと伸ばして、しばしば背もたれの高い椅子に座り、眼の前の急傾斜の机や、椅子から傾斜をもって突き出たアームに取り付けられた板の上に写本を置いていた（図5－10）。彼らの作業は楽なものではなかった。記述とは、ある写本筆写者が「全身を使う重労働」と嘆いたように忍耐力の要る行為であると認識されていた（Clanchy 1979: 116）。その筆写者はもちろん自分自身のことを述べていたのだ。彼いわく、自分の身体を記述という仕事に就かせるのではなく、自分自身が仕事中の身体となる。

快適な環境に恵まれている現代の学者は、言葉の組み立て《コンポジション》についての知的苦労ばかりを強調するあまり、過去の文字記述行為そのものの前提だった純粋な身体行使を顧みることがない。その点を誰よりも明らかにしたのがメアリー・カラザースである。彼女は中世ヨーロッパにおける羊皮紙への記述についての次のように述べている。

> 動物の皮膚のような物質の表面に徴をつけるときの、野蛮とは言わぬまでも激しい行為について、私たちは心に留めておくべきである。人は先のとがった器具を用いて何らかの方法で動物の皮膚に穴を開け、凸凹にし、「傷つけ」なければならない。書き込んだものを消す場合にはその表面はさらに一層凸凹になる。中世の写本筆写者は羊皮紙の書き込みを消すために軽石やその他のスクレイパーを使わなければならなかった。言い換えれば、記述とはいつでも身体的重労働であり、記述が行われる表面と同じくらいハードだったのである……。（Carruthers 1998: 102）

図5-10　自らの著作を筆写する者として描かれているダラム修道院長ロレンス（1149‐1154年）。右手にペンを持ち、左手に持ったナイフで弾力ある羊皮紙の表面を押さえている［MS Cosin V.III.1, f.22v. ダラム大学図書館所蔵］。

だが今日でも手書きという行為は、それを行なう者に身体的かつ精神的な、といっても身体と精神が区別されればの話だが、さまざまな要求を突きつける。中世の羊皮紙に比べて現代の紙はそれほど手荒に扱う必要がないかもしれないが、それでも筆記用具を手にする身体は、ただ機械的に精神の命令に応えるものではない。

「書痙」という症状の研究においてロズマリー・サスーンが示したのは、書くときの姿勢や利き手の自由を許さず決められたやり方で座らせ書かせる指導がもとで――たとえば学校の教室で――しばしば引き起こされる捻れた姿勢やぎこちないペンの持ち方が、いかに痛みばかりでなく進行性の筆記障害をもたらすかということだった。サスーンの報告によれば、患者たちは「自分の身体のある部分が思うように動かなくなるとき、どんなにぞっとするかを語る」(2000: 103)。字を書こうとしても書けないような手では他の作業もままならない。努力しても思うような結果に段々と結びつかなくなる状況のなかで自らの人格的衰弱を確認して、患者たちは書く自信を喪失し、悪循環にはまり込んだ自分に気づく。サスーンが示すように、記述とはメッセージや意見の単なる伝達手段ではない。「それは紙の上にあらわれる自己である。もしあなたが成功した境遇にあれば、あなたの記述は満足を与える出来ばえとなる。記述がうまくいかないとすれば、それはあなたの失敗をいつまでも目に見えるかたちで思い出させるものだ」(ibid)。記述の不自由さは、技術的不具合や機械的故障としてではなく、全人格の危機として経験されるのである。

記述には身体が提供する以上の器具も人工的素材さえも必要ないのかもしれないと考えてみると、道具の使用をともなうがゆえに記述は技術であるというオングの主張はいよいよ怪しいものに見えてくる。もしあなたが今度の休日にビーチに行くのなら試してみてほしい――砂の上に指を走らせるだけで字が書けるだろう。この例がくだらないと思うならば、本章の最初のほうでふれた、ワルビリ族の象徴的文字様式に関するマンの報告をよく考えてみてほしい。ワルビリ族のストーリーテラーの身ぶりは、手と指を用いて砂のなかに軌跡としてしるされる。他になんの道具も必要ない。すでに示したように、それらの軌跡が結果的に記述か否かという問題にはっきりした決着はつかないだろう。だがひとつ言い添えるべきは、その問題はとうてい、書く道具を用いるか否かといった観点から解決できるものではないということである。もしワルビリ族の人々が指ではなく棒で砂を引っかいたとしても、それによってその結果がより線描画から離れより記述に近づくことはないだろうし、彼らの刻印の実践が技術の操作へ転換することもないだろう。逆の言い方もできるだろう。道具を使わないのが書くことであり、道具を使うのが描くことだ、と。実際には、ほとんどの線描行為は、ほとんどの記述行為と同じように道具に支えられている。製図工の作業場にはたいてい作家の書斎と同じように多種多様の道具一式が備えられていて、そのなかには共通する道具も多く含まれている。

自然と人工

もちろんオングは記述を線描画ではなく発話と比較したのであり、発話はふつういかなる用具の使用も要求しない。しかし彼は、線描画も発話と同じように「自然に」人間に生じると考えているようである。最初の「真正な」記述であるシュメール人の記述物が五千年ほど前に初めてあらわれたことにふれながら、オングは「人類はそれまで何千年ものあいだ絵を描いてきた」と述べている[*13](Ong 1982: 84)。記述がしばしば言語の技術として考えられる第三の理由は、どうやら線描画が成立したとされる年代と、記述が成立したとされる年代とのあいだの大きな隔たりにありそうだ。線描は、先史時代のもっとも早い時期、木や骨や石に何らかの刻印をしるし始めた時期から人類が実践してきた表現の技であると一般には考えられている。それは私たち人間にとって普遍的で明らかな——発話能力とともに明らかな——技の能力を証明するものだと言われる。一方、記述はかなり後の時代の革新であり、その革新によって世界中とまではいかないにせよ世界のいくつかの社会や地域は先史時代から歴史時代へ移行し、文明化の段階に突入したと広く考えられている。かくして線描は人類の進化過程で出現したものであるのに対して、記述は人類の歴史時代の産物となる。線描は自然であり、記述は人工的あるいは人為的だというわけである。

だが線描行為は自然ではない。それは人間が世界に生まれ出る以前に何らかの方法ですべての個人に与えられている特質ないし能力ではない。まして記述は、描くことがすでにプログラムされた身体に後から「つけ足される」能力ではない。書くことの学習は技術の内面化ではなく、技能の獲得である。線描の学習もまったく同様である。実のところ記述は線描の一様態であり、両者の技能形成 enskilment[*14] の過程は不可分である。再び楽器演奏の比喩を用いるならば、私たちはライン制作の技能獲得を、ヴァイオリン演奏を習得する過程と比べることができるだろう。ヴァイオリンの初心者は、熟練者の指導のもとで、発育期のなるべく早い段階から規則的に練習を積みかさねることが望ましい。練習を通じて姿勢と身ぶり、注意深さと反応のパターンが、次第に学習者の身体に叩き込まれていく。最初の段階では、初心者はもちろん一定の規則に従わなければならない。だがそれは原則的なガイドラインであって、習得過程を支えるけれども習得されるものの一部になることはない。初心者の技量が向上し、そうした支えがもはや不要になれば、すみやかに打ち捨てられる（Ingold 2000: 415-16）。

若い見習い製図工、写本筆写者、書家がライン制作の技を学ぶときもまったく同様である。見習いの若者はまず、おそらく一つひとつの形や文字の手本やひな型に倣いながら、作業の基本的規則に従うことを教え込まれる。しかし練習の回を重ね、若者が手の動きの自在さと文字を刻印する用具の正確な扱い方を身につけるにつれて、手本は次第にわきに置かれるようになる。同時に彼はその用具を紙面から適切な角度をとって保持することを学ぶが、そのためには、私たちが見たように、腕の動きだけではなく身体全体の姿勢の調節が必要となる。エンによると、中国の書を学ぶために小学校で今でも採用されている伝統的手順は三つの段階を踏む。初心者はまずお手本の上に透けて見える紙を置き、そのシルエットをなぞりながら模写する。次に紙とお手本を別々に並べて、先生である手本のシルエットに導かれることなく、必要な文字の動きを自分で再現するよう指示される（Yen 2005: 116-18）。学習の最後の段階になると、小さな見習いたちは、すでに彼らの身体の一部になっているお手本という教師につかまれた「手」から自らを解放するように促される。学習過程の到達点であるこの最後の「型からの離脱」において、「学習されたすべての規則は忘却へと追いやられ、心だけが手の唯一の導き手となる」(ibid.: 123)。

西洋でも子供たちは、最初に模写すべき手本によって書くことを伝統的に教えられてきたが、筆記体の書体には、どうやって文字を連結するかという特殊な問題が常にあった。たとえばtheという単語を書く場合、子供たちはtの文字の足を曲げて次のhにつなげる前にtに戻ってその横棒を引くように教えられる。しかし滑らかに書けるようになるにつれて、多くの書き手は下の曲げを省略して横棒を直接hに連続させるようになる(Sasoon 2000: 40-50)。図5―11は、十九世紀初めの数十年間に、ひとりの司祭助手の筆跡が、最初の手習い帳から学校の練習問題集を経て、日記を書くときの成熟した字体へと上達していく様子を示したものである。この例が示すように、書く能力は人工的な規則や手順の集積として獲得されるのではなく、環境に置かれた人間の成長と発達のなかで、それに応じて発現する。描く能力についてもまったく同様である。それは人間の身体組織にあらかじめ備わったものではなく、発達を経る必要がある。実際、描く能力と書く能力は文字通り手を取り合って開花する――同じ手がその両方を行うからである。

さて、記述は技術であるという命題について、これで吟味し尽くしたのではなかろうか。記述は発明されたのか?――そうではない。発明されたのは判じ絵、すなわち言語音の表記を簡易化するために、すべてではないがいくつかの表記体系で開発された仕掛けである。記述は道具を使うのか?――ふつうはそうであるが、絶対に必要というわけではない。そもそも道具を使用することが常に技術の操作を意味するわけではない。記述は人工的であるのか?――人工的ではない。また記述は自然でもない。それは発達の賜物である。私たちがただひとつだけかなり確信をもって言えるのは、何らかのライン制作は発話と同じく

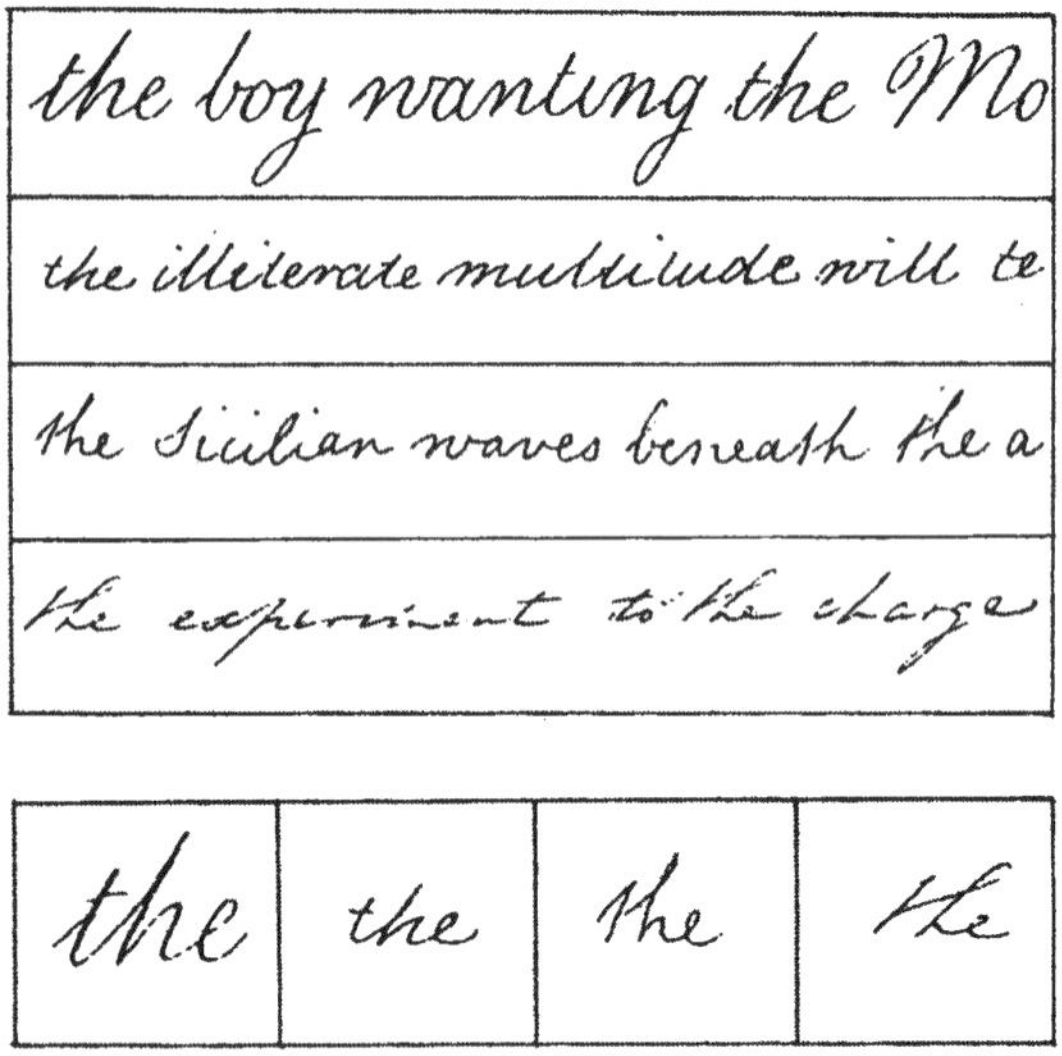

図5-11　1799年から1820年のあいだの、ひとりの司祭助手の筆跡の上達。下欄に並ぶ拡大されたいくつかのtheは、横棒連結の上達を示す［Sasoon (2000: 49)］。

らい古いだろうということである。人々は言葉を交わし合いながら、必ず手でさまざまな身ぶりをつくってきた。それらの身ぶりのあるものがさまざまな表面に軌跡を残すことになる。おそらくその軌跡の大部分は瞬く間に消えていっただろう。新しい軌跡をつくるために、あるいはただ自然な浸食作用のなかで。長い時間の流れを実際に乗り越えたのはほんのわずかなサンプルだけだ。だがラインの歴史に関心をもつならば、私たちはそうしたわずかな残存物を相手にしなければならない。

ラインの線状化

ところで、こうした論点の大部分は、ほぼ四〇年前にフランス先史学の大家の一人、アンドレ・ルロワ=グーランがその驚異的な著作『身ぶりと言葉』［原書 1964-65］のなかですでに指摘していたものである。その本のなかでルロワ=グーランは、今日私たちが理解している記述を定義づける性質とは、線描と比較してそれが線状的であることだと主張する。これは本章の最初で掲げられた四つの命題の最後のものだが、その命題に関する若干のコメントをもって本章を閉じたい。ルロワ=グーランは、私たちが過去を観察しようとするとき、説明しようとする歴史自体がつくった概念や範疇のレンズを用いることによって生じるひずみに十分気づいている。記述と線描はそうした二つの範疇である。たとえばこれまで見てきたように、私たちがもっている記述の現代的概念は、写本筆写者の熟練した技《クラフト》であったものを、ある時期に言葉の構成物を創造する「純粋に知的な」あるいは想像的な芸術《アート》と取り違え、次にタイプや印刷における「単なる技術的な」あるいは機械的な複製術《レプリケイション》と取り違えた。こうした陥穽を避けるために、私はライン制作という見方を取ってきた。ルロワ=グーランが用いる図示表現《グラフィズム》という用語はそれとまったく同じ意味である（Leroi-Gourhan 1993: 187-90）。

ルロワ=グーランにとって、すべての図示《グラフ》は巧みな手の動きの軌跡であり、したがってそうした動きすべてに共通するリズム性を体現している。もっとも初期の図示表現は語りや歌や踊りの実演を伴い、それらを注釈するものであっただろう。そうした実演の背景が失われ復元不能となった現在では、そこで描かれたラインの元の意味がいったい何だったのか知る由もない。だが先史時代の図示表現にはひとつの顕著な特徴があると彼は主張する。それは、その基本的形状が「ウニやヒトデの体のように」放射状をなすということである[*15]（ibid.: 211）。あらゆる図示はリズミカルに反復される要素――ルロワ=グーランの用語によれば表意文字《イデオグラム》――とともに中心から螺旋状に広がり、同心円の環となって配列される。第三章で紹介したように、ワルビリ族が祖先の移動を描くときに用いる模様は、こうした同心円状の表現の完璧な一例である（図3―9）。図示されるものは常に一方向に進むラインとして延びていくものだと私たちが了解するのは遥かに後代になってからのことである。

こうした「図示表現の線状化」によって私たちは記述を固有のものとして認識し、線状化がすすむにつれて記述は線描画から次第に区別されていくとルロワ＝グーランは考える[*16]（ibid.:209-10）。彼の説明によれば、図示表現は、口頭の語りの文脈から解放されるにつれて発話の音声を表わす必要に従わざるを得なくなる。確かにすべての記述体系において線状化が同じ水準に到達したわけではない。たとえば中国語の記述では、線状的要素と表意的要素とが微妙なバランスで保たれている。線状化がもっとも推し進められたのはアルファベットによる記述が確立した後のことであった。その後、中心に人間の姿を宿しすべてのラインがそこから放射状に広がる丸みを帯びた人間の世界秩序《コスモス》は——ルロワ＝グーランの鮮やかな表現によれば——「文字が針のように鋭く細いラインとなって繰り出す知のプロセス」に取って代わられた[*17]（ibid.: 200）。

その変化をもたらしたのがアルファベットなのか、あるいは印刷における文字の分断なのか——こちらの可能性が高そうだが——という問題にこれ以上こだわる必要もあるまい。それより注意を向けるべきはルロワ＝グーランの議論の核心にある難問である。確かに巧みな手の動きによって残されるすべての軌跡は、それ自体がラインである。では、先史時代の図示表現のラインはどうして非線状的なのだろうか？　昔の語り部は物語のラインを辿る際にどうして非線状的な道を取るのだろうか？　そして反対に図示表現は、印刷された文字の連鎖のように辿るべき踏み跡をまったく残さないとき、どうして線状的になるのだろうか？　すなわちどうしてラインが非線状的であり、ラインでないものが線状的なのだろうか？　実は私たちはすでにこの逆説に、別の形ではあるが、第三章ですでに出会っている。それはラインではないライン、すなわち点線という逆説である。点線が形成されるときには、まず元の軌跡が切片に分断され、次に各の切片が点に圧縮されるという過程を思い出してほしい。線状化の過程の本質とは、まさにこうした断片化と圧縮——〈運び《ドゥクトゥス》〉の流れる動きの瞬間の連鎖への縮約——にある。その結果生じるラインが、ルロワ=グーランが指摘するように、針のごとく鋭く細くなるのは当然ではないか！　それが鋭いのは、点に向かうからである。それが細いのは、物質的軌跡ではなく仮想の連結器だからである。純粋に幾何学的な意味で捉えられるとき、ラインは長さを持つがまったく幅を持たない。完全に線状化されるとき、ラインはもはや身ぶりの軌跡ではなく点と点を連結する鎖となる。そうした連結のうちには生命も運動も存在しない。つまり、線状化とはラインの誕生ではなく死をしるしづけるのである。次の章で、その亡霊のようなラインについて考察してみよう。すなわち平面幾何学上の直線である。

原注

［1］ クリフォードはまた、書き込みと解説を〈トランスクリプション〉から区別している。トランスクリプションとは、事象を口述筆記として記録することである。クリフォードの議論では、それが手でなされようとタイプライターによってなされようとも、やはり問題にされない。

［2］ この点はエンが「束の間の書」と呼ぶものの実践から別の仕方で説明される。彼女は洛陽の中央広場で、人々が「毎日夕暮れ時に巨大な毛筆と水の瓶を持ち込んで広場のコンクリートの上に書を書く」と報告している。文字は蒸発し数分で消える。重要なのは明らかに身体の鼓舞であり、その実践から得られる心理的休養である（Yen 2005: 112）。

［3］ レイラ・エイヴリン（Avrin 1991: 327-39）は極東、近東およびヨーロッパの木版印刷と可動活字から印刷機に至る歴史の驚くほど詳細な記述をおこなっている。また大文字書体と小文字書体の出現（ibid.: 177-91）や製紙の歴史（ibid.: 283-9）についても彼女の信頼すべき記述を参照した。ヨーロッパにおける印刷術の歴史についてはルシェネ（Lechêne 1992: 73）を参照のこと。

［4］ この段階は、拙稿「技術変化のダイナミクス」（Ingold 2000: 371）を部分的に再録した。

訳注

＊1　ソシュールの用語。言語記号において記号表現と記号内容との結びつきが恣意的であり、自然ではない性質を指す。

＊2　『文化の解釈学』（吉田禎吾、柳川啓一、中牧弘允、板橋作美訳、岩波現代選書、一九八七年）三二頁。引用に際して語句の一部を変更した。

＊3　邦訳書タイトルは『ラスキンの芸術教育――描画への招待』（内藤史朗訳、明治図書出版、二〇〇〇年）。

＊4　同書七六頁。引用に際して訳文の一部を変更した。

＊5　古代中国で、麟・亀・竜とともに四瑞として尊ばれた想像上の霊鳥。『大辞泉』（小学館）による。

＊6　六八七年に著した書論『書譜』の一節。訳出にあたって『書譜』（田邊萬平解義、日本習字普及協会、二〇〇七年）四九−五四頁を参照した。

＊7　元代の政治家、学者、文学者、郝経《かくけい》（一二二三−一二七五）の言葉。

＊8　原書ではjuであるが、ビュテの著作ではruとなっているのでそれに従った。

＊9　元代の政治家、書家、画家、趙孟頫《ちょうもうふ》（一二五四−一三二二）の言葉。

＊10　『声の文化と文字の文化』一七八−一七九頁。

＊11　アメリカ合衆国の漫画家ルーブ・ゴールドバーグ（一八八三−一九七〇）のアイディアによる、さまざまなからくりが連動して動く仕掛け。身近なところでは、NHK教育テレビ（現在Eテレ）で二〇〇二年から放映されている幼児番組『ピタゴラスイッチ』で紹介される「ピタゴラ装置」はその一例。

＊12　『声の文化と文字の文化』一七五−一七六頁。

＊13　同書一七七頁。

＊14　インゴルドの用語。身体から切り離された「技術」technologyと対になる「技能」skillを、環境との相互作用を通じて身体が身につける事態を指す。たとえば *The Perception of the Environment: Essays in Livelihood, Dwelling and Skill*, Routledge, 2000, p.5 を参照。

＊15　『身ぶりと言葉』二〇九頁。
＊16　同書二〇七頁。訳語を一部改変した。
＊17　同書一九九頁。ただし英語版のテクストに沿って訳文を改変した。

第六章　直線になったライン

文化のライン

代数では一本のラインは二項からなる方程式として定義され、各項は定数と一乗の変数の積である。それは $ax + by = 0$ という公式で表わされるだろう。a と b は定数であり x と y は変数である。デカルト座標を用いて二つの変数がとりうる値をグラフ化すると、完全にまっすぐなラインとなる。また、より複雑な代数関数は数学者が曲線と呼ぶ図形をもたらす。例えば $y^2=4ax$ という方程式は放物線を生成する。この種の方程式は、それがあらわす曲線がラインでできているのだが非線条的〔非線形〕と呼ばれる。数学という専門的分野に限らずもっと広い文脈でも、直線性という性質はどういうわけかラインをラインとして認知するための基本原理になっているようだ。だがラインにはまっすぐであるべき本質的な理由はない。ラインがまっすぐでない多くの例を私たちはすでに見てきた。こうして歴史に関する問いが立ちあがる。どのようにして、なぜ、ラインは直線になったのだろうか？

西洋社会の至るところで私たちは直線に出会う。直線があるはずのない状況でも直線に出会う。直線は、近代性の仮想的イコン、すなわち自然界のうつろいやすさに対する合理的で明確な方向性をもつデザインの勝利の指標として登場した。近代的思考の徹底的な二項対立図式のなかで、直線は、物質に対抗する精神に、感覚知覚に対抗する理性的思考に、本能に対抗する知性に、伝統的な知恵に対抗する科学に、女性原理に対抗する男性原理に、原始性に対抗する文明に、そして——もっとも一般的なレベルにおいて——自然に対抗する文化に、しばしば結びつけられてきた。そうした連想の例をひとつ挙げるのは難しいことではない。

変化するものは、それが物質的存在であれば、接近して観察するとカオスのごとく絡み合う大量の糸といった「織地《テクスチュア》＝構造」をなしていると私たちは考える。また「組織《ティシュー》」という——生物の構成要素に対して適用される——言葉にも同じ含意があることを私たちは第二章で確認した。それらは私たちが自分の感覚で把握するものである。ところが物質世界について心理的表象を組み立てようとするとき、事物の形態は心理の表層に——遠近法画法において絵画平面に投影されるように——直進する光線をモデルとした直線に沿って投影されるものだと私たちは想像する。光がそれに沿って進むラインが直線であるとするならば、啓蒙の方法もまた直線である。現代の都市デザインにおける直線的構成の至高の設計者である理性的人間は「直線的に歩く。なぜなら彼はゴール地点をもち、自分がどこに向かうのかを知っており、ある特定の場所に辿りつく決心を固めており、まっすぐそこに向かうからである」とル・コルビュジエは言った(Le Corbusier 1924: 274)。理性的人間の考え方はその歩き方と同じであり、点から点へと躊躇せず脇道に逸れることなく進んでいく。ウォルター・オングが現代の分析的思考の「むだのないすじが通った」論理と呼ぶものもその延長線上にあり、それは「伝統的」社会に住む人々、とりわけ書き言葉をもたぬ人々に備わっているとされる曲がりくねった神話的＝詩的直観としばしば比較されてきた[*1](Ong 1982: 40)。こうした比較を通じて、「直線的思考」は口承的伝統に対立する、文字による学問の特徴だと見なされるようになる。さらに直線は数値化されることができるので、質的知識ではなく量的知識の指標となる。ビュテが述べるように、「その機能は、分割し、境界線を定め、規定し、計測し、数と比率を表現することである」(Billeter

1990: 47)。

直線と曲線との対立は言うまでもなく性的連想を喚起するものでもある。そうした性的連想が何らかのかたちで発達しなかった社会はおそらく存在しない。だが西洋社会では、性的区別を、その上に重ねられる男性女性のジェンダー間の区別へ投射しようとする強い傾向がある。あたかも人間全体が二つの基本的範疇に分割され、すべての個人は人生の最初からそのどちらかに帰属するように定められ変更が許されず、その範疇への帰属があらゆる個人的、社会的アイデンティティを包括しているかのようだ。こうして、直線性は男性性の、曲性は女性性の、まぎれもない指標となる。「まっすぐに立つ」姿勢は一般に女性ではなく（女性は他人への服従を象徴するラインに身を包むものべきだとされる）、男性に結びつき、道徳的高潔さや社会的威厳といった意味をはっきりと示す。男性と女性だけではなく、「文明化された」人々と「原始的な」人々、あるいは人類と進化途上の人類の祖先を比べて両者の資質を判断しようとするときにも同じような意味づけがなされる。進化論の教科書にはきまって、背が高く直立するホモ・サピエンス・サピエンス——いわゆる「現生人類」——の姿が、前かがみのネアンデルタール人や腰の曲がったアウストラロピテクスと対比して描かれているではないか！　図6－1はその一例である（Ingold 2004も参照）。さらには、人間の起源についての憶測だらけの歴史を通じて、未開人と原人は、近親相姦から人食いに至るありとあらゆる無法と放蕩を非難されてきた。英語の語彙には、そうした道をはずれた行為に対する非直線的な隠喩が数多く見られる。変質者の捻れた twisted 心、犯罪者の曲がった crooked 心、詐欺師の屈折した devious 心、愚か者のふらふらする wandering 心といった具合に。

しかし、いったん直線が道徳的条件を意味するようになると、西洋の思想や科学の歴史のなかで人間性が動物性から区別されたのとまったく同じように、直線は直線以外のあらゆるラインから区別されるよう

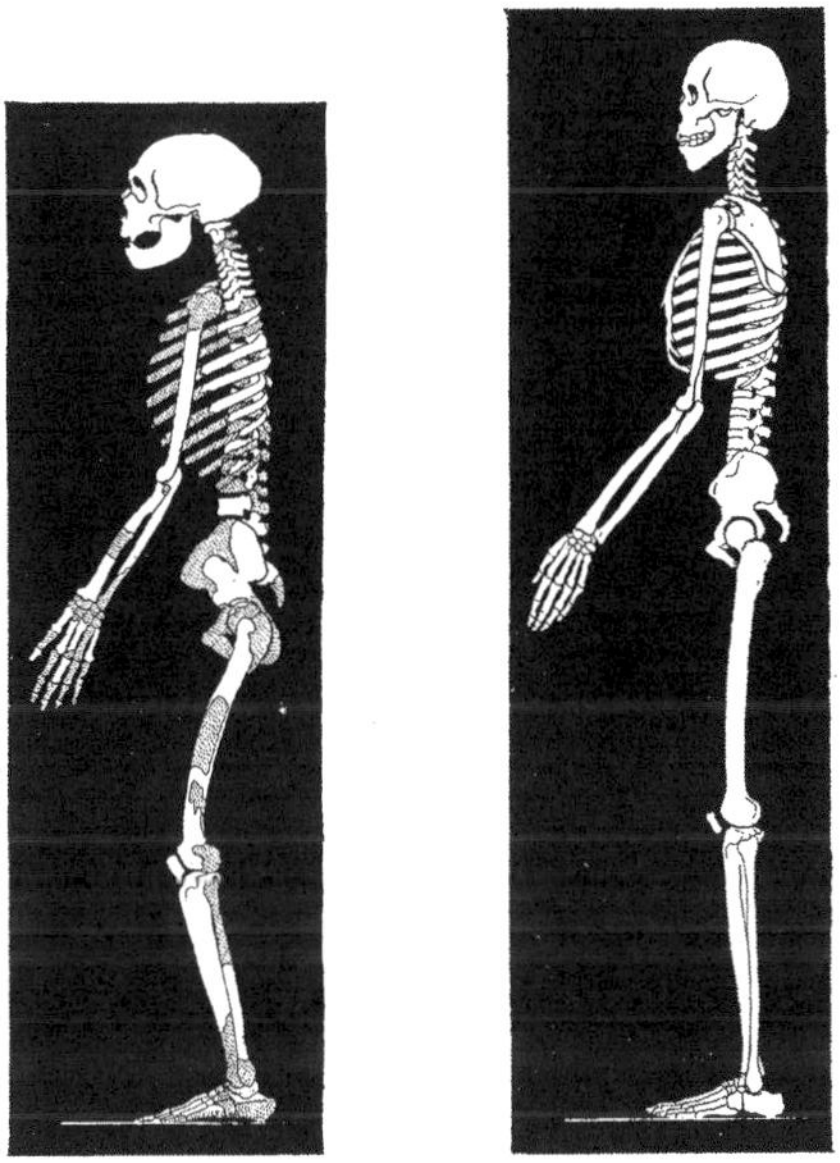

図6-1　ラ・シャペル・オ・サンより出土したネアンデルタール人の化石から修復された骨格（左）と現代のオーストラリア人の骨格との比較。約30分の1サイズ［Boule (1923: 239)］。

になる。現象を経験するときにあらわれるライン——そしてさまざまな生命——の無限の多様性のかわりに、私たちに残されたのはたった二種類のライン、すなわち直線と直線でないラインである。最初のラインは人間性と「文化」に、二番目のラインは動物性と「自然」に結びつけられる。私たちは二十世紀の社会人類学の第一人者、エドマンド・リーチからまぎれもなくそうした趣旨の意見を聞くことができる。

> 目に見えるむきだしの荒々しい自然は、無数の無秩序な曲線のごたまぜである。一直線に伸びる線もそこにはないし、規則性のあるどんな種類の幾何学的かたちもないに等しい。しかし、文化という人間によって作られ飼いならされた世界は、直線、矩形、三角形、円などのさまざまな

かたちをそこかしこに含んでいるのである。[*2]　（Leach 1976: 51）

この意見は一見してかなり常軌を逸している。一九一七年にダーシー・ウェントワース・トンプソンが世に問うた傑作『成長と形態』を精読してみるとよい。自然世界にはあらゆる種類の規則的な線と形態が満ちあふれていることに誰もが気づくだろう。そうした線や形態の多くはいつも人間の建築家にとってインスピレーションの源泉だった（Thompson 1961; Steadman 1979: 9-22 を参照）。一方、これまでの章で見てきたように、人間という居住者が生を営みながら制作するあらゆるラインのなかに、まったく規則的なものはほんのわずかしかない。直線の覇権とは文化一般にみられる現象ではなく、近代の現象なのである。

リーチの意見は、文化や文明の進歩の歩みとは規則にはずれた——したがって非線条的な——自然を次第に支配していくことだとする近代的思考の強い衝動と共振している。農業や景観計画の分野で近代化を推進する人々は、直線的な境界の内部に土地を囲い込み、完全に直線的に植樹された並木道や垣根や庭塀で公園を整えようとした。するとそれに反発して、蔦で覆われた崩れた壁や素朴なフェンスや曲がりくねった小道や生い茂る草が錯綜して絡み合う自然を求める声が沸き起こった。「自然は直線を憎悪する」というロマン主義の呪文を唱えたのは一八世紀の建築家で造園家のウィリアム・ケントだった。実のところこの呪文は、自然が直線を憎悪しようとしまいと——憎悪しない例は直立する松やポプラから東洋の竹に至るまで至るところに見られるだろう——直線性にはどこか根本的に人工的なところがあるという認識を確認するものに過ぎない。どうやら直線性は成長するものの性質というより作られるものの性質にみえるようだ。

ガイドラインとプロットライン

これまでの章でド・セルトーに従いながら、現代の地図製作者や著述家は、自分が白紙の紙や荒地といった空白の表面に立ち向かっているかのように考えているのだと指摘してきた。その表面に彼らは自分でデザインしたものを組み立てようとする。そこでは直線は二つのはっきり区別される局面に関わっている。ひとつは表面自体の構成であり、もうひとつはその上に置かれる構成物の組み立てである。第一のものについては、その全長に沿って、直交する方向へ次々に位置を変える厳格な線を想像するとよい。線は動くにつれて平らな表面を描き出すし、それを拡張する（Klee 1961: 112-13）。第二のものについては、平面にいくつもの点が打たれ、それらの点が結び合わされて線図を形づくるところを想像するとよい。そうした直線のふたつの様相は、手短かに言えば次のような関係にある。ひとつは平面を構成する要素として、平面にとって内在的であり、もうひとつはそれを消去しても平面は損なわれることがなく、平面にとって外在的である。最初の線を**ガイドライン** ***guideline***、二番目の線を**プロットライン** ***plotline*** と呼ぶことにしよう。その理由は考察をすすめるうちに明らかになるだろう。まずいくつか身近な例を挙げて、両者の区別を示してみよう。

現代の製造産業の組み立てラインでは、作業が進行する表面［場所］はベルトコンベア上において構成される。そのベルトの上で、最終的な製品に向かってさまざまな部品がひとつずつ取り付けられてゆくとき、ベルトによって延びるラインはガイドラインであり、製造過程におけるさまざまな部品の取り付けはプロットラインである。しかしオングが指摘したように、組み立てラインの最初のものは「ストーヴでも、靴でも、兵器でもなく、印刷本を生産するラインだった」[*3]（Ong 1982: 118）。印刷において、植字工の仕事とは活字ブロックを活字盆に並べ組ゲラにセットすることである。活字盆に組まれる活字のラインはプロットラインであるが、活字がそこに立てかけられる活字盆や組ゲラの直線状に立ちあがった縁《へり》はガイドラインである。もちろん印刷されたページには、そうしたガイドラインもプロットラインも見えない。一方、現代の楽譜ではその両方が目に見える。定規で引かれた五線譜の五本の平行線は、音程《ピッチ》と速度《テンポ》の観点から構成される空間を設定するガイドラインであり、そこに個々のさまざまな音符が記される。そして連続する音符を楽句に結び合わせる連結符《リガトゥラ》がプロットラインである。カンディンスキーが述べるように「楽譜とは点と線のさまざまな組み合わせに他ならない」が、付け加えるとすれば、五線譜を形成する線と、音符をつなげる線とは、それぞれまったく異なった性質と意味をもっている(Kandinsky 1982: 618-19)。

次に、現代科学が用いるグラフを考えてみよう。定規で引かれたグラフの線は、ページの表面で座標化された点を連結する。その作業を容易にするために、ページ自体に垂直方向と水平方向に二対の平行する細線が引かれる。それらはページを事実上、二次元空間として構成するガイドラインである。そしてグラフ上の点を連結する線はプロットラインである。グラフが出版物のなかに掲載される場合、もともとあったガイドラインはたいてい消去され、プロットラインが白い無地の背景の上に浮上する。表面を生み出したガイドラインはその表面に飲み込まれてしまったかのようである。あとに残されるのは座標軸をしるす直線だけである。しかし私たちがグラフを「読む」とき、座標軸上のそれぞれの点に到達するために、目や指を縦横に走らせて暗黙のうちにそのガイドラインを辿る。刊行地図についても同様である。定規で引かれた緯線と経線はガイドラインであり、それを用いて航海者《ナビゲーター》はひとつの位置から別の位置へとコースを設定することができる。

ガイドラインはいつも平行して走るものとして引かれたり想定されたりするとは限らない。遠近法の手

図6-2 アルベルティの遠近法によって画面に投影された平坦な舗床のチェス盤状のガイドライン上につくられた線条的、建築的構成。この線描画はドイツの画家、建築家ジャン・フリードマン・ド・フリーズが1568年に出版した著作からとられたものである［Vredeman de Vries (1968)］。

法は、平行でないガイドラインのもっとも明瞭な例といえるだろう。一五世紀の芸術家、建築家レオン・バッティスタ・アルベルティが一四三五年の画期的な論文『絵画論』に記したように、遠近法において、四角形が規則的に並ぶチェス盤または舗床として想定される地平面は、あたかも垂直の窓を通して眺められたかのごとく想像的に投影されたものである。その窓の画面上では、地平面を走る縦方向のラインは遠ざかるにつれてひとつの消失点に収束し、水平方向のラインはどんどん間隔が狭まっていく（Alberti 1972: 54-3）。この収束によって地平面は画面として構成される。すなわち、さまざまな建築物がそこに——現実の舗装面のように——組み立てられるのではなく、再現される投影された表面として構成される（図6—2）。

ところでガイドラインとプロットラインには長い歴史がある。その歴史とは、両者ともに、これから示すように、糸が軌跡に変形していった歴史である。だがそれらの起源を探索すると、私たちはふたつのまったくかけ離れた源泉に導かれる。そのひとつは織る行為であり、もうひとつは土地計測である。まずガイドラインからみてみよう。それは、糸が表面を構成する際にどのようにして軌跡に変化するのかという――第二章での議論を受け継ぐ――問題のこの上ない例証となるだろう。

テクストのメタファー［＝織られるもの］が示すように、原稿用紙の罫線は、筆者が文字のラインを織り出す際にその手を導くが、その直線は機織機に平行して張られた縦糸にまで遡ることができる。その糸がまっすぐなのは、張りつめた状態にあったからだ。レイラ・エイヴリンは、中世ヘブライの写本筆写者が、マサラと呼ばれる枠組みを用いて羊皮紙の上に罫線をひく方法を説明している。マサラにはミニチュアの機織機のように平行する紐がきつく張られていた。その枠組みは罫線をひくべきシートの下に置かれた。写本筆写者はただ羊皮紙の下の紐に、指で羊皮紙を押し付けてやればよかった。すると表面に紐によってつけられた折り目があらわれ、それを筆写の助けとして用いたのである（Avrin 1991: 115）。それによく似た「定規板」（tabula ad rigandum）という仕掛けが十五世紀のイタリア北東部にあったという。その枠組みには十字に交差したワイヤーが張られ、枠組みの上に置かれた白紙を拳で擦るとワイヤーのシルエットが紙に転写されるというものだった。しかし概して中世ヨーロッパの写本筆写者は、先の尖った鉄筆を直定規にあてて羊皮紙に罫線を引いていた。五線譜に音楽を書くときは、「熊手」（rastrum）をつくるために五本のペン先を一緒に束ねた。それを直定規にあてることで、線の間隔を一本一本測る煩わしさもなく一気に五本の線を引くことができた（Hamel 1992: 25）。鉄筆一本であろうと熊手であろうと、筆写者がこうしたガイドラインを羊皮紙の上に書き込むのではなく羊皮紙のなかに刻み込むという事実は、ラインがその上に筆写者が記述する表面の一部であると考えられていたことを示している。ガイドラインは地平を構成するものであり、そこに記述される原稿の配列とは区別されていたのである。

次にプロットラインに目を向けてみよう。プロットラインの起源は、地面に打ちこんだ杭や棒のあいだに張り巡らせた紐を用いて人々が土地の区画をはっきり示し始めた時代に遡る。古代エジプトでは、土地の計測調査はとくに重要だった。毎年氾濫するナイル川が土地の境界線となる目印を埋めてしまったり押し流したりしたからだ。所有権を設定しそれに基づいて地代と税を決定するために、目印はそのつど修復されねばならなかった。調査の作業は書記官によって監視されていた。彼は必要な実践的ならびに数学的知識を備えていた。調査の基本的な道具は一定間隔に結び目が作られた長さ百キュービット[*4]のロープだった。調査は「ロープを張ること」であり、調査官は「ロープ張り」として知られていた（Paulson 2005）。王がセシェト——記述と知の女神——に扮する女神官の傍らに描かれているエドフ神殿の碑文には次のように書かれている。「私は杭を手にとり、木槌の柄を握る。私はセシェトとともに（計測用の）ロープを持つ」(Edwards 1961: 259)。

幾何学 geometry という用語は、もちろん文字通りには「地球の計測」であり、古代エジプトからギリシャにかけて広く行われた計測法に起源をもつ。しかしギリシャ人の数学、とりわけアレクサンドリアのユークリッドの著作において、幾何学という学問は固有の生命を吹き込まれ、光学という、直線として進む光を原理とする科学を基礎づけることになった。ユークリッドの最初の公準によれば、直線とは「あらゆる点から他のあらゆる点へと引かれることができる」（Coxeter 1961: 4）。あきらかにユークリッドは、直線を連結器——それはガイドラインではなくプロットラインである——と考えており、すべての幾何学図形がその上に配置される二次元平面を成り立たせるために不可欠な線［ガイドライン］を考慮に入れていない。ユークリッドは、眼から放たれた光線が、それが到達する対象を照らし、それによって対象を——眼と対象を結ぶ直線として——描き出すのだと信じていた。そこに引かれるラインは運動ではなく点と点をつなど静的な連結器であったために、光線が眼から発せられるのか眼に到達するのかは問題にならなかった。数世紀の議論ののち後者の見方が勝利を収めるが、それもラインそのものの形態には無関係なことであった。マーガレット・ハーゲンが述べるように「可視光線が眼から発せられるのか眼に届くのかは、ユークリッドの体系においても、ラインの外観にとって重要なことではない。重要な要因は光線の直線的進行性、つまりまっすぐであることである」[1](Hagen 1986: 303)。地球を計測する光学器具を用いて、航海者は、ぴんと張った糸の緊張と光線の直線的進行性の両方の性格をもつ、まっすぐな視線を延ばしていった(Mitchell 2006: 348-9)。それらは、地図や海図やダイヤグラムに書き込まれたプロットラインとなった。

今日私たちは直線を単一の現象として考えがちであるが、織る行為と土地計測行為というまったく違う起源をもつガイドラインとプロットラインの区別は依然として私たちのなかにある。一般的に私たちの注意を引くのはプロットラインである。ジョイントやネジで固定された支柱、支索、桁、かすがい、控え壁、骨組み、足場といった既成部品を組み立てて作られるあらゆるもののなかにプロットラインは見出される(Kandinsky 1982: 621-4)。それに対して、ガイドラインは視界から隠れ、自らが構成する背景へと姿を消す傾向にある。私たちはガイドラインに気づかないことが多い。だがガイドラインは、整備された環境のなかで生活が営まれるとき、生活の周囲を支えるさまざまな表面に組み込まれている。舗床、レンガ敷き、床板、あるいは壁紙のラインを思い浮かべてみるといい――細片がつなぎ合わされるときに生じるラインは、内装業者がいくら隠そうとしてもそこに残ってしまうのだ! あるいは鉄道客車、旅客機、公会堂の座席配列。すでにある場所の表面を運動場に変更するときにもガイドラインは用いられる。たとえば芝生の上に競走用トラックやテニスコートをつくるために線が引かれる場合のように。学習練習帳に今なお見られる罫線や余白と同様に、こうしたラインは運動に対する物理的障害ではない。もっともそのラインからはみだすと何らかの——多かれ少なかれ不利益をもたらす——結果を引き起こすこともあるだろうが。

ガイドラインとプロットラインの主題から離れる前に、道路、鉄道および水路について一言述べておこう。交通経路にはふたつの意味があるように思われる。一方で、それらはプロットラインそのものである。それらは特定の位置のあいだを、交通の流れに先行する径路で結んでいる。他方で、道路のアスファルト、鉄道線路、水路の幅は、輸送機関（自動車、列車、船）が移動する表面を形成する。それらの表面は拘束力の程度がさまざまに異なるガイドラインによって構成されている。列車の運転手は幸いかじを取る必要はないが、はしけの船頭や自動車のドライバーにはその必要がある。船頭は運河の両岸によって決められた領域内でかじを取るが、ドライバーは道路中央と両側に描かれたラインを遵守しながらかじを取る。道路の中央線は上り車線と下り車線を区分するものであり、「まちがった側」を走ればたちまち事故を引き起こす。とはいえドライバーは、たとえば追い越しをするときに中央線からはみ出すことが——危険であっても——できる。いずれにせよ、交通経路をプロットラインと見るかガイドラインの集合と見るかは、それらを「A地点からB地点へ向かう」伝達の実践と考えるか、表面上の運動を導く伝達回路と考えるかによるだろう。

定規の使用

ルーラー ruler とは領地を支配し統治する君主である。またそれは直線を引くための道具でもある。この語のふたつの意味は、私たちが示唆してきたように、密接に結びついている。君主《ルーラー》は自らが支配する領地を得るとき、居住者が従うべきガイドラインを定める。そして政治判断と戦略的決定——すなわち彼の統治《ルーリング》——を通じて、居住者が取るべき行動のプロットラインを作ってゆく。領土の上でも紙の上でも、君主はその二種類のラインを引く仕事に従事するわけだ。

何世紀ものあいだ、写本筆写者は羊皮紙や紙にガイドラインを刻みつけるために定規を使用した。一方、測量士や航海士は表や海図にプロットラインを引くために定規を使用した。印刷術の発達にともなって前者の使い方はほぼ廃れていった。あらかじめ罫線が引かれた便箋やグラフ用紙が出回るようになったからである。しかし子どもたちはみな、図形や表やグラフを描くときに必要だから、自分の「算数セット」のなかに定規を入れておかなければならない。定規はまた航海士や測量士の道具として今なお重要である。建築家や技術者がもはや建設業者や機械工たちの親方でなくなり、現場から離れ、自分より地位の低い職人が組み立てたり組み上げたりする構造物の「紳士的」デザイナーになってからは、定規は彼らの道具として必需品となった。[2] 科学社会学者デイヴィッド・ターンブルは、今や古典となった論文のなかで、中世を通じて大聖堂などの主要な記念碑的建造物のデザインがあらかじめ練られたものではなく現場で即興的に構想されていた状況を解説した。ラインは［紙の上にではなく］地面に直接、あるいは紐を使って、実物の大きさ通りに引かれ、また型板を用いて素材に直に刻み込まれていた（Turnbull 1993）。建築家が棟梁であることをやめ、製図板の前に退却したときに初めて、型板は定規に、ぴんと張った糸は定規で測られた線図の軌跡に、とって代わられた。それ以後、建設業者は建築家個人にではなく、今や法と契約義務によって規定された設計図や仕様書のラインの直線性に従うことになった。

定規を使ってラインを引く行為はフリーハンドでラインを描く行為とは明らかにまったく異なっている。ジョン・ラスキンが指摘したように、フリーハンドでは――もっとも熟練した者であっても――曲がったり方向がぶれたりしないラインを引くことはできない。「優れた製図工は、直線以外なら、どんなラインでも引くことができる」とラスキンは述べた。だからラスキンは、絵を志す初心者が直線を引く練習をすることは無益だと考えた。製図工でも引けない、あるいは引けるようになる必要すらないというのに、直線を引くことに何の意味があるだろうか？　したがってラスキンは、たとえばローマン・キャピタル字体を用いて直線と曲線の関係が的確に認識できるように初心者を教育するときに、定規を使うことを勧めていた（Ruskin 1904: 38）。デザイン理論家のデイヴィッド・パイはその著作『職人技の自然と芸術』において、「リスクの高い技」と「確実な技」と彼が名づける区別を通じて、同じような結論に達している。「リスクの高い技」を用いる場合、結果は前もってわかるものではなく「制作者が作業しながら行使する判断や巧妙さや注意にかかっている」（Pye 1968: 4）。つまり出来上がるものの品質は、作業が実際に終了するまでは保障されない。それに対して「確実な技」を用いる場合、結果は仕事が始まる前から正確に予想できる。制作するための機器の設置と手順がまず決定され、次にそれが作業中の動きを制御する。パイが示すように、ペンを持って書くことはリスクの高い技の一例であり、現代の印刷術は確実な技の一例である。

しかしながらリスクの高い技の場合、その技に従事するものは工具《ジグ》や型板を使ってリスクを軽減する方法を絶えず工夫しており、それによって制作の進行過程に確実さが生み出される。だから「もしあなたがペンで直線を引きたいならば、フリーハンドではなく、定規、すなわち工具を使いなさい」とパイは忠告する（1968: 5）。線をフリーハンドで引くときと定規を使って引くときの違いは、第三章で説明されたように、まさに徒歩旅行と輸送の違いである。徒歩旅行の場合、旅行者はある場所に到着してはじめてそこに至るまでに自分が辿った経路を把握したと言える。歩いているあいだずっと彼は、進むにつれて変化しつづける眺望や地平線と連動する小道に注意を払わなくてはならない。あなたがペンや鉛筆を持つときも同じである。書くあいだずっと、書き進める方向に注意しながらそれを調節する必要がある。だからいくらか捻じれたり曲がったりすることは避けられない。輸送手段を用いる場合、徒歩旅行とは対照的に、旅行者は出発前からすでに経路を設定している。旅行とはただその筋書き《プロット》を実行するだけのことだ。二点を結ぶために定規でラインを引くときもまったく同様である。定規をそのまっすぐな縁が二つの点に接するように置くだけで、ペン先や鉛筆の先端の軌道は、描かれる前からすでに完全に決定されている。私たちが一般的に点と点をつなぐ連結器を定規で引かれる直線だと考えるのはこのためである。定規が使われるや否や、徒歩旅行をおこなうペンの本質であるリスクの高い技は、まっすぐ目的地に向かう確実な技へと変化する。

もっとも現実はそんなに単純ではない。輸送が決して完璧ではなく常に徒歩旅行の要素を含んでいるように、完璧にまっすぐな直線を――定規を使ってさえ――引くことなどできるものではない。そこにはリスクが常に含まれている。まず定規がずれる危険がいつもつきまとう。またペンをあてる定規の縁からラインまでの正確な距離は、ペンを持つ角度で変わってくる。その角度は手の動き次第で変化してしまう。さらにペン先にかける圧力を常に一定にすることは難しいから、ラインの幅や濃淡にむらが出ることもある。あるいは定規の縁が完全にまっすぐである保障もないだろう。長年の使用で擦り切れ、ゆがんだり欠けたりしている可能性もある。さらに言えば、ラインを引くには時間がかかる。その行為は瞬間に完了できない。物差しと三角定規を使って製図板の上に建築物の不等角投影図法を描く自らの経験を振り返りながら、レイ・ルーカスは、ある作業が何度繰り返されても「私がそのつどその動作をおこなうことが、仕事のプロセスの本質なのだ」と述べている（Lucas 2006: 174-5）。

多くの現代建築家は描くことを好むが、書くことを嫌う。彼らは常に鉛筆を持ち歩き、いつでもいたずら書きやスケッチをしている（Medway 1996: 34-5）。彼らは考えながら描き、描きながら考え、記憶と紙の両方に軌跡あるいは痕跡を残す。彼らの線描画は必ずしも単独行為とは限らない。アイディアが次第にかたちをなし、共同作業のなかでふくらむにつれて、あたかも会話のように、彼と対話する二人ないしそれ以上の人が、交替でラインを追加したり修正したりすることはしばしば起こる（図6―3）。もちろん彼らは書かなければならないこともあるのだが、それはたいてい「描画についての記述」とであり、言葉は描かれたスケッチのなんらかの特徴を指し示す。建築において、言葉で説明するのはうまく描けないときの方便である。このことは、線描画とは例示の方法であるという慣例的な考え方を覆す。建築家が彼らの作品を例示するために描くのは、広告目的のためかクライアントに好印象を与えようとするときだけだ。そうした例示的な線描画はたいてい遠近法を用いて描かれていて、軽蔑をこめて「プリティ・ピクチャー」と呼ばれ、建築デザインのプロセス自体にとっては、まったく余計なものだと考えられている（Henderson 1999: 32-3）。本当の線描画とはそれ自体が作品であって作品の例示ではない。記述は線描の補助に過ぎず、その逆ではない。

しかしながら、建築デザインが建設産業から分離したひとつの結果として、建築家は自分のアイディアを練り上げる補助としてだけではなく、建設業者に対して仕事を正確に指示するための線描画を描くことを求められる。かくして建築の線描画には二種類のものが存在する。アイディアを発展させる過程で生み出されるスケッチと、建設業者に指示する設計仕様書としての線描画――たいてい平面図、断面図、立面図の体裁をとる（が遠近法ではない）――である。スケッチがフリーハンドで描かれるのに対して、設計仕様書の線描は正確に計測され定規で引かれる。これとよく似た状況が音楽にもみられる。それは作曲が演奏から分離した結果生じたことである。作曲家はアイディアを練るときフリーハンドでスケッチするが、演奏という目的のためには作曲家の要求が五線譜の規則にしたがって確実に記述された楽譜を作ることが必要となる。図6―4と図6―5には建築のスケッチと音楽のスケッチの例を並べてみた。最初のスケッ

図6-3　3人から6人の建築家が4時間の共同作業をおこなった際に合作されたスケッチ描き［Gunn(2002: 324)］。

チはポルトガルの建築家アルヴァロ・シザによるものであり、二番目のスケッチはチェコの作曲家レオシュ・ヤナーチェクによるものである。両方の線描はともに表記法の慣習――一方は平面図と立面図、もう一方は五線譜――にしたがっているが、それらは建設業者や演奏家にとってほとんど役に立たないだろう。だが設計仕様書の描画や印刷された楽譜にみられる正式に定規で引かれた直線に比べて、これらのスケッチは強烈な運動の感覚を伝えている。ひとつは建築、もうひとつは音楽だが、両方ともページの上で生きている、いるようだ。パウル・クレー的な意味で、これらのラインは活動的である。ラインは散歩に出かけている。

ある環境のなかでまっすぐな縁《エッジ》であるべきものを表そうとするときでさえ、フリーハンドで描かれる曲がりくねったラインの方が、定規で引かれるラインに比べて、より生命感にあふれ現実的に見えるのはなぜだろうか？　抽象的幾何学のラインで縁を描くときにはふたつの平面の接合が表現されているのに対して、実際の環境にある現実の縁はふたつの表面の接合によって形成されているからだ、というのがその理由のひとつであろう。ジェームス・ギブソンが視覚認識の心理学に関する著作で指摘したように、表面と平面は非常に異なったものである。幾何学平面――「空間内の非常に薄いシート」――は現実の表面――「媒質と物質との界面」――の空虚な幽霊である[*5]（Gibson 1979: 35）。媒質とはふつう空気であり、物質とは建造物の原材料となるあらゆる固体の素材、ないし地面そのものである。私たちは縁をラインではなく縁として認識する。どんなに鋭い縁であろうと（現実のラインが完全にまっすぐになることが不可能なように、現実の縁が完全に鋭くなることも不可能なのだが）、隣接するふたつの表面が示す固有の手触りにその認識は左右される。定規で引かれたラインに比べて、フリーハンドのラインの方がこの手触りをよく伝えるのである。だが、もうひとつの理由の方がより重要であろう。第三章ですでに示したように、私たちは環境をひとつの静止地点や連続する静止地点からではなく、ギブソンが「観察経路」と呼ぶもの[*6]（ibid.: 197）に沿って動きながら知覚する。フリーハンドのスケッチでは、静止したものの特徴に対する観察者の動きが、その特徴を描くラインの動きへと変換され、それが静止した状態にある観賞者に対して差しだされるわけである。

工業デザイン、作曲、建築といった分野におけるコンピューターの圧倒的影響を私は論じなかった。その問題は私より優れた人たちに考えていただこう。ここではコンピューター支援設計（CAD《キャド》）の影響についてだけふれておきたい。ノルウェーでは数多くの建築の設計過程にキャドが導入された結果、ウェンディ・ガンの研究が示すように、手書きのスケッチは駆逐される運命にあるようだ（Gunn 2002）。デザイナーはコンピューターによってほぼ完璧な――これまで手で描かれてきた仕様図よりもはるかに完璧な――正射投影図と透視投影図を作ることができる。それらの精度はいくらでも上がり、いくらでも詳細にあらわせる。そうした投影図のラインは描かれたものでも定規で引かれたものでもない。まったくのところそのラインは動きや身ぶりをあらわしたものではない。それは瞬間的に計算された幾何学的構成の出力である。設計過程のどんな段階であっても修正は思いのままだ。しかしスケッチとはちがって、キャドは修正を行った手の軌跡を残すことがない。プリントアウトされるとき、コンピューターが作った線図はそれ自体で完全である。もちろんデザインを変更してももう一度印刷することはできる。しかしそれぞれのプリントアウトは新しい線描であって、成長を続けるひとつの線描の、発展途上のある瞬間を示すものではない。スケッチが一枚の紙にその歴史をあらわすのに対して、あなたはすべてのプリントアウトを時間順に並べて綴じることによって、キャド画像の時間的変遷をようやく再構成できるのだ（ibid.: 324-7）。

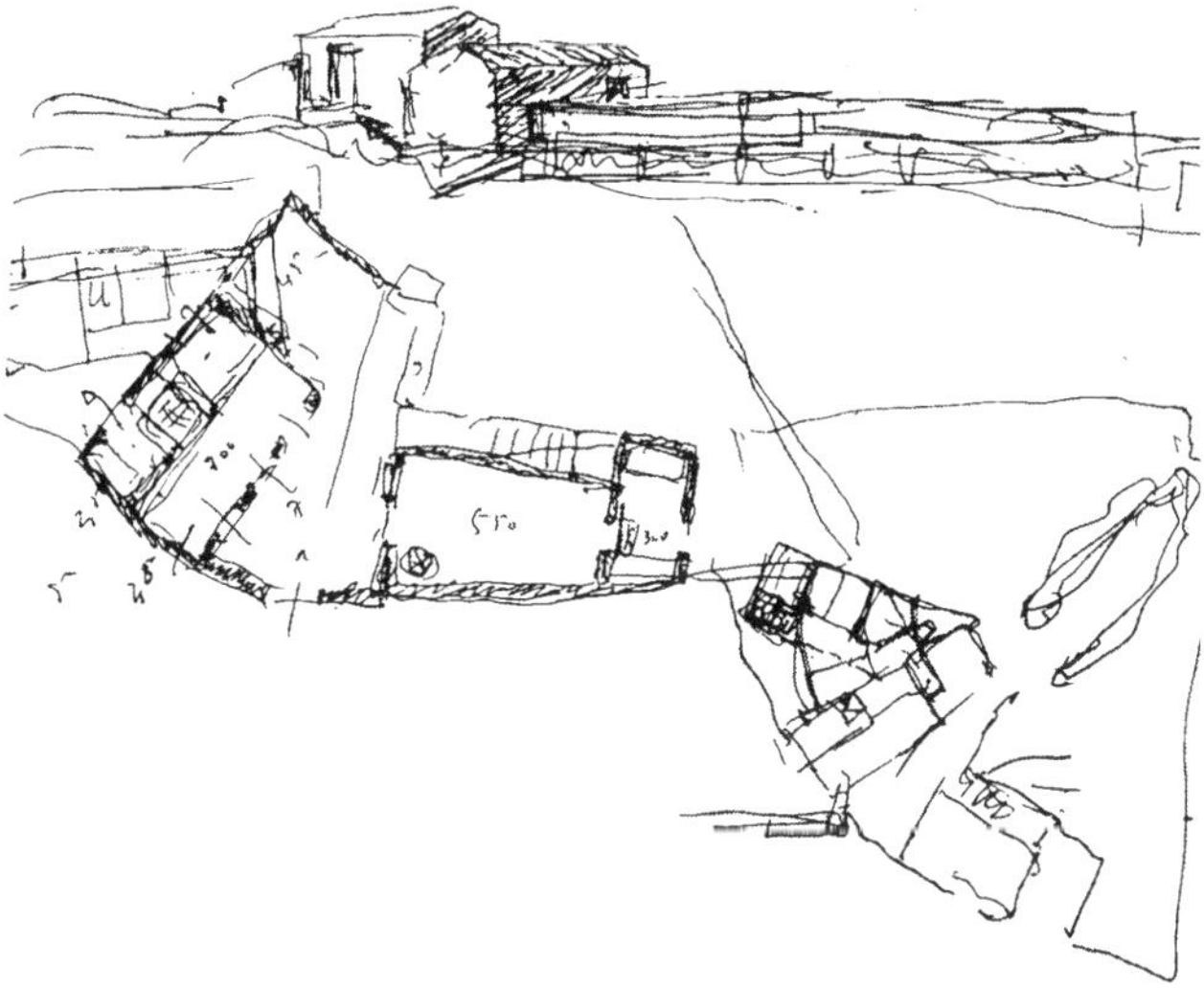

図6-4　ポルトガルのモデロ・デ・ミンハの小規模な農業用建築の改造、改築のためのスケッチ。アルヴァロ・シザ、1971年［Siza (1997: 158)］。

図6-5　ヤナーチェクの最後の作品、『我、汝を待つ』［Janáček(1989: 68)］。

断片化

直線が近代性のイコンになったということが本章の考察の出発点であった。直線は理性、確実性、権威、方向感覚を与える。だが二十世紀において、理性はとてつもなく非理性的に働くことが明らかになり、確実だと思われていたものどもは手に負えぬ矛盾を生み出し、権威は不寛容と圧制の仮面であることが暴露され、さまざまな方向は袋小路の迷宮のなかで立ち往生してしまった。ラインはずたずたになってしまったようにみえる。直線が近代性のイコンであるとすれば、断片化したラインはポストモダニティの強烈なイコンとして姿をあらわしつつあるかのようだ。それは徒歩旅行の曲がりくねったラインへの回帰ではない。徒歩旅行のラインが場所から場所へと前進していくのに対して、断片化されたポストモダンのラインは渡っていく。渡るといってもそれは段階的移行ではなく、目的地から次の目的地に向かうものでもない。ひとつの断絶した地点から別の地点へと飛び移るのである。それらの地点はただの位置ではなく、ばらばらになった位置 dislocation、接合部品《ジョイント》がはずれた切片である。ケネス・オルウィグの用語を使えば、徒歩旅行のラインは住み着くことの実践とそれに伴う曲がりくねった運動を通してつくられるものであり、場所に立って《トピアン》いる。近代的直線は進歩的な前進という大きな物語によってどんどん延長されてゆくものであり、場所不在《ユートピアン》である。ポストモダニティの断片化したラインは場所不全《ディストピアン》である。「おそらく私たちはモダニズムが抱く不在の場所《ユートピアニズム》への憧れとポストモダニズムが示す不全の場所《ディストピアニズム》の観察を超えて、人間とは歴史のなかに生きるものとして意識的無意識的にさまざまな場所を創造するものであることを認める場所に立つ自覚《トピアニズム》へと向かうべき時である」とオルウィグは書く (Olwig 2002: 52-3)。

図6－6と図6－7には、建築と音楽からそれぞれ取られた断片化したラインのふたつの例を示した。それらは図6－4と図6－5に示したふたつのスケッチと比較されよう。最初の例はダニエル・リベスキ

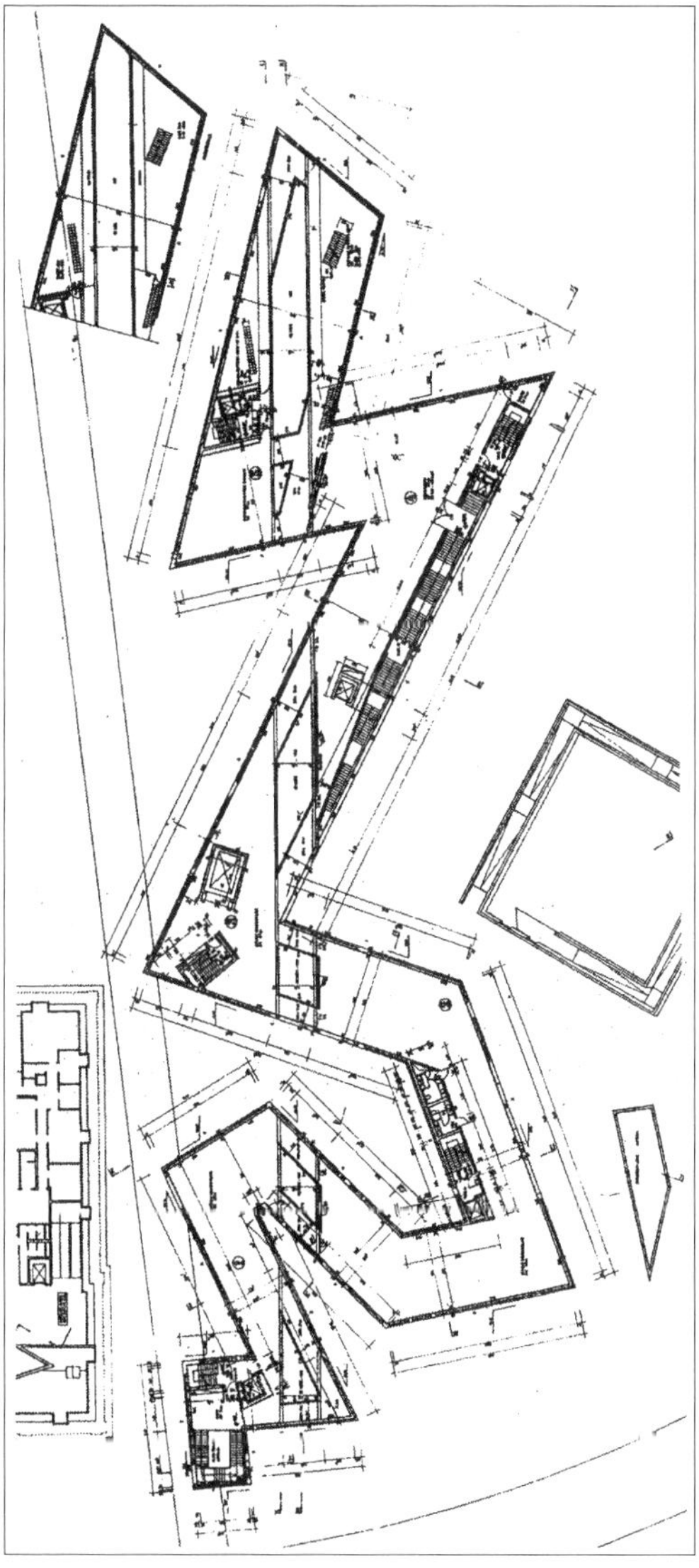

図6-6　ダニエル・リベスキンドによって設計されたベルリン・ユダヤ博物館の一階平面図［Libeskind(2001:27)］。©Studio Daniel Libeskind

ンドによって設計されたベルリン・ユダヤ博物館の一階平面図である。二番目の例はイタリアの作曲家シルヴァーノ・ブッソッティによる『シチリアーノ』と題された十二人の男声のための曲の一部である。リベスキンドの仕事の核心は実に音楽的である。『ラインのあいだに』と題された彼の最初のコンペ出品作は、その名の通りテクストが五線譜のラインのあいだに記された五線紙を用いて提出された。リベスキンドは、そのプロジェクトのための題名の選択は「思考、組織、関係の二本のライン」についてのアイディアにもとづいていると述べている。「一本は直線だが、いくつもの断片になって散らばっている。もう一本は曲がりくねったラインであるが、どこまでも途切れなく続く」(Libeskind 2001: 23)。この解説は、現代史にあらわれたさまざまな苦難と、どんなに苦しい状況であってもそれを切り抜ける道を探し進んでいこうとする抑えがたい生の潜在力とを端的に要約していると言えるだろう。実のところ断片化は、それまで閉じられていた通路を開く限り——型にはまらない通路であっても——積極的なものであると読むこともできる。それによって居住者は自分たちの「切り抜ける道」を見つけ出し、ばらばらになった位置の断絶状態のさなかで、自分たちの場所を作るチャンスを与えられるからだ。

著作の結論にやって来ると、さあ今までの議論の糸をひとつに束ねようと筆者は宣言するものだ。しかしながら私がこの本で示してきたのは、糸を束ねることは世界のなかにひとつの場所を築く方法であるということだけではなく、束ねられた糸はそれぞれが相変わらず伸び続ける先端をもち、それらが今度は別の糸とともに別の結び目をつくるということである。ラインとは無限なものである。そしてその無限性——生命、関係、思考プロセスの——こそ、その価値を感じて欲しい。人々が思いのままにそのあとを追いかけ、つかまえられるようなたくさんの緩やかなラインの端っこを、私は残すことができただろうか。私の望みは蓋を閉じることではなく、蓋をこじ開けることだ。この本の終わりには来たのかもしれない。

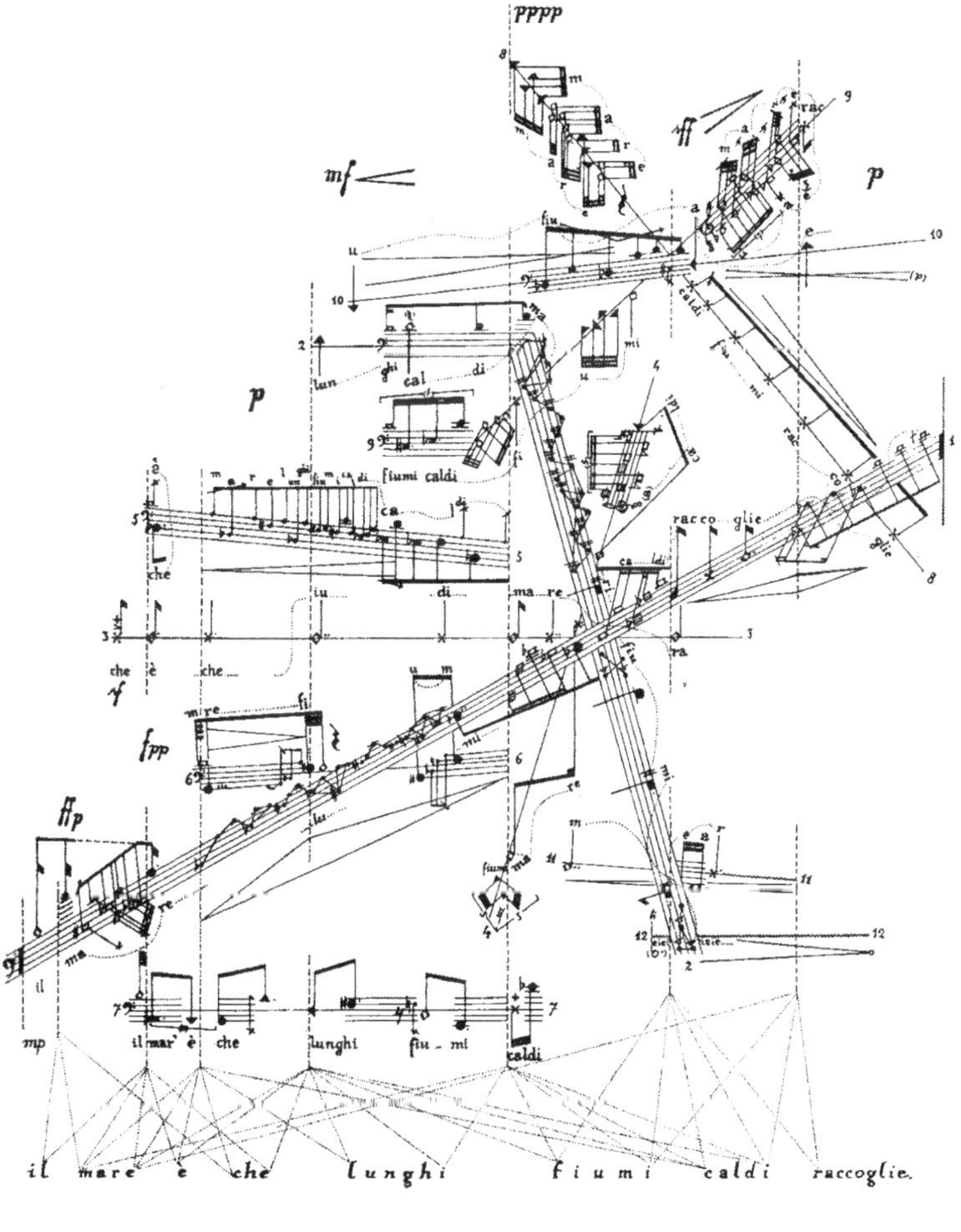

図6-7　シルヴァーノ・ブッソッティによる十二人の男声のための『シチリアーノ』(1962)の楽譜の一頁。

でもそれは私たちがラインの終点に到着したことを意味するわけではない。ラインは生命のように終わりのないものなのだから。重要なのは終着点などではない。それは人生も同じだ。面白いことはすべて、道の途中で起こる。あなたがどこにいようと、そこからどこかもっと先に行けるのだから。

原注

［1］現代の光学理論において光線を示す直線は、興味深いことに多義的である。一方では入射する太陽光のように、光線は、視野を形成する平行線の束の形で描かれる。他方では反射光のように、観察者の眼で見られた対象を結ぶラインの形で示される。光線は、前者ではガイドライン、後者ではプロットラインの様相を呈する。

［2］これは、著者と印刷業者とを分離する知的労働と肉体労働との区別——すでに第五章でみた——の一例である。中世において machina（機械）とは本来、巻き揚げ機、すなわち建設中の建物の高い壁や屋根に重い物資を持ち上げる器具のことだった。機械は architecti（棟梁）の監督のもとで masiones（石工）によって操作された。カラザース（Carruthers 1998: 22）を見よ。

訳注

＊1　『声の文化と文字の文化』八九頁。

＊2　『文化とコミュニケーション』（青木保、宮坂敬造訳、紀伊國屋書店、一九八一年）一〇六―一〇七頁。

＊3　『声の文化と文字の文化』二四四頁。

＊4　肘から中指までの長さを単位とした古代の尺度。一キュービットは五〇センチ前後。

＊5　『生態学的視覚論』三七頁。

＊6　同書二一二頁。

人類学の詩的想像力——訳者あとがき

工藤晋

本書はTim Ingold, *Lines: A Brief History*, Routledge, 2007の全訳である。ティム・インゴルドは一九四八年に生まれたイギリスの社会人類学者であり、ケンブリッジ大学で社会人類学の博士号を取得し、現在アバディーン大学教授の地位にある。七〇年代からフィンランド北東部ラップランドに居住するサーミ人についてフィールドワークをおこない、トナカイの狩猟や飼育を生活基盤とするサーミ人の社会と経済が第二次世界大戦後変化してゆく様子を追跡した。ラップランドのさまざまな地域調査を経て、狩猟採集、牧畜、森林利用などにみられる人間と動物との関係を論じた『自然の流用』を一九八六年に発表。同年、進化の概念が人類学、生物学、歴史学といった学問領域のなかで十九世紀後半以降どのように扱われたかを俯瞰する『進化と社会生活』を発表する。そこにはすでに狭義の文化人類学にとどまらないインゴルドの関心の広さがあらわれているといえよう。九〇年代には道具使用と発話の観点から人間の進化についての考察をすすめ、ジェームズ・ギブソンの生態学的心理学を批判的に検討しつつ、環境をあらかじめ措定された所与ではなくヒトがモノに働きかける行為において把捉しようとする姿勢を打ち出した。技術習得と環境認識のダイナミックな協働性をめぐる一連の研究成果は、二〇〇〇年に刊行された『環境の知覚』にまとめられた。

一九九九年よりアバディーン大学に赴任したインゴルドが本書の完成に向けて歩んだ道のりは巻頭の謝辞に詳細に語られているとおりである。最近では、歩行の力学、習慣的行為の創造性、記述行為の線状性といったテーマに関心を寄せ、それらに共通する「ラインに沿った運動」という特徴に注目しながら人類学、考古学、芸術、建築学といった領域の横断を試み、「生きること」と「つくること」の根源的な意味を問い続けている。本書はまさにそうしたインゴルドのアプローチのエッセンスであり、越境的で冒険的な思想家への格好の入門書といえるだろう。インゴルドの主な単著の原題を挙げておく。

The Skolt Lapps Today (1976).
Hunters, Pastoralists and Ranchers: Reindeer Economies and Their Transformations (1980).
The Appropriation of Nature: Essays on Human Ecology and Social Relations (1986).
Evolution and Social Life (1986).
The Perception of the Environment: Essays on Livelihood, Ddwelling and Skill (2000)
Being Alive: Essays on Movement, Knowledge and Description (2011).

「ライン」をめぐる本書の議論がベルクソンやドゥルーズの生成哲学に支えられているのは一読してあきらかであろう。しかし、民族誌や考古学や芸術領域から引かれる豊かな実例とともに展開するインゴルドの思考は決して観念的になることがない。考古学者アンドルー・ジョーンズが指摘するように、そこには物質性についての独自な視点がある。人は物質にどのように働きかけてラインを制作するのか。素材にどのような力が作用してラインは生み出されるのか。そうした斬新な問いから、「糸」と「軌跡」というラインの基本的なカテゴリーが提示される。手で書かれ描かれる言葉や歌や線描画あるいは地図にあらわれる「軌跡」のライン。徒歩旅行や家系物語といった時空のなかに紡ぎ出される「糸」のライン。本書に繰り広げられる豊穣なラインの物語は、読者を挑発して、生活空間を構成するさまざまなラインのさらなる探索へと駆り立てずにはおかないだろう。それは、いままで気づかなかった生の流れを発見する旅であり、住むことの意味、ヒトと環境との関係を問いなおす旅となるだろう。二〇一一年の東北の震災のあと、インゴルドの仕事がにわかに日本でも注目されるようになったことは示唆に富んでいる。[1]

『ラインズ』はシステム的思考に回収されない道なき道を切り開く詩的想像力を強烈に喚起する力を備えている。その力はさまざまな逃走線を描く思考と結びあうことだろう。たとえば、奴隷貿易を土台としてアフリカとヨーロッパの混交の軌跡として形成されたカリブ海の文化と社会を論じる仏領マルティニク島出身の独創的な思想家エドゥアール・グリッサンである。彼が説く「痕跡 trace の思考」や「関係の詩学」は、インゴルドの「生のライン」の議論と、まったく異なるフィールドでありながら、おおきく共振するように思われる。[2] そうした結ばれのなかで、身体が密接にかかわる移動の経験の相から世界をとらえる動的なパースペクティブを私たちは得てゆくだろう。

　末筆ながら左右社の東辻浩太郎さんには大変お世話になりました。非力な訳者の仕事をがまん強く見守って下さり、的確なアドバイスを数多くいただきました。東辻さんなしには本書は日の目をみることがなかったと思います。心から感謝します。

［1］柳澤田実「〈暮らし〉の中で逃走線を紡ぐ　ティム・インゴルド『生きていること』」（『現代思想』二〇一一年七月臨時増刊号、青土社）、柳澤田実「「生きていること」から始める」（大澤真幸編著『3・11後の思想家25』、左右社、二〇一二年）を参照。また『思想』一〇四四号（岩波書店、二〇一一年）にはインゴルドが二〇一〇年に *Cambridge Journal of Economics* 誌に発表した論文「つくることのテクスティリティ」が野中哲士により訳出されている。この論文は加筆訂正を経て *Being Alive* に収録された。なお *Being Alive* の邦訳は左右社から近刊の予定。

［2］拙稿「グリッサンあるいは世界ブルーズの描線から」（『現代詩手帖』二〇一一年四月号、思潮社）を参照。

さわやかな人類学へ——解説に代えて

管啓次郎

ピンホールカメラを使ってきわめて独特な風景写真を撮る写真家の佐野陽一が学生たちにむけて語っていたある言葉が、昨年ぼくが耳にしたもっとも印象的な言葉だった。「いいものを見ると、さわやかな気持ちになるじゃない」と、光のにじみをそのままに定着させたような写真の作者である彼はいうのだ。

ああ、そのとおりだ、と思う。よい風景、よい絵画や映像、よい姿や顔、よい光や空や雲を見たときの、この上なくさわやかな気持ち。そして心をそのように傾かせる効果は、視覚によってのみもたらされるのではない。よい音楽や自然音を聴いたとき。よい風や水の動きを肌に感じたとき。よい花や草やよい動物の匂いをかいだとき。よい塩やよい肉やよい穀物の味を感じたとき。何にせよ、五感がよい刺激をうけるとき、いつも人の感覚と感情は更新され、世界は新しく捉えられ、生きていることの実感がこみ上げて、それはまたこの時を、この生を、よろこびをもって続けてゆこうという気持ちにつながる。

よい文章、よい概念、それらのよいつながり、よい配列がもたらす効果も、それと変わらない。文学作品であれ、思想やなんらかの学科に属する知識を担うものであれ、よい文もやはり、人の気持ちをさわやかにする。新鮮にする。それまでいつだって知っていたことだって、その文というプリズムを通して見直し考え直すとき、思いがけない輝きを帯び、新たに躍動をはじめる。そんなさわやかさをたっぷり隠し持つ本は、世界にこれだけたくさんの本がある以上、いくらでもあるにちがいない。それになかなか出会わないって？　それはきみがよく歩かないから。いつもの道をはずれて、外に出てみるといい。あるいは自分の習慣を（歩行の、読書の、思考の）よく見直して、それによってさしてくる別の光のもとで、たとえば本の森を見直してみるといい。ほら、見つかった、また見つかった。さわやかな本が、考え方が。きみの人生の見え方を一瞬で劇的に変えてくれる、そんな本が。

ティム・インゴルドによる本書は、まさにそんな本の一冊だ。人類学の本だということになっているが、そんなジャンル分けを最初から超えている。二〇〇八年、はじめてこの本を手にしたときの驚きは忘れられない。本の扉よりも前、表紙のすぐあとに印刷されている文章が、編集者によるものなのか著者自身によるものなのかはわからないが、それは本文冒頭からの引用を織り込みつつ、本書の性格を端的に言い表していた。訳してみようか。

歩くこと、織ること、観察すること、物語ること、歌うこと、描くこと、書くことに、共通しているのは何だろう?

答えは、こうしたすべてが線に沿って進むということだ。この驚くべき本でティム・インゴルドが想像するのは、誰もが、そしてすべてが、織り合わされつなぎ合わされた数々の線によってできあがっている世界であり、本書で彼はまったく新しい一分野の基礎を作り上げている。線の人類学的考古学だ。

線の人類史、文化史。線という観点からすべてを見直し考え直す、思索の気ままな散歩。それから本書に収められた数々の図版をぱらぱらと見てゆくと、たちどころに、これがありきたりな本ではないことが明らかになる。言語学者ソシュールが描いた、聴覚イメージの図。グレゴリアン・チャントの記譜法。能の唱歌で使われる、独特な演奏法の指定。ペルー領アマゾンの先住民のシャーマンが描く、聖なるデザイン。粘菌のスケッチ(しかも著者インゴルドの父親によるもの)。現代美術家リチャード・ロングの有名な作品、

「歩くことによって作られた一本の線」。フィンランド領内ラップランドのトナカイの所有者を表す耳の切り込み（これは著者自身のフィールドワークから）。手相を見るために使われる掌の地図。北の天球に見られる星座。クレタ島南部のゴルティナ洞窟の見取り図。北東シベリアのチュクチ民族の、死者の邦のスケッチ。南インド、タミール・ナドゥの女性たちが家や寺院の閾に描くコーラムと呼ばれる紋様。こんなすべてはまだまだ始まりでしかない。章を追うごとに、引き合いに出される例はどんどん増えて、ローマによる征服の記憶をはっきり留めるブリテン島の田舎の地図、「ヨーロッパの旅」と題されたすごろくゲーム、フランス王家の血統を表す樹型イラスト、クマのプーさんに出てくるロバのイーヨーが木の枝で作るAの文字……とどまるところを知らない連想の展開にしたがって、およそこれまで並んだことのない観念のストレンジな並列が、本というきわめて圧縮されたパッケージに収められているのだ。

本書が結局どういう主題をもって書かれているのかについては、序論冒頭のパラグラフ以上の説明はありえないと思われる。一七ページを開いてそれをもう一度読んでみてほしいが、それよりも前、もっとも基本的な前提にまで、戻ってみようか。成長あるいは移動しつつ生きるすべての生物は、時間の中で必ずなんらかの線を描いているはずだ。その線（＝痕跡 ***trace***）自体は、残ることもあるし、失われてゆくこともある。だがなんらかの手段による通時的な記録が可能であれば、その線はその生物の生活史そのものとして、われわれが観察できる対象となる。痕跡としての線以外にも、生物がその営みによって物質的に生じさせる線（＝糸 ***thread***）がある。蜘蛛や蚕が生産する糸がそうだし、ある種の植物が気前よく提供してくれる繊維もそう。そしてヒトが、そんな繊維をよりあわせて作り出す糸、紐、縄といった拡大的ヴァリエーションもある。こんな糸は、それ自体、生物によるいろいろな利用法にむかって開かれており、物をとりまとめ、縫い合わせ、ひっぱり、目印になり、織れば面（布）に変貌してさらに用途がひろがる。

そのような行為と線（「痕跡」であれ「糸」であれ）の関係は本書の関心の核心だが、それを語ることが、痕跡にも糸にもゆきつかない非物質的な跡（つまりは心の跡）でしかない発話と歌をめぐる考察から説き起こされるのは、たしかにインゴルドのあざやかな独創だ。彼の発想と書物の紡ぎ方の、一読してすぐにわかる特徴を、peripatetic（逍遥的）とconceptual pun（概念的語呂合わせ）とまとめてもいいだろう。彼の論述はぶらぶら歩きのように進み、立ち止まり、道草を食い、また進む。このプロセス自体が思考の実質であり、文の歩みを単なる「輸送」（すなわち出発点と到着点が決まっていてそのあいだを直線でむすぶ動き）にしない秘訣だ。ついで概念的語呂合わせとは、音と音の呼応を発想の飛躍のばねとする語呂合わせのように、思いもよらない事例のあいだに類似や並行関係を見出し、それに沿って論述を横すべりさせてゆく傾向をさす。

人々にしても、他の生物にしても、あるいは生物による加工を経た事物にしても、こうしたすべてが関わっている出来事にしても、すべてはさまざまな線のかたまりとして、絡み合いとして、できあがっている。存在／事件という分け方ではなく、すべてが多様な線のリゾーム的集合体であること。これを改めて「線の一元論」と呼んでもいいだろう。エコロジー（生態学）とはまさに「すべてはすべてと関係している」ことを見極めようとする関係の学であり精神的態度だが、われわれの世界を構成するすべての存在＝事件のエコロジーを、インゴルドは企てている。もちろん、そのドン・キホーテ的企画に完成などありえない。すべては「うろつき」の中で見出され、また見捨てられてゆく、線の集合離散のダイナミクスと、その履歴の問題となる。

人は誰も自分ひとりで考える力はない。すべての思考は他の人がこれまでに試みた線を引き継ぐものだ。痕跡を見つけ、それをたどり、延長し、糸を見つけ、それを利用し、延長する。インゴルドのこの本も数々の線の延長、集積、放散として描かれているが、そんな線の中でも見やすいかたちであるのは引用だろう。実際、引用のうまさ、センスのよさは、ある著作に洗練の印象を与える大きな要素だ。インゴルドは彼の発想を励ますものとして、数多くの人類学者たちはもちろん、たとえばあるところで哲学者ベルクソンを、別のところで社会学者アンリ・ルフェーヴルの線を引き継ぎ、あるいはノンフィクション作家レベッカ・ソルニットのこんな言葉を巧みに織り込んでゆく。原文のままのかたちで記しておこう（日本語訳は本書一四七ページ）。

> To write is to carve a new path through the terrain of the imagination, or to point out new features on a familiar route. To read is to travel through that terrain with the author as guide... I have often wished that my sentences could be written out as a single line running into the distance so that it would be clear that a sentence is likewise a road and reading is travelling. (Rebecca Solnit)

読み書きの線について、これほど核心をついた簡潔な言葉は、他に知らない。本書における引用文の白眉というべきだろう。

それにしても要約しにくい本、要約する意味のない本だ。だがそのうろつき、運動性、思考の躍動、発想のきらめきにこそ、すべてがある。本書自体が「メッシュワーク」、すなわちその場を生きるすべての主体の生の軌跡、運動の集積としてあるのだといっていい。読者としては自由にその空間に飛び込み、また出てくればいい。そこで見つけた線を延長し、または捨てていい。そんな風にして自分の人生の線にほんとうに役立つものを探し、また次の一歩を探ればいい。インゴルド自身のみごとな文（日本語訳は本書一二三ページ）によるなら

Wayfaring, I believe, is the most fundamental mode by which living beings, both human and non-human, inhabit the earth.

そう、この本はきみのこの世界における wayfaring を励ましてくれる本だ。きみだけがもつ数々の線の並びと、それぞれの線の延長を。その線が、きみのまったく知らない誰かの線とつながるとき、何かが始まる。その何かが、世界を変える。そうして変わった世界を、見たいと思う。

Adams, J. L. (1997) 'The place where you go to listen', *Terra Nova: Nature and Culture*, 2(3): 15-16.
Aichele, K. P. (2002) *Paul Klee's Pictorial Writing*, Cambridge: Cambridge University Press.
Alberti, L. B. (1972) *On Painting*, trans. C. Grayson, ed. M. Kemp, Harmondsworth: Penguin.（アルベルティ『絵画論』三輪福松訳、中央公論美術出版、1982 年）
Aporta, C. (2004) 'Routes, trails and tracks: trail breaking among the Inuit of Igloolik', *Études/Inuit/Studies*, 28(2): 9-38.
Augustine, Saint (1991) *Confessions*, trans. H. Chadwick, Oxford: Oxford University Press.（聖アウグスティヌス『告白』服部英次郎訳、岩波文庫、1976 年）
Avrin, L. (1991) *Scribes, Script and Books: The Book Arts from Antiquity to the Renaissance*, Chicago: American Library Association.
Barber, E. (1994) *Women's Work: The First 20,000 Years*, New York: W. W. Norton.
Barker, A. (1984) *Greek Musical Writings, Vol. 1: The Musicians and his Art*, Cambridge: Cambridge University Press.
Barker, A. (1989) *Greek Musical Writings, Vol. 2: Harmonic and Acoustic Theory*, Cambridge: Cambridge University Press.
Barnes, J. A. (1967) 'Genealogies', in A. L. Epstein(ed.), *The Craft of Social Anthropology*, London: Tavistock.
Belyea, B. (1996) 'Inland journeys, native maps', *Cartographica*, 33: 1-16.
Berger, J. (1982) 'Stories', in J.Berger and J. Mohr, *Another Way of Telling*, New York: Vintage Books.
Bergson, H. (1911) *Creative Evolution*, trans. A. Mitchell, London: Macmillan.（ベルクソン『創造的進化』真方敬道訳、岩波文庫、1979 年）
Bergson, H. (1991) *Matter and Memory*, trans. N. M. Paul and W. S. Palmer, New York: Zone Books.（ベルクソン『物質と記憶』岡部聰夫訳、駿河台出版社、1995 年）
Billeter, J. F. (1990) *The Chinese Art of Writing*, trans. J.-M. Clarke and M. Taylor, New York: Rizzoli International.
Bogoras, W. G. (1904-09) *The Chukchee*, Jesup North Pacific Expedition Vol. VII (3 parts), American Museum of Natural History Memoir 11, Leiden: E. J. Brill.
Boule, M. (1923) *Fossil Men: Elements of Human Palaeontology*, trans. J. E. Ritchie and J. Rithchie, Edinburgh: Oliver and Boyd.
Bouquet, M. (1993) *Reclaiming English Kinship: Portuguese Refractions of British Kinship Theory*, Manchester: Manchester University Press.
Bouquet, M. (1996) 'Family trees and their affinities: the visual imperative of the genealogical diagram', *Journal of the Royal Anthropological Institute*, 2(1): 43-66.
Bourdieu, P. (1977) *Outline of a Theory of Practice*, trans. R. Nice, Cambridge: Cambridge University Press.（ブルデュー『実践感覚』今村仁司、港道隆訳、みすず書房、2001 年）
Boyarin, J. (1992) 'Placing reading: Ancient Israel and Medieval Europe', in J. Boyarin (ed.), *The Ethnography of Reading*, Berkeley, CA: University of California Press.
Brown, T. (1978) *The Tracker: The Story of Tom Brown, Jr. as Told by William Jon Watkins*,

New York: Prentice Hall.（ブラウン『トラッカー、インディアンの聖なるサバイバル術』斉藤宗美訳、徳間書店、2001 年）
Brown, T. J. (1992) 'Punctuation', in *The New Encyclopædia Britannica*, 15th edn, Vol.29, pp.1050-2.
Carruthers, M. (1990) *The Book of Memory: A Study of Memory in Medieval Culture*, Cambridge: Cambridge University Press.（カラザース『記憶術と書物』別宮貞徳監訳、工作舎、1997 年）
Carruthers, M. (1998) *The Craft of Thought: Meditation, Rhetoric and the Making of Images, 400-1200*, Cambridge: Cambridge University Press.
Certeau, M. de (1984) *The Practice of Everyday Life*, trans. S. Rendall, Berkeley, CA: University of California Press.（セルトー『日常的実践のポイエティーク』山田登世子訳、国文社、1987 年）
Chatwin, B. (1987) *The Songlines*, London: Jonathan Cape.（チャトウィン『ソングライン』北田絵里子訳、英治出版、2009 年）
Ch'en Chih-Mai (1966) *Chinese Calligraphers and their Art*, London: Melbourne University Press.
Clanchy, M. T. (1979) *From Memory to the Written Record*, Oxford: Blackwell.
Clifford, J. (1990) 'Notes on (field)notes', in R. Sanjek (ed.), *Fieldnotes: The Makings of Anthropology*, Ithaca, NY: Cornell University Press.
Colgrave, B. and Mynors, R. A. B. (eds) (1969) *Bede's Ecclesiastical History of the English People*, London: Oxford University Press.
Collignon, B. (1996) *Les Inuit: Ce qu'ils savent du territoire*, Paris: L'Harmattan.
Cotton, L. (1896) *Palmistry and its Practical Uses*, London: Kegan Paul, Trench, Trubner.
Coulmas, F. (2003) *Writing Systems: An Introduction to their Linguistic Analysis*, Cambridge: Cambridge University Press.
Coxeter, H. S. M. (1961) *Geometry*, New York: John Wiley.
Darwin, C. (1950) *The Origin of Species be Means of Natural Selection, or the Preservation of Favoured Races in the Struggle for Life* (reprint of first edition of 1859), London: Watts.（ダーウィン『種の起源』渡辺政隆訳、光文社古典新訳文庫、2009 年）
Dearmer, P., Vaughan Williams, R. and Shaw, M. (eds) (1964) *The Oxford Book of Carols*, London: Oxford University Press.
DeFrancis, J. (1984) *The Chinese Language: Fact and Fantasy*, Honolulu, HI: University of Hawai'i Press.
DeFrancis, J. (1989) *Visible Speech: The Diverse Oneness of Writing Systems*, Honolulu, HI: University of Hawai'i Press.
Deleuze, G. and Guattari, F. (1983) *On the Line*, trans. J. Johnston, New York: Semiotext(e).（ドゥルーズ、ガタリ「リゾーム」、『千のプラトー』宇野邦一、小沢秋広、田中敏彦、豊崎光一、宮林寛、守中高明訳、河出書房新社、1994 年、ドゥルーズ、パルネ「諸々の政治」、『ディアローグ』江川隆男、増田靖彦訳、河出文庫、2011 年）
Domat, J. (1777) *Les Loix Civiles dans leur ordre naturel: Le Droit Public, et Legum Delectus*, nouvelle édition, Paris: Knapen.
Donovan, M. (2003) 'Line', *Poetry*, 181(5): 333.
Dryden, J. (1958) *The Poems and Fables of John Dryden*, ed. J. Kinsley, Oxford: Oxford

University Press.（ドライデン「驚異の年」加納秀夫訳、『世界名詩集大成　九』平凡社、1959 年）
Edwards, I. E. S. (1961) *The Pyramids of Egypt*, Harmondsworth: Penguin.
Feld, S. (1996) 'Waterfalls of song: an acoustemology of place resounding in Bosavi, Papua New Guinea', in S. Feld and K. Basso (eds), *Senses of Place*, Santa Fe, NM: School of American Research Press.
Fuchs, R. H. (1986) *Richard Long*, London: Methuen.
Gebhart-Sayer, A. (1985) 'The geometric designs of the Shipibo-Conibo in ritual context', *Journal of Latin American Lore*, 11(2): 143-75.
Geertz, C. (1973) *The Interpretation of Cultures*, New York: Basic Books.（ギアツ『文化の解釈学』吉田禎吾、柳川啓一、中牧弘允、板橋作美訳、岩波現代選書、1987 年）
Gell, A. (1998) *Art and Agency: An Anthropological Theory*, Oxford: Clarendon Press.
Gibson, J. J. (1979) *The Ecological Approach to Visual Perception*, Boston, MA: Houghton Mifflin.（ギブソン『生態学的視覚論』古崎敬、古崎愛子、辻敬一郎、村瀬旻訳、サイエンス社、1986 年）
Gillespie, C. S. (1959) 'Lamarck and Darwin in the history of science', in B. Glass, O. Temkin and W. L. Straus, Jr (eds), *Forerunners of Darwin: 1745-1859*, Baltimore, MD: Johns Hopkins University Press.
Goehr, L. (1992) *The Imaginary Museum of Musical Works. An Essay in the Philosophy of Music*, Oxford: Clarendon Press.
Goldsworthy, A. (1994) *Stone*, London: Penguin(Viking).
Goodman, N. (1969) *Languages of Art: An Approach to a Theory of Symbols*, London: Oxford University Press.
Goodwin, C. (1994) 'Professional vision', *American Anthropologist*, 96: 606-33.（グッドウィン「プロフェッショナル・ヴィジョン――専門職に宿るものの見方」北村隆憲、北村弥生訳、『共立女子大学文芸学部紀要　五六』、2010 年）
Gow, P. (1990) 'Could Sangama read? The origin of writing among the Piro of eastern Peru', *History and Anthropology*, 5: 87-103.
Gray, N. (1971) *Lettering as Drawing*, London: Oxford University Press.
Guaman Poma de Ayala, F. (1987) *Nueva Cronica y Buen Gobierno, Tomo A*, ed. J. V. Murra, R. Adorno and J. L. Urioste, Mexico City: Siglo XXI.
Gunn, W. (1996) 'Walking, movement and perception', Unpublished Master's thesis, University of Manchester.
Gunn, W. (2002) 'The social and environmental impact of incorporating computer aided design technologies into an architectural design process', Unpublished doctoral dissertation, Univerity of Manchester.
Hagen, M. A. (1986) *Varieties of Realism: Geometries of Representational Art*, Cambridge: Cambridge University Press.
Hallam, E. (2002) 'The eye and the hand: memory, identity and clairvoyants' narratives in England', in J. Campbell and J. Harbord (eds), *Temporalities, Autobiography and Everyday Life*, Manchester: Manchester University Press.
Hamel, C. (1992) *Scribes and Illuminators*, London: British Museum Press.
Harris, R. (1986) *The Origin of Writing*, London: Duckworth.
Harris, R. (2000) *Rethinking Writing*, London: Continuum.
Hauser-Schäublin, B. (1996) 'The thrill of the line, the string, and the frond, or why the

Abelam are a non-cloth culture', *Oceania*, 67(2): 81-106.

Havelock, E. A. (1982) *The Literate Revolution in Greece and its Cultural Consequences*, Princeton, NJ: Princeton University Press.

Henderson, K. (1999) *On Line and on Paper: Visual Representations, Visual Culture, and Computer Graphics in Design Engineering*, Cambridge: Cambridge University Press.

Herzfeld, C. and Lestel, D. (2005) 'Knot tying in great apes: etho-ethnology of an unusual tool behavior', *Social Science Information*, 44(4): 621-53.

Howe, N. (1992) 'The cultural construction of reading in Anglo-Saxon England', in J. Boyarin (ed.), *The Ethnography of Reading*, Berkeley, CA: University of California Press.

Iguchi, K. (1999) 'How to play the flute in Kyoto: learning, practice and musical knowledge', Unpublished doctoral dissertation, University of Manchester.

Ingber, D. E. (1998) 'The architecture of life', *Scientific American*, 278(1): 30-9.

Ingold, T. (1986) *Evolution and Social Life*, Cambridge: Cambridge University Press.

Ingold, T. (2000) *The Perception of the Environment: Essays on Livelihood, Dwelling and Skill*, London: Routledge.

Ingold, T. (2001) 'From the transmission of representations to the education of attention', in H. Whitehouse (ed.), *The Debated Mind: Evolutionary Psychology versus Ethnography*, Oxford: Berg.

Ingold, T. (2004) 'Culture on the ground: the world perceived through the feet', *Journal of Material Culture*, 9(3): 315-40.

Jacoby, H. J. (1939) *Analysis of Handwriting*, London: Allen&Unwin.

Janáček, L. (1989) *Janáček's Uncollected Essays on Music*, trans. and ed. M. Zemanová, London: Marion Boyars.

Jarvis, R. (1997) *Romantic Writing and Pedestrian Travel*, London: Macmillan.

Kandinsky, V. (1982) 'Point and line to plane', in K. C. Lindsay and P. Vergo (eds), *kandinsky: Complete Writings on Art, Vol. 2 (1922-1943)*, London: Faber&Faber.（カンディンスキー『点と線から面へ』宮島久雄訳、中央公論美術出版、1999 年）

Kapr, A. (1983) *The Art of Lettering: The History, Anatomy and Aesthetics of the Roman Letter Forms*, trans. I. Kimber, München: K. G. Saur Verlag.

Kelley, K. and Francis, H. (2005) 'Traditional Navajo maps and wayfinding', *American Indian Culture and Research Journal*, 29(2): 85-111.

Klapisch-Zuber, C. (1991) 'The genesis of the family tree', *I Tatti Studies, Essays in the Renaissance*, 4(1): 105-29.

Klee, P. (1961) *Notebooks, Vol. 1: The Thinking Eye*, ed. J. Spiller, trans. R. Manheim, London: Lund Humphries.

Küchler, S. (2001) 'Why knot? A theory of art and mathematics', in C. Pinney and N. Thomas (eds), *Beyond Aesthetics: Essays in Memory of Alfred Gell*, Oxford: Berg.

Kurttila, T. and Ingold, T. (2001) 'Perceiving the environment in Finnish Lapland', in P. Macnaghten and J. Urry (eds), *Bodies of Nature*, London: Sage.

Kwon, H. (1998) 'The saddle and the sledge: hunting as comparative narrative in Siberia and beyond', *Journal of the Royal Anthropological Institute* (N.S.), 4: 115-27.

Langer, S. K. (1953) *Feeling and Form: A Theory of Art*, London: Routeledge&Kegan Paul.（ランガー『感情と形式 I』大久保直幹、長田光展、塚本利明、柳内茂雄訳、太陽社、1970 年）

Leach, E. R. (1961) *Pul Eliya: A Village in Ceylon. A Study of Land Tenure and Kinship*, Cambridge: Cambridge University Press.
Leach, E. R. (1976) *Culture and Communication: The Logic by which Symbols are Connected*, Cambridge: Cambridge University Press.（リーチ『文化とコミュニケーション』青木保、宮坂敬造訳、紀伊國屋書店、1981 年）
Lechêne, R. (1992) 'History of printing', in *The New Encyclopædia Britannica*, 15th edn, Vol. 26, pp. 72-8.
Leclercq, J. (1961) *The Love of Leaning and the Desire of God*, trans. C. Mrahi, New York: Fordham University Press.
Le Corbusier (1924) *Urbanisme*, Paris: Editions Cres.（ル・コルビュジェ『ユルバニスム』樋口清訳、鹿島出版会、1967 年）
Lefebvre, H. (1991) *The Production of Space*, trans. D. Nicholson-Smith, Oxford: Blackwell.（ルフェーブル『空間の生産』斉藤日出治訳、青木書店、2000 年）
Leroi-Gourhan, A. (1993) *Gesture and Speech*, trans. A. Bostock Berger, Cambridge, MA: MIT Press.（ルロワ＝グーラン『身ぶりと言葉』荒木亨訳、新潮社、1992 年、ちくま学芸文庫、2012 年）
Levin, D. M. (1988) *The Opening of Vision: Nihilism and the Postmodern Situation*, London: Routledge.
Libeskind, D. (2001) *The Space of Encounter*, New York: Universe Publishing.
Liu Hsieh (1983) *The Literary Mind and the Carving of Dragons*, trans. V. Yu-chung Shih, Hong Kong: Chinese University Press.
Low, C. (2007) 'Khoisan wind: hunting and healing', *Journal of the Royal Anthropological Institute*, 13(1) (in press).
Lucas, R. P. (2006) 'Towards a theory of notation as a thinking tool', Unpublished doctoral dissertation, University of Aberdeen.
Lye, T. P. (1997) 'Knowledge, forest, and hunter-gatherer movement: the Batek of Pahang, Malaysia', Unpublished doctoral dissertation, University of Hawai'i.
Lye, T. P. (2004) *Changing Pathways: Forest Degradation and the Batek of Pahang*, Malaysia, Lanham, MD: Rowman&Littlefield.
Mall, A. (2007) 'Structure, innovation and agency in pattern construction: the kolam of Southern India', in E. Hallam and T. Ingold (eds), *Creativity and Cultural Improvisation,* Oxford: Berg.
Matthews, W. H. (1922) *Mazes and Labyrinths: A General Account of their History and Developments*, London: Longmans, Green.
Mazzullo, N. (2005) 'Perception, memory and environment among Saami people in northeastern Finland', Unpublished doctoral dissertation, University of Manchester.
Medway, P. (1996) 'Writing, Speaking, drawing: the distribution of meaning in architects' communication', in M. Sharples and T. van deer Geest (eds), *The New Writing Environment: Writers at Work in a World of Technology*, Berlin: Springer.
Meehan, A. (1991) *Celtic Knotwork: The Secret Method of the Scribes*, London: Thames and Hudson.
Milne, A. A. (1928) *The House at Pooh Corner*, London: Methuen.（ミルン『プー横丁にたった家』石井桃子訳、岩波書店、2008 年）
Mitchell, V. (2006) 'Drawing threads from sight to site', *Textile*, 4(3): 340-61.

Mitchell, W. J. T. (2005) 'Art', in T. Bennett, L. Grossberg and M. Morris (eds), *The New Keywords*, Oxford: Blackwell.
Munn, N. (1973a) 'The spatial presentation of cosmic order in Walbiri iconography', in J. A. W. Forge (ed.), *Primitive Art and Society*, London: Oxford University Press.
Munn, N. D. (1973b) *Walbiri Iconography: Graphic Representation and Cultural Symbolism in a Central Australian Society*, Chicago: University of Chicago Press.
Nichol, bp (1993) *Truth: A Book of Fictions*, Stratford, Ontario: Mercury Press.
Novikova, N. (2002) 'Self government of the indigenous minority peoples of West Siberia' in E. Kasten (ed.), *People and the Land: Pathways to Reform in Post-Soviet Russia*, Berlin: Dietrich Reimer Verlag.
Oatley, K. (1978) *Perceptions and Representations: The Theoretical Bases of Brain Research and Psychology*, London: Methuen.
Olson, D. R. (1994) *The World on Paper: The Conceptual and Cognitive Implications of Writing and Reading*, Cambridge: Cambridge University Press.
Olwig, K. (2002) 'Landscape, place, and the state of progress', in R. D. Stack (ed.), *Progress: geographical Essays*, Baltimore, MD: Johns Hopkins University Press.
Ong, W. (1982) *Orality and Literacy: The Technologizing of the Word*, London: Methuen.
（オング『声の文化と文字の文化』桜井直文、林正寛、糟谷啓介訳、藤原書店、1999 年）
Orlove, B. (1993) 'The ethnography of maps: the cultural and social contexts of cartographic representation in Peru', *Cartographica*, 30: 29-46.
Orlove, B. (2002) *Lines in the Water: Nature and Culture at Lake Titicaca*, Berkeley, CA: University of California Press.
Paasi, A. (2004) 'Boundaries', in S. Harrison, S. Pile and N. Thrift (eds), *Patterned Ground: Entanglements of Nature and Culture*, London: Reaktion Books.
Parkes, M. B. (1992) *Pause and Effect: An Introduction to the History of Punctuation in the West*, Aldershot: Scolar Press.
Parrish, C. (1957) *The Notation of Medieval Music*, New York: W. W. Norton.
Paulson, J. F. (2005) 'Surveying in Ancient Egypt', in *From Pharaohs to Geoinformatics*, Proceedings of the FIG Working Week 2005 and the 8th International Conference on the Global Spatial Data Infrastructure (GSDI-8), Cairo, Egypt, 16-21 April 2005, http://www.fig.net/pub/cairo.
Pye, D. (1968) *The Nature and Art of Workmanship*, Cambridge: Cambridge University Press.
Quilter, J. and Urton, G. (eds) (2002) *Narrative Threads: Accounting and Recounting in Andean Khipu*, Austin, TX: University of Texas Press.
Rabasa, J. (1993) *Inventing A-M-E-R-I-C-A: Spanish Historiography and the Formation of Eurocentrism*, Norman, OK: University of Oklahoma Press.
Rée, J. (1999) *I See a Voice: A Philosophical History of Language, Deafness and the Senses*, London: Harper Collins.
Reichard, G. (1936) *Navajo Shepherd and Weaver*, New York: J. J. Augustin.
Richerson, P. J. and Boyd, R. (1978) 'A dual inheritance model of the human evolutionary process, I: Basic postulates and a simple model', *Journal of Social and Biological Structures*, 1: 127-54.

Riegl, A. (1992) *Problems of Style: Foundations for a History of Ornament*, trans. E. Kain, Princeton, NJ: Princeton University Press.（リーグル『美術様式論——装飾史の基本問題』長広敏雄訳、岩崎美術社、1970 年）
Rivers, W. H. R. (1968) 'The genealogical method of anthropological inquiry', in *Kinship and Social Organization*, London: Athlone Press.（リヴァース『親族と社会組織』小川正恭訳、弘文堂、1978 年）
Rogers, H. (2005) *Writing Systems: A Linguistic Approach*, Oxford: Blackwell.
Rosaldo, R. (1993) 'Ilongot visiting: social grace and the rhythms of everyday life', in S. Lavie, K. Narayan and R. Rosaldo (eds), *Creativity/Anthropology*, Ithaca, NY: Cornell University Press.
Rose, D. B. (2000) *Dingo Makes Us Human: Life and Land in an Australian Aboriginal Culture*, Cambridge: Cambridge University Press.
Ross, A. (2005) 'Technology', in T. Bennett, L. Grossberg and M. Morris (eds), *The New Keywords,* Oxford: Blackwell.
Ruskin, J. (1904) 'The elements of drawing', in E. T. Cook and M. Morris (eds), *The Works of John Ruskin*, Vol. 15, London: George Allen.（ラスキン『ラスキンの芸術教育——描画への招待』内藤史朗訳、明治図書出版、2000 年）
Sassoon, R. (2000) *The Art and Science of Handwriting*, Bristol: Intellect.
Saussure, F. de (1959) *Course in General Linguistics*, ed. C. Bally and A. Sechehaye, trans. W. Baskin, New York: Philosophical Library.（ソシュール『一般言語学講義』小林英夫訳、岩波書店、1972 年）
Sciama, L. D. (2003) *A Venetian Island: Environment, History and Change in Burano*, Oxford: Berghahn.
Semper, G. (1989) 'Style in the technical and techtonic arts or practical aesthetics (1860)', in *The Four Elements of Architecture and Other Writings*, trans. H. F. Mallgrave and W. Herrman, Cambridge: Cambridge University Press.
Silverman, E. K. (1998) 'Traditional cartography in Papua New Guinea', in D. Woodward and G. M. Lewins (eds), *The History of Cartography: Cartography in the Traditional African, American, Arctic, Australian, and Pacific Societies*, Chicago: University of Chicago Press.
Siza, A. (1997) *Alvaro Siza: Writings on Architecture*, Milan: Skira Editore.
Solnit, R. (2001) *Wanderlust: A History of Walking*, London: Vergo.
Steadman, P. (1979) *The Evolution of Designs: Biological Analogy in Architecture and the Applied Arts*, Cambridge: Cambridge University Press.
Sterne, L. (1978) *The Life and Opinions of Tristram Shandy, Gentleman*, Vol. VI, ed. M. and J. New, Gainesville: University Press of Florida [original 1762].（スターン『トリストラム・シャンディ』朱牟田夏雄訳、岩波文庫、1976 年）
Strunk, O. (ed.) (1950) *Source Readings in Music History: From Classical Antiquity through the Romantic Era*, New York: W. W. Norton.
Takemitsu, T. (1997) 'Nature and music', *Terra Nova: Nature and Culture*, 2(3): 5-13.
Tedlock, B. and Tedlock, D. (1985) 'Text and textile: language and technology in the arts of the Quiché Maya', *Journal of Anthropological Research*, 41(2): 121-46.
Tessmann, G. (1928) *Menschen ohne Gott: Ein Besuch bei den Indianern des Ucayali*,

Stuttgart: Verlag Strecker und Schröder.
Thompson, D. W. (1961) *On Growth and Form*, abridged edn, ed. J. T. Bonner, Cambridge: Cambridge University Press.（トムソン『生物のかたち』柳田友道、遠藤勲、古沢健彦、松山久義、高木隆司訳、東京大学出版会、1973 年）
Thomson, J. A. (1911) *Introduction to Science*, London: Williams and Norgate.
Turnbull, D. (1991) *Mapping the World in the Mind: An Investigation of the Unwritten Knowledge of Micronesian Navigators*, Geelong, Victoria: Deakin University Press.
Turnbull, D. (1993) 'The ad hoc collection work of building Gothic cathedrals with templates, string and geometry', *Science, Technology and Human Values*, 18: 315-40.
Vaiman, A. A. (1974) 'Über die Protosumerische Schrift', *Acta Antiqua Academiae Scientiarum Hungaricae*, 22: 15-27.
Vredeman de Vries, J. (1968) *Perspective*, New York: Dover.
Vygotsky, L. (1978) *Mind in Society: The Development of Higher Psychological Processes*, ed. M. Cole, V. John-Steiner, S. Scribner and E. Souberman, Cambridge, MA: Harvard University Press.
Wagner, R. (1986) *Symbols that Stand for Themselves*, Chicago: University of Chicago Press.
Wallace, A. D. (1993) *Walking, Literature and English Culture*, Oxford: Clarendon Press.
Wassmann, J. (1991) *The Song of the Flying Fox: The Public and Esoteric Knowledge of the Important Men of Kandingei about Totemic Songs, Names and Knotted Cords (Middle Sepik, Papua New Guinea)*, trans. D. Q. Stephenson, Boroko, Papua New Guinea: National Reseach Institute (Cultural Studies Division).
Weiner, J. F. (1991) *The Empty Place: Poetry, Space and Being among the Foi of Papua New Guinea*, Bloomington, IN: Indiana University Press.
West, M. L. (1992) *Ancient Greek Music*, Oxford: Clarendon Press.
Wiebe, R. (1989) *Playing Dead: A Contemplation Concerning the Arctic*, Edmonton, Canada: NeWest.
Williams, R. (1976) *Keywords*, London: Fontana.（ウィリアムス『完訳　キーワード辞典』椎名美智、武田ちあき、越智博美、松井優子訳、2011 年、平凡社ライブラリー）
Wilson, P. J. (1988) *The Domestication of the Human Species*, New Haven, CT: Yale University Press.
Wood, D. (1993) 'What makes a map a map?', *Cartographica*, 30: 81-6.
Yen, Y. (2005) *Calligraphy and Power in Contemporary Chinese Society*, London: RoutledgeCurzon.
Young, D. (2001) 'The life and death of cars: private vehicles on the Pitjantjatjara lands, South Australia', in D. Miller (ed.), *Car Cultures*, Oxford: Berg.

ティム・インゴルド（Tim Ingold）
一九四八年英国バークシャー州レディング生まれ。社会人類学者、アバディーン大学教授。トナカイの狩猟や飼育をめぐるフィンランド北東部のサーミ人の社会と経済の変遷についてフィールドワークを行う。人間と動物の関係を論じた *The Appropriation of Nature*（「自然の流用」、未訳）（一九八六）、アカデミズムにおける進化の概念を俯瞰する *Evolution and Social Life*（「進化と社会生活」、未訳）（一九八六）のほか、*The Perception of the Environment*（「環境の知覚」、未訳）（二〇〇〇）、『生きていること』（*Being Alive*, 2011）など人類学のジャンルを自由に越える著書がある。

管啓次郎（すが・けいじろう）
一九五八年生まれ。詩人、比較文学者。明治大学大学院理工学研究科ディジタルコンテンツ系教授（コンテンツ批評、映像文化論）。

工藤晋（くどう・しん）
一九六〇年生まれ。翻訳家、都立高校教諭。関心領域はアメリカおよびカリブ海文学・思想・文化研究。比較詩学。

ラインズ　線の文化史

二〇一四年六月三十日　第一刷発行
二〇二四年十二月三十日　第八刷発行

著者　ティム・インゴルド
訳者　工藤晋
発行者　小柳学
発行所　左右社
〒一五一-〇〇五
東京都渋谷区千駄ヶ谷三-五五-一二ヴィラパルテノン
Tel. 〇三-五七八六-六〇三〇　Fax. 〇三-五七八六-六〇三二
https://www.sayusha.com

装幀　松田行正＋杉本聖士
印刷所　中央精版印刷株式会社

Japanese Translation ©KUDO, Shin　Printed in Japan　ISBN978-4-86528-101-9

ティム・インゴルドの本

メイキング　人類学・考古学・芸術・建築　本体三二〇〇円＋税

わたしたちは世界と手で対話し、応答しながら生きている。線を引く、ひもを綯う、建物を建てる、凧をあげる。ジャンルを超えて〈つくること〉に注目したとき、わたしたち人間の根本的な条件と可能性が見えてくる。インゴルドのエッセンスを凝縮した必読の書。

生きていること　動く、知る、記述する　本体四五〇〇円＋税

ひとが生きるということ、それはこの世界の終わりなき流動のなかに身を置き、世界を変えながら自らも変わり続けてゆくことだ。諸ジャンルを横断し、未知の学問領域を切り拓いてきたインゴルドの主著、待望の邦訳！〈大澤真幸・磯野真穂・佐藤卓推薦〉

管啓次郎の本

本は読めないものだから心配するな〔新装版〕　本体一八〇〇円＋税

「管啓次郎は、批評を紀行にしてしまう思想の一匹狼、もしくは詩的なコヨーテだ。」——堀江敏幸
数々の雑誌で取り上げられ静かな話題を呼んだ、読むことと旅することをめぐる傑作エッセー集

ストレンジオグラフィ　Strangeography　本体一八〇〇円＋税

「いまいるここ」と自分の体験の枠すら越えた「いつかのどこか」は、奇妙なモザイクとなって、どこにも実在しない地形と風土を現出することになるだろう——。書物をめぐるエッセーでもあり、紀行文でもあり、卓抜な批評でもある一冊

エレメンタル　批評文集　本体三〇〇〇円＋税

「世界の広大さと深みを再発見する仕事は、手つかずでぼくらに残されている」。海と島影、山々とマングローブが織りなす小さな海域が響かせる世界文学をいち早く論じ、文学と翻訳の可能性と自由を描いてきた管啓次郎の批評文集成！

〈流動する人文学〉シリーズ

砂漠論　ヨーロッパ文明の彼方へ　工藤庸子

暴力と美とが同居する砂漠、その彼方の地からヨーロッパ文明を解く壮大な試み　本体二三〇〇円＋税

大西巨人　闘争する秘密　石橋正孝

「方法としての遅筆」が可能にする文学世界、その見取り図を示す初の本格的大西巨人論　本体一〇〇〇〇円＋税

〈驚異の旅〉または出版をめぐる冒険　ジュール・ヴェルヌとピエール＝ジュール・エッツェル　石橋正孝

作家と編集者、この役割分担《システム》を創始したヴェルヌとエッツェルの野心とビジネスを描き出す　本体四二〇〇円＋税

プルースト、美術批評と横断線　荒原邦博

ドゥルーズの概念を作家の実存的な帰結として捉えなおす、プルースト研究の俊英による刺激的論考　本体六〇〇〇円＋税

ピエール・クロソウスキー　伝達のドラマトゥルギー　大森晋輔　第三十二回渋沢・クローデル賞受賞

難解な文体で知られ神秘化されがちな思想の全体像を言語論として読み直す本邦初のモノグラフィー　本体七〇〇〇円＋税

ニニフニ　南方熊楠と土宜法龍の複数論理思考　小田龍哉

日本人の可能性の極限と評された天才熊楠とその盟友。二人の足跡から浮かび上がるもう一つの近代。中沢新一氏推薦　本体四五〇〇円＋税

ウォークス　歩くことの精神史　レベッカ・ソルニット

歩くことは思考と文化に深く結びついた創造力の源泉。人類史を横断し、壮大なテーマを描き切る歴史的傑作　本体四五〇〇円＋税

説教したがる男たち　レベッカ・ソルニット

「マンスプレイニング」を世に広め、#MeToo へと続く大きなうねりを準備するきっかけのひとつとなった世界的話題作　本体二四〇〇円＋税

迷うことについて　レベッカ・ソルニット

失われたもの、時間、人びと。個人史と世界史に分け入り、迷いと痛みのなかに光を見つける心揺さぶる哲学的エッセイ　本体二四〇〇円＋税

わたしたちが沈黙させられるいくつかの問い　レベッカ・ソルニット

「ご結婚は？」「ご主人は？」脱力するような問いにさらされ、声と物語を奪われるすべての人に力を与える傑作エッセイ　本体二二〇〇円＋税

私のいない部屋　レベッカ・ソルニット

父のDVから逃れるように家を離れ、サンフランシスコの安アパートに見つけた自分の部屋。著者はじめての自叙伝　本体二四〇〇円＋税

3・11後の思想家25　別冊 THINKING「O」　大澤真幸編著

ハイデガーら読み返されるべき思想家と、インゴルド、デュピュイ、汪暉ら、いまこそ読むべき思想家25人　本体二五〇〇円＋税

漂うモダニズム　槇文彦

半世紀前に私がもっていたモダニズムと現在のそれは何が異なっているだろうか。世界的建築家の思索集成　本体六五〇〇円＋税

石川九楊自伝図録　わが書を語る　石川九楊

書との出会い、新たな表現への苦闘、前人未到の書史の確立。作品と人生を語り下ろす待望の一冊［作品図版多数掲載］　本体三二〇〇円＋税